RIUS

LAS GLORIAS DEL TAL RIUS

Grijalbo

LAS GLORIAS DEL TAL RIUS

© 2004, Eduardo del Río García (Rius)

1a. reimpresión, 2005

D.R. 2005, Random House Mondadori, S.A. de C.V.
Av. Homero núm. 544, Col. Chapultepec Morales,
Del. Miguel Hidalgo, C.P. 11570, México, D.F.

www. randomhousemondadori.com.mx

ISBN 968-5956-22-7

Impreso en México / *Printed in Mexico*

La foto, para quienes me conocen, es todo un tratado de historia. Acompañado de mi padrino de 1a. Comunión, el P. Quintín Paredes, Sacristán Mayor de Catedral y encargado de las abundantes limosnas del templo máximo, no parezco imaginarme como futuro ateo.

PRÓLOGO DE
CARLOS MONSIVÁIS

A principios de los sesenta, precedido por la actitud de Vadillo, Eduardo del Río, Rius, rompe por su cuenta y (auténtico) riesgo el *impasse* de la caricatura. Él, en cartones políticos y en el cómic, no espera la declaración oficial de una "apertura democrática" para expresarse. No es fácil captar hoy lo que Rius significó en la sociedad civil mexicana de los sesenta. Por sí solo amplía el espacio y las reglas del juego de la libre expresión y asume –en forma aislada y por lo mismo más visible–, demandas de un sector crítico y democrático ansioso de respiraderos y salida. Rius es persuasivo en sus ofrecimientos: frescura, humor, visión crítica, vigor desmitificador. De entrada, su historieta *Los Supermachos* es un acontecimiento. De modo sorpresivo, la cultura icónica de masas es usada en México para politizar a un público que se había entendido con el cómic a través de reflejos condicionados. En el caso de Rius, la sencillez del dibujo acrecienta la eficiencia propagandística y el humor impide al experimento naufragar en la pedagogía.

Rius no teme al estereotipo; está seguro de que la polémica lo vivificará. Tiene razón: Calzonzin, Doña Eme, el cacique don Perpetuo del Rosal o Venancio el abarrotero trascienden sus inercias y adquieren soltura narrativa y valor didáctico. San Garabato, el pueblo mítico típico de la historieta –cuyo contendiente cultural es el San Blas de Eduardo Torres, el genio promovido por Monterroso– es un lugar común que la malicia y la destreza de Rius convirtieron en lección masiva de crítica al sistema. Por eso es imposible la "recuperación" comercial del mundo de Rius y por eso es patético el film *Calzonzin Inspector*, de Alfonso Arau, en donde, despolitizado y vuelto emblemático, San Garabato exhibe un esquematismo de cartón piedra que hurta el más leve filo satírico y convoca a un costumbrismo plúmbeo y tedioso.

De modo claro, la filiación de Rius es mixta: la tradición a su alcance, en especial el trabajo de Abel Quezada y el de Gabriel Vargas –*La familia Burrón, Don Jilemón*– y la influencia del cómic estadounidense y del artista Saul Steinberg. En esto Rius cumple con la tradición. Vargas y Quezada en su turno se formaron en la adaptación de los procedimientos del cómic estadounidense a la pobreza y limitaciones del medio. Como Vargas, Gaspar Bolaños (*Rolando el rabioso*) o Rafael Araiza (*A batacazo limpio*), Rius sabe que en las insuficiencias del país –y no en ámbitos asépticos y pulcros– se halla el humor popular: humor de apiñamiento, de relajo como sustituto de la "alegría sana", de risa ante los defectos nacionales que puede ser autocrítica o puede ser de complicidad. Una diferencia: antes de Rius los héroes de la historieta son pícaros o héroes intangibles. Rius desvanece el heroísmo, pospone la picaresca y se entrega al juicio acerbo y al desenmascaramiento de los culpables: el PRI, la Iglesia, las beatas, los comerciantes acaparadores, los líderes "charros". Lo que podría ser una orgía maniqueísta no se consuma. Lo impide un humor certero, que utiliza magistralmente la vida cotidiana (habla, costumbres, sueños colectivos pasados y presentes, burlas y chacotas).

En los sesenta, Rius es el único que ve en el cómic un instrumento de persuasión política. Gracias a su esfuerzo tanto el sector democrático como (alarmado) el gobierno, adquieren conciencia de las dimensiones de este medio, como lo reitera el éxito de *Los Agachados*, el segundo cómic de Rius quien, por otra parte, goza de las regalías y las desventajas del iniciador. Ventajas: influencia real, experimentación con resultados comprobables de inmediato, afecto personalizado de los lectores. Desventajas: aislamiento prolongado, responsabilidad innegable que se traduce en mensajes cada vez más explícitos... y la cólera acumulada del aparato político. En 1963, en la revista *Política*, Rius se enfrenta al candidato Díaz Ordaz y en 1968, en *Los Agachados* desafía a la intransigencia. Un año después, la respuesta: a Rius se le secuestra, se le interroga brutalmente y se le somete a un simulacro de fusilamiento. Liberado, Rius persiste y, hasta el día de hoy, mantiene en historietas y cartones sus lealtades ideológicas.

TENGO PLENA CONFIANZA EN LA INOCENCIA DE MI HERMANO

¡ NINGÚN OBREGÓN! LA BATALLA DE CELAYA LA GANÓ LA DIVINA PROVIDENCIA..!

Sencillez de trato y claridad expositiva: he aquí algunos de los grandes aciertos (de las razones) de la amplia difusión internacional de Rius. De aquí derivan limitaciones fatigosas, manías y sectarismos (incomprensión belicosa del arte contemporáneo, resabios sexistas contra feministas y homosexuales, versiones del mundo socialista simplificadoras y tiernamente apologéticas). Nada de lo anterior disminuye su importancia. Sólo ocurre que a Rius se le exige más por lo mucho que nos ha dado.

Carlos Monsiváis
(Texto tomado del libro *La caricatura en trazos* de Elvira García/Plaza y Janés.)

Los fieles lectores (y los infieles, no faltaba más) conocen de la existencia de un libro editado hace 10 años (Rius para principiantes), especie de autobiografía que pergeñé con motivo de mis 60 años de edad y 40 de andar en el mono. O en los monos, para que no suene tan erótico-sexual.

*

Y con eso que este año cumplo otros 10 años de ambas profesiones, me decidí finalmente a hacer otro libro (ora sí el último, coño) para conmemorar tan faustos aconteceres en mi vidorria.

La diferencia con *Rius para principiantes*, es que éste NO trata de ser autobiográfico, sino más bien <u>curricular</u>, constituyéndose en una especie de crónica gráfica de lo que he tenido que hacer en estos últimos 50 años. En forma muy sucinta, pues he descubierto al hacer este libro, que he dibujado un poco más de **CUARENTA MIL DIBUJOS** desde 1954, año en que empecé a colaborar en la hoy legendaria revista *Ja-já*, hasta este año del 2004.

La cifra es medio mañosa, pues cuento <u>cada página de historieta o libro</u> como si fuera UN dibujo. Y al añadirle los miles de cartones que he hecho para 7 periódicos y docenas de revistas, resulta, por lo bajo, una cantidad casi astronómica de dibujos. Hacer una selección de tanto mono, es un trabajo ímprobo y canijo, de modo que la selección que aparece en el libro es más bien como <u>representativa</u> de estos 50 años.

ESTA ESPECIE DE LIBRO SE LLAMA **RIUS para principiantes** Y TRATA DE SER UN RECUENTO (o recuerdo) DE SUS PRIMEROS **40 AÑOS 40** COMO CABOTURISTA

He tratado de que gran parte del material incluido sea <u>inédito</u> para la mayoría. Cartones que se publicaron en el extranjero o que aparecieron en revistas de corta circulación o efímera vida.

Y como en estos 50 años he sido víctima de muchos editores, que me han birlado mis originales, he tenido que recurrir a <u>copias</u> de los trabajos publicados.

Por ello pido un poco de perdón y comprensión, si las copias son malas, pero hay que considerar que el papel en que se imprimieron en su tiempo, ya está más amarillo que un chino con ictericia.

Aparecen también en estas páginas, pequeñas crónicas de todos y cada uno de los libros que he hecho, para que los *fans* que se dedican a coleccionar mi trabajo, sepan al dedillo cuántos tienen y si los que no tienen, vale la pena buscarlos. (Muchos ya están descatalogados y es imposible –hasta para mí– encontrarlos.)

Y para terminar, quiero agradecer a todos los colegas periodistas y moneros que me han acompañado en este largo periplo –para que suene elegante– de trabajar como bestia en estos 50 años.

Y a los lectores, que me han favorecido con su atención hacia mi trabajo, gracias y bienvenidos a lo barrido... (*Y CUIDADO CON LA POLILLA..*)

El autor, o sea yo, o sea Rius.

* ESTE LIBRO CONTIENE SOLO EL 20% DE LO QUE TRAÍA el LIBRO "RIUS PARA PRINCIPIANTES". EL RESTO ES-CASI- INÉDITO. R.

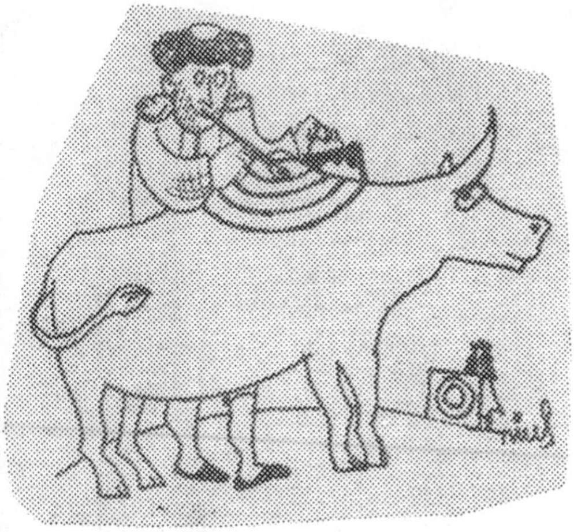

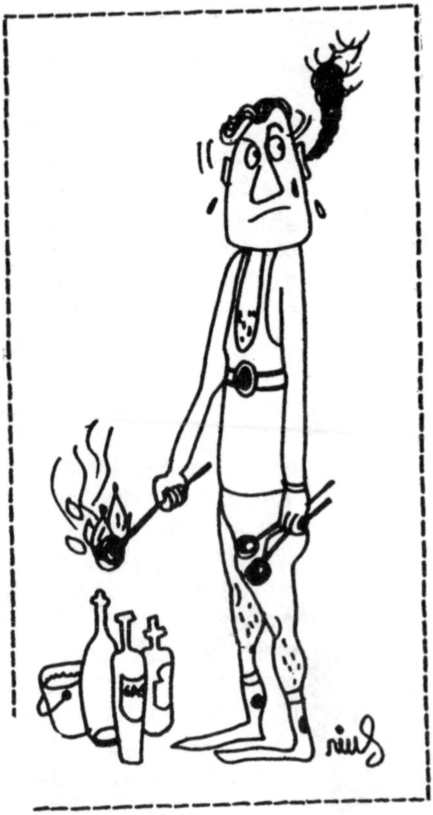

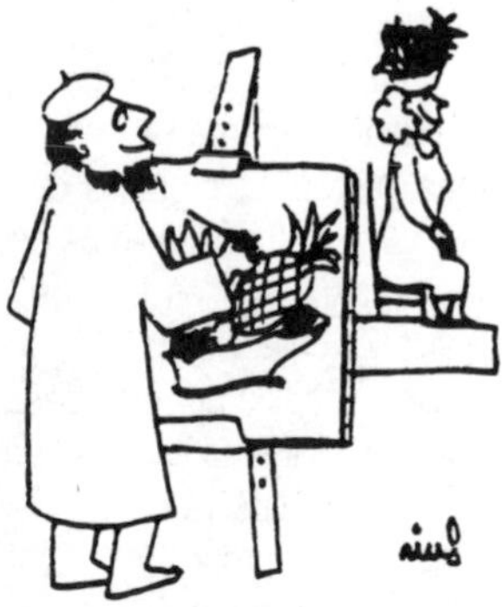

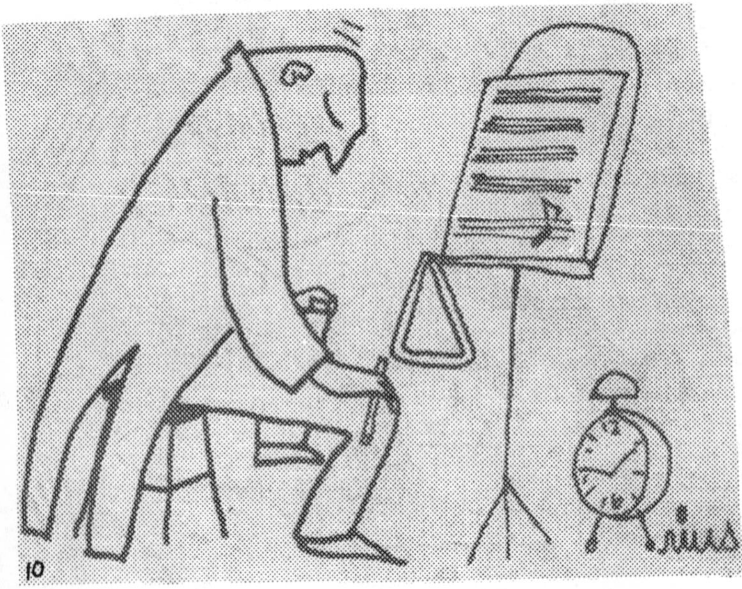

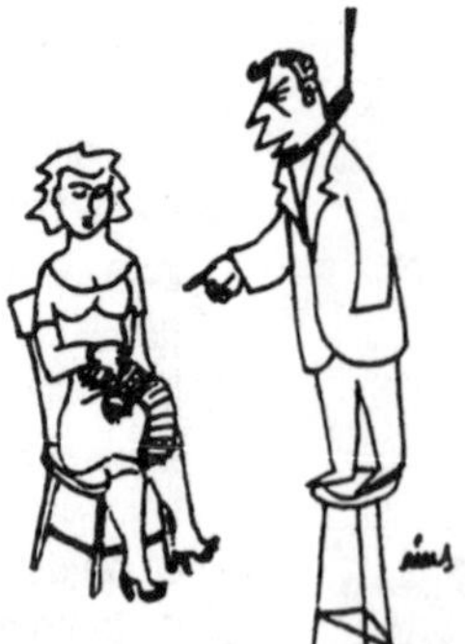

JA-JÁ

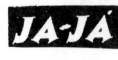

Humor
Silencioso

CÓMO VOLVERSE CARICATURISTA
SIN INTENTARLO

En realidad, en 1954 yo estaba decidido a irme a St. Louis Missouri, para estudiar el arte de embalsamar muertitos, pues don Jaime Arrangoiz, uno de los dueños de Gayosso, la funeraria donde yo trabajaba, me lo había ofrecido. El embalsamador de la agencia, el Dr. Díaz Iturbide, quería retirarse por lo viejo que estaba el simpático médico. Mi puesto era de telefonista y encargado de las ambulancias, y en los largos ratos de ocio leía, llenaba crucigramas o me ponía a hacer dibujitos sin relación alguna con la caricatura.

Y un día llegó un señor al mostrador detrás del cual yo trabajaba, para pedirme el teléfono y hacer una llamada. Al acabarla, viendo que estaba yo dibujando no recuerdo qué, me preguntó si era yo dibujante. Le dije que no, que lo hacía "para matar el tiempo".

–Bueno, –me dijo, mientras me entregaba una tarjeta– si se le ocurre algún chiste, me lo lleva y yo se lo publico.

Vi la tarjeta que decía:
Revista Ja-já
Francisco Patiño, director.

Una semana después, estaba yo en Reforma 18, en el periódico *Excelsior*, entregándole a don Pancho unos 10 chistes, que empezaron a aparecer en el número de la última semana de noviembre de 1954... en dos páginas tituladas *Humor Silencioso*...

← PORTADA
DE LIBRO
(1954)

Como podrán apreciar, mis primeros monos tenían un aire de parecido a los dibujos de Saul Steinberg, padre de la caricatura moderna, de quien había yo conseguido su libro *Todo en línea*, y a quien había yo decidido copiar para volverme caricaturista. En *Ja-já* trabajé semanalmente durante 6 o 7 años, hasta que me corrieron por trabajar en la revista *Política*. (?) A la fecha no he logrado entender qué tenía que ver lo que hacía yo en *Ja-já* con lo que me publicaban en *Política*.

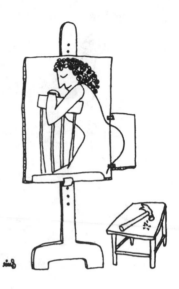

NUMERO 443 — 20 DE AGOSTO DE 1958

Síntesis del Humorismo Mundial.—Se edita semanalmente en la ciudad de México, bajo la dirección de FRANCISCO PATIÑO, con la colaboración de Vicente Vila, Fernando Mota, Carlos Velasco. Ernesto Guasp, Manuel Campos Díaz, Rafael Freyre, Fernando López, Eduardo del Río, Frazzier Scott, Lidio Martínez, Alberto Huici, Pablo Almendaro, Daniel Sala y Brunhilde Dressel, así como los cartonistas afiliados a las agencias internacionales "This Ben Roth Agency", "King Features Syndicate"; "Laughs Unlimited" y "Agencia Periodística Latinoamericana".—Oficinas: Reforma 18, 4o. piso.—Concesionario de anuncios: M. Durán de la Cuesta, Rhin 60, Desp. 5. Tel. 11-57-28.—Precios de suscripción: en la República Mexicana, seis meses, 20 pesos; un año, 40 pesos; en el extranjero: seis meses, 3 dólares; un año, 6 dólares.—Registrado como artículo de 2a. clase en la Administración de Correos No. 1 de México, D. F., el 29 de septiembre de 1949.—Impreso en EXCELSIOR, S. C. L.

Los cartones que hice en *Ja-já*, que deben haber sido más de 500, ahora me parecen es-
pantosos. Si bien las ideas no eran malas, el dibujo dejaba mucho que desear. Usaba una
pluma fuente *Esterbrook*, y una temporada intenté, tras ver trabajar a Freyre, dibujar con
pincel, pero no se me dio. Seguí con la pluma fuente, hasta que probé dibujar con manguillo
y plumilla, a la antigüita, cosa que sigo haciendo hasta la fecha.

ME VUELVO CARTONISTA EDITORIAL

Gracias a una recomendación de Abel Quezada, en 1957 entro al diario *Ovaciones* y suplo a Quezada, nada más y nada menos. El director me pidió que lo imitara, ya que Abel era el monero de más éxito en México. Pero tomar el lugar del monero exitoso y tratar de hacer cartones con su estilo, fue del carajo para mí. Ni lo estaba imitando bien, ni estaba haciendo lo que yo quería.

Primer cartón editorial publicado en *Ovaciones*.

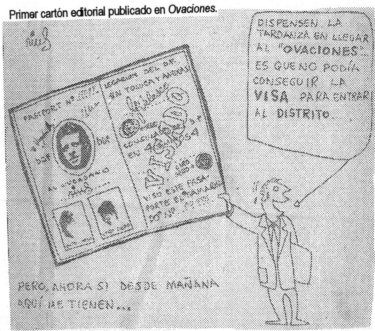

En esos días había un problema entre el D.F. y el Estado de México, al negarse éste a la construcción de un puente en Tecamachalco, cosa que dificultaba mucho el tráfico entre ambas entidades. Por eso el infame chiste…

14

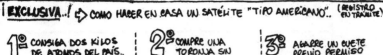

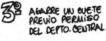

Cartones de *Ovaciones* de 1958 y 1959.

Por esos días FREYRE, viendo mis monos tan cuadrados, me aconsejó que los hiciera más anatómicos, para poder "moverlos" mejor. FREYRE, enorme dibujante, fue el único que me dio consejos para mejorar mi trabajo.

RIUS en OVACIONES

ULTIMAMENTE LOS PERIODICOS NO HAN DICHO NADA SOBRE LOS **PIRATAS** CAMARONEROS....
¿LA CAUSA?
HAY **3** OPINIONES **3**:

AHORA ME VOWI PIRATA-PERIODISTA

1ª "SE ASUSTARON CON LA CAMPAÑA VS. PERIODISTAS **PIRATAS**"

¿CÓMO QUE NO HAY YA...? AHÍ VA UNO... AHÍ VA UNO!

YATE JUITES OÑO

NO PESCAR

2ª OTRA SESUDA OPINIÓN DICE QUE "YA NO TIENEN NADA QUE LLEVARSE"....

TODAVÍA HABEMOS VALIENTES EN ESTE MUNDO...

FRAC ALMIDONADO

3ª MI HERMANO GUSTAVO, "LA GÜILOTA" IBA A OPINAR, PERO COMO HOY SE CASA, LO ÚNICO QUE DIJO FUÉ: "SÍ PADRE, SÍ PADRE"....

Mis pininos como sucesor de Quezada fueron duros, pero útiles como aprendizaje. Pagaban mal, y sólo cuando me publicaban algo. La censura era tan terrible que acabé por hacer 2 o 3 cartones a ver si me publicaban uno. Por fortuna, desde entonces se me ha dado la extraña capacidad de generar ideas con humor con relativa rapidez, que también dibujo en poco tiempo, lo cual no deja de ser envidiable en esta afortunada profesión.

1 AYER (NO HABIENDO TEMA QUE TRATAR) ENTREVISTAMOS A UN. **PERRO**

GUAU. GUAU GUAU.

¡RUÉ MAL HABLADO

LLAMAR PERRA A LOS PEREZ DE CHIHUAHUA

3 ¿...LA CAUSA...?

A FINES DEL PASADO SEXENIO, SE FUNDÓ LA COLONIA BUROCRÁTICA "CENTINELA". (ABUCEN EL OJO Y VEAN EL MAPA...) EN UN ALARDE DE AHORRO LA **ICA** LOGRÓ HACER LAS **BANQUETAS** DE ¡...45 CMTS DE ANCHO!

2 Y A NOMBRE DEL "SINDICATO DE PERROS AGRADECIDOS" NOS PIDIÓ DAR LAS GRACIAS A LOS MUCHACHOS DE LA **ICA**... (INGS. CIVILES ASOCIADOS)

¡ESE ES MI PERRO! I LOVE YOU HONEY..!

...EN CONSECUENCIA NADIE PODRÁ DECIR QUE NO SON BANQUETAS PARA PERROS...CHAS GRACIAS POR RECORDARNOS!

¡SERVIDO FIRULAIZ!

BUENO COMPADRE: VAMOS ◦ HIC A ESPERAR QUE PASE NUESTRO POSTE..!

Como verán, la obligación de "copiar" a Quezada, siempre se hizo presente mientras seguí en *Ovaciones*. Sólo al ser despedido y trabajar en otros diarios, me posibilitaron buscar otro estilo de cartón.

Sin embargo, sigo considerando que Abel creó un estilo de cartón que funciona muy bien para "explicarle" al lector algunas cosas…

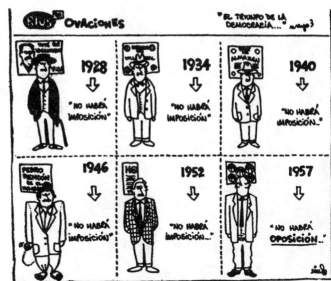

Ya para 1959 conocía a muchos caricaturistas. Había dejado Gayosso para
dedicarme de lleno al mono. Uno de los
jóvenes moneros que conocí, fue Luis
Almada Jr., entusiasta y neurótico, que
animó a varios de los jóvenes que estábamos empezando (Aragonés, Quelar,
Carreño, Huici, Bauche, Rosas) a unir-
nos en una especie de sindicato y
hacer una revista para promovernos.

La revista se llamó *SIC, RISAS DE
BOLSILLO* y era una verdadera revista
de bolsilllo, que se perdía en los puestos de periódico y nadie compraba. Creo
que hicimos 2 números y se acabó.

En la revistita, siendo tan pocos los moneros para hacerla, recurrí a la invención de nuevas firmas, tratando de disfrazar mi "estilo" para que parecieran auténticos los "nuevos" dibujantes. No sé si en ese tiempo alguien se tragó el juego, pero viendo ahora aquello, tengo mis dudas. García, Lucas y M era yo...

← PRIMER INTENTO DE DIBUJAR "MÁS BONITO"...

19

Codeándome con los "grandes" en un homenaje al Brigadier Arias Bernal: de izquierda a derecha: Guasp, Fa-cha, Carrillo, Audiffred, Gabriel Vargas, Bismarck Mier y su servidor. Abajo, Arias Bernal con su esposa.

Metido ya en el negocio de la caricatura, en la revista *Ja-já* y en el diario *Ovaciones*, duré todavía unos años trabajando en la funeraria, ya que los ingresos como monero no eran muchos que digamos. Pero finalmente, en 1957 me decidí a quemar mis naves fúnebres y a intentar vivir únicamente de la caricatura. Paréceme que lo logré por fin...

Y ya decidido a ser caricaturista de tiempo completo, empecé a relacionarme con los otros moneros, por ser compañeros del mismo dolor y la misma trinchera. En esos años los "grandes" del humor gráfico eran cuatro: Ernesto García Cabral, "El Chango" para el público; Antonio Arias Bernal, "El Brigadier"; Andrés Audiffred, de *El Universal*, y Rafael Freyre, "La Ranita". Seguían después en segundo término en fama y calidad, Angel Zamarripa, que firmaba "Fa-cha"; Héctor Falcón, "Cadena M.", su nombre de batalla; Ernesto Guasp, refugiado español; David Carrillo; Salvador Pruneda, "Chivo Chava" para sus cuates, quien trabajaba en *El Nacional*, y los tres viejos historietistas de humor, Gabriel Vargas, Germán Butze y Guerrero Edwards. Había muchos otros historietistas, pero "serios", y por lo general no hacían roncha con los moneros. Siempre han sido como dos gremios diferentes...

Y estaban en tercer plano, tratando de consolidarse como caricaturistas, esperando en muchos casos que los "grandes" se murieran, los "nuevos" moneros que habían surgido, casi todos, en la revista *Don Timorato* de los años 50s: Alberto Isaac, Jorge Carreño, Héctor Ramírez "RAM", Alberto Huici, Abel Quezada, Leonardo Vadillo y otros contemporáneos. Y los de mi novísima generación, que apenas empezábamos a balbucir nuestros primeros chistes: Sergio Aragonés, Luis Almada Jr., Bauche Alcalde (no recuerdo su nombre) y Enrique Aguilar, que firmaba "Quelar". Si me olvidé de alguno, sorry...

El contacto con los "grandes" era difícil. Casi todos trabajaban en sus casas, excepto Freyre, que tenía un despachito en el periódico *Excelsior*, y a quien, siendo *Ja-já* de la misma empresa, pude contactar rápidamente. Arias Bernal trabajaba en un estudio en las calles de Rosales y también era localizable. Quien me empujó más en el gremio fue Huici, compañero en la revista y fanático de la vida social (léase cantinas), donde siempre había oportunidad de encontrarse con colegas y periodistas.

En 1959, el obtener el Premio Nacional de Periodismo y ser además elegido por la Embajada de los USA como "caricaturista del año" e invitado a conocer los Estados Unidos, me sirvió muchísimo para establecerme como **monero reconocido** con posibilidades de codearme con los mayores. Tenía apenas 25 años y 4 de haber empezado en esta especie de profesión...

En 1958 ingresé como colaborador a *La Nación,* el órgano oficial del Partido Acción Nacional, que dirigía el recordado poeta michoacano Alejandro Avilés. No recuerdo ahora cómo caí tan bajo. Lo atribuyo a mi enciclopédica ignorancia en cuestiones políticas, que en ese tiempo era patética. Recuerdo haber hecho varios cartones contra el general Cárdenas y otras figuras de izquierda. Como al medio año me salí porque me rechazaban todo lo que hacía contra el Tío Sam, a quien ya culpaba desde entonces de lo mal que estábamos.

Como te ven te retratan...

A lo largo del libro irán apareciendo las más de 60 caricaturas que me han hecho los colegas en el curso de estos 50 años.

Falta la de Freyre, la Ranita, que la dejó a medias y prometió hacerla "en otra ocasión, mano, porque me estás resultando muy difícil..."

También el güero Isaac me prometió una, pero no hubo oportunidad de que la hiciera.

Y les ruego se deleiten con la que aparece en la contraportada, que recién me elaboró Patricio desde Xalapa a todo color.

....

Ram

PARA EL CAMARON QUE SE LO LLEVO LA CORRIENTE ¡BETETA! CON MI RENCOR SINCERO

¿EN EL DIA DE LAS MADRES 1960

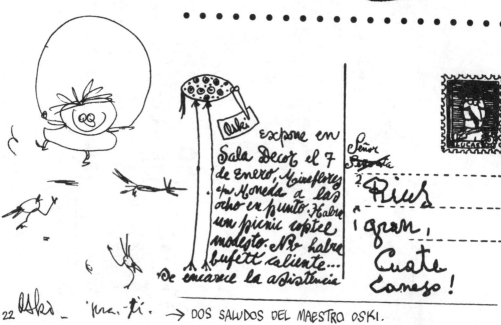

22 → DOS SALUDOS DEL MAESTRO OSKI.

Alberto Huici

Rossas

Vadillo (en *Siempre!*)

EL NIÑO DE LOS MONEROS... (Y PRECOZ)

RAM

23

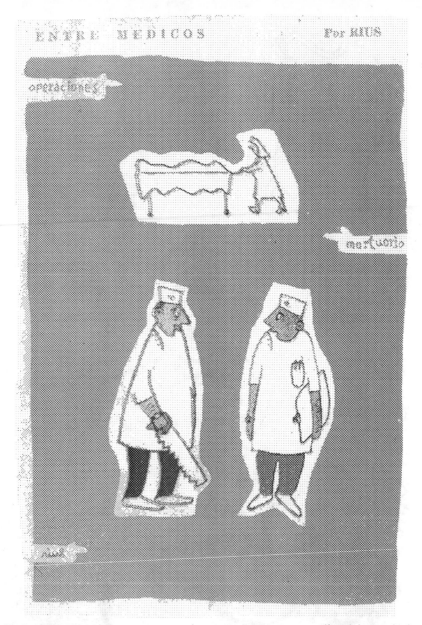

En *Ja-já* hice mis primeros monos a colores, que como ven me salían del asco. Lo hacía más que nada para cobrar mejor, pues el color lo pagaban al doble de lo que daban por dos páginas interiores. Ya había decidido vivir del mono, y trataba de colocar mis cartones donde se pudiera, comer 3 veces al día, y con manteca...

El pie del chiste dice: **–Lo veo triste, colega... ¿algún caso grave?**

–Gravísimo... ¡Se niega a pagar la cuenta!

24

En 1959 me mandó llamar Miguel Gila para colaborar con él haciendo una revista de humor que bautizó como *La Gallina*. Hicimos sólo 9 números, pues Gila tuvo que irse a trabajar a otras partes. La quería para defenderse de los periodistas de radio y TV, que se la pasaban cobrándole por hablar bien de él. A su lado aprendí todo lo necesario para hacer revistas de humor... y a apreciar la música de jazz, de la que me volví fanático. Recuerdo a Gila como uno de los mejores humoristas que he conocido. Y buena gente, además...

Los Milusos...

Aunque en México la tradición era que quien hacía cartón político no incursionaba en el otro humor, a mí se me dieron las dos modalidades sin problemas. Y hasta la fecha me encanta hacer travesuras sin tintes políticos. La verdad es que se cansa uno de dedicarles tiempo y esfuerzos a los desgraciados políticos, peor a los mexicanos...

Celebrando un premio al Brigadier
Arias Bernal, estamos: yo mero,
Bismarck Mier, Chucho Colilla, de
Excelsior, Ontiveros, Arias Bernal,
Gabriel Vargas y Pancho Patiño,
director de *Ja-já*. Gran cuete que
agarramos en la AMP.

Festejando la llegada de una Delegación
China a México, puede verse a dos delegados
chinelos con Lombardo Toledano, el Gral.
Cárdenas, Emilio Portes Gil, Armando C.
Pareyón, secretario de la AMP, Pablo Mtz.
Malpica y Rius.

Chambeando en No-verdades

Cansado de tanta censura y mal pago en *Ovaciones*, acepté de volada el llamado de *Novedades* para colaborar con ellos. No tenía espacio fijo, pues los titulares, Cabral y Guasp, llenaban con sus monos los espacios de la página editorial. Me sentía mal, me sentía como zopilote a la espera de que cualquiera de los dos muriera para ocupar su lugar. Además, la censura era igual o peor que en el otro periódico, pues la ejercía Ramón, el director, o Ricardo del Río, el subdirector, un antiguo peluquero franquista habilitado –no sé cómo– de periodista. Pero mi trabajo en *Novedades* me valió mi primer Premio Nacional de Periodismo, que me entregó Mateos en 1959. No lo podía creer: tenía cuatro años de hacer cartón editorial y 25 de edad y ya me habían dado un Premiezote... que los años anteriores habían ganado Arias Bernal y Guasp.

EL TRAGADIECES

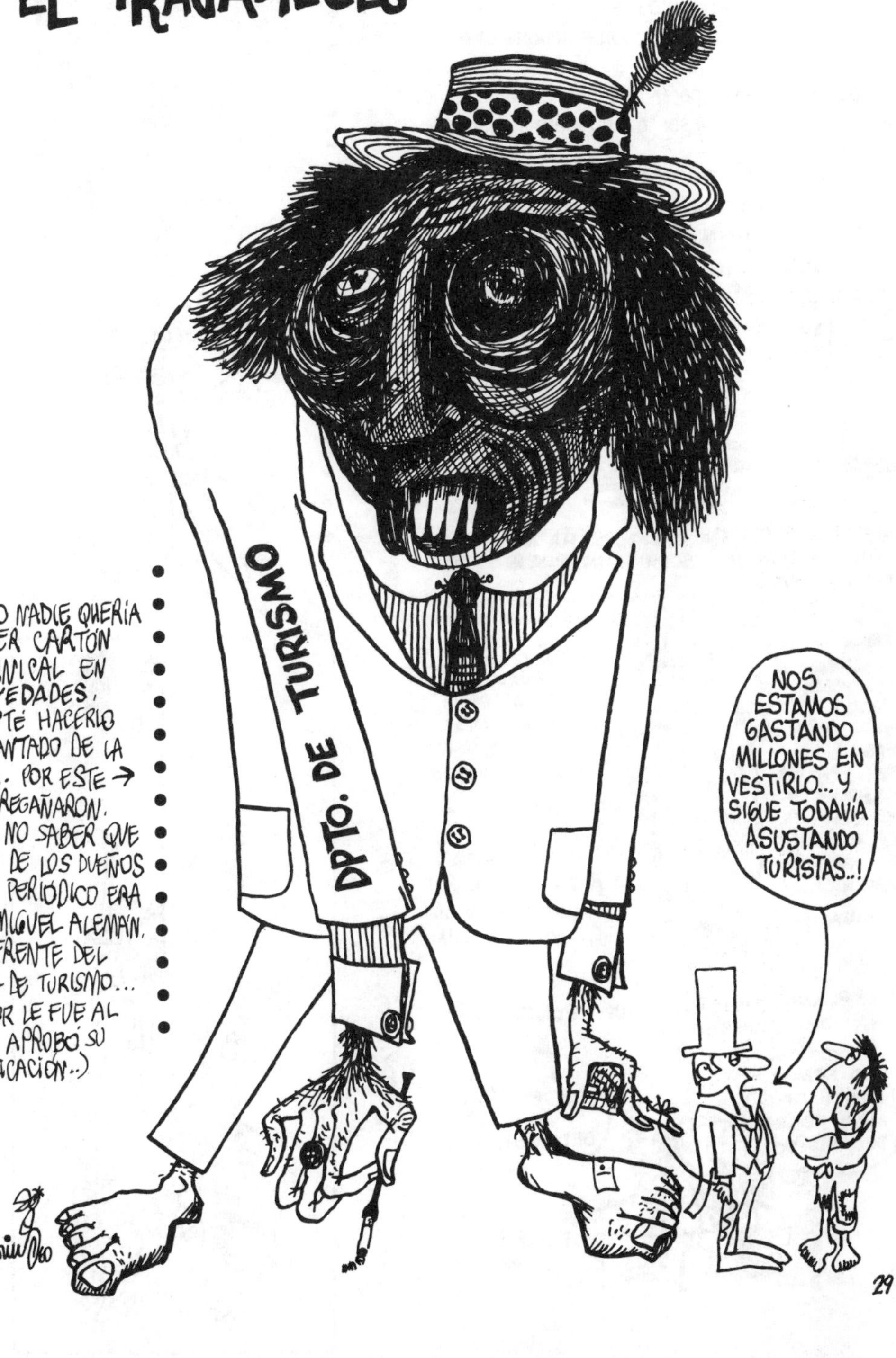
DPTO. DE TURISMO
NOS ESTAMOS GASTANDO MILLONES EN VESTIRLO... Y SIGUE TODAVÍA ASUSTANDO TURISTAS..!

COMO NADIE QUERÍA HACER CARTÓN DOMINICAL EN **NOVEDADES**, ACEPTÉ HACERLO ENCANTADO DE LA VIDA. POR ESTE → ME REGAÑARON. POR NO SABER QUE UNO DE LOS DUEÑOS DEL PERIÓDICO ERA DON MIGUEL ALEMÁN, AL FRENTE DEL DPTO. DE TURISMO... (PEOR LE FUE AL QUE APROBÓ SU PUBLICACIÓN..)

Cuando se empieza en este negocio, lo que se debe procurar antes que nada, es <u>darse a conocer.</u> Antes que buscar el dinero (necesario, gulp, para comer 3 veces al día...) lo que más importa es que se conozca el trabajo y hay que ir a pedirlo. Publicar en donde se pueda y esperar, después, a que lo llamen a uno. Claro, hay que ser "bueno" para ser llamado...

LOS GRIEGOS TENÍAN EN SUS BUENOS TIEMPOS, UNA DIVINIDAD CON 2 CARAS. LA LLAMABAN JANO →

AHORA RESULTA QUE JANO SE HA NACIONALI-ZADO MEXICANA... SOMOS UN PUEBLO DE DOS CARAS....

EN WASHINGTON, LONDRES, PARIS Y NEW YORK SOMOS "EL PAÍS QUE RESURGE Y MARCHA A LA CABEZA EN HISPANO-AMÉRICA..."

¡ JAWA..!

EN EL MEZQUITAL, CHURINTZIO, BABICORA Y ANEXAS SOMOS:

"SUBEN LOS PRECIOS"

"FRAUDE A LOS EJIDATARIOS..."

"CACIQUE ATERRO-RIZA LA REGIÓN!!"

"MEDIO MILLÓN DE BRACEROS A E.U..."

← El Fígaro (PERIÓDICO DOMINICAL)

DE PLANO TENEMOS QUE PONERNOS YA DE ACUERDO...!

TERMINADOS LOS **CENSOS** ESTA TODAVIA POR SABERSE

CUÁNTOS VERANEANTES TUVIMOS ESTE INVIERNO..

CUÁNTOS MUERTOS DE HAMBRE TRABAJARON LA ULTIMA SEMANA COMO AGITADORES...

CUÁNTAS RESES LE TOCAN A CADA CIUDADANO Y A CADA MONOPOLIO...

CUÁNTOS PROBABLES VENDEPATRIAS HAY QUE NO SON DEL **PRI**...

CUÁNTOS SOBRINOS CABEN EN LAS NÓMINAS DE LOS GOBERNADORES...

CUÁNTOS DELINCUENTES BUSCAN A LA POLICÍA...

¿..ME BUSCABAN?

HORAS DE RECIBO de 6 a 9

...Y CUÁNTOS KILOVATITOS NOS TOCARÁN A CADA MEXICANO AHORA QUE VAMOS A DECIR "Y LA LUZ SE HIZO...NUESTRA".

→ NOVEDADES DOMINICAL.

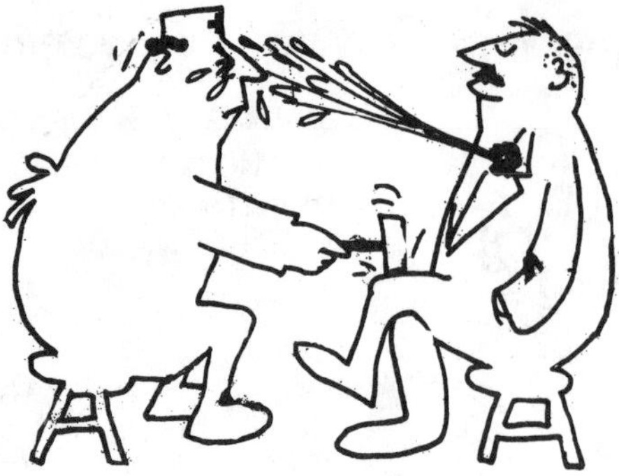

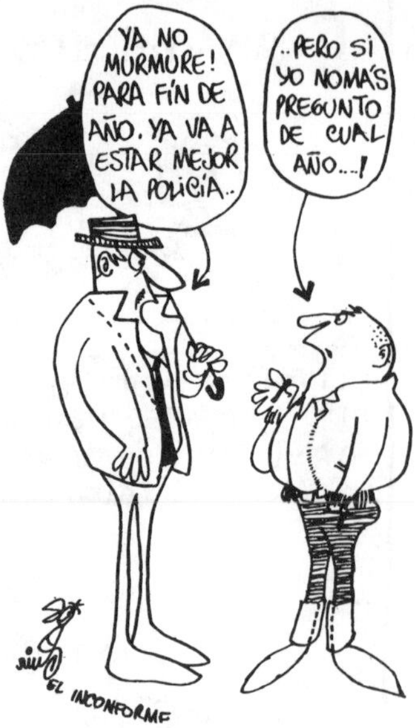
YA NO MURMURE! PARA FIN DE AÑO, YA VA A ESTAR MEJOR LA POLICÍA..
..PERO SI YO NOMÁS PREGUNTO DE CUAL AÑO...!
EL INCONFORME

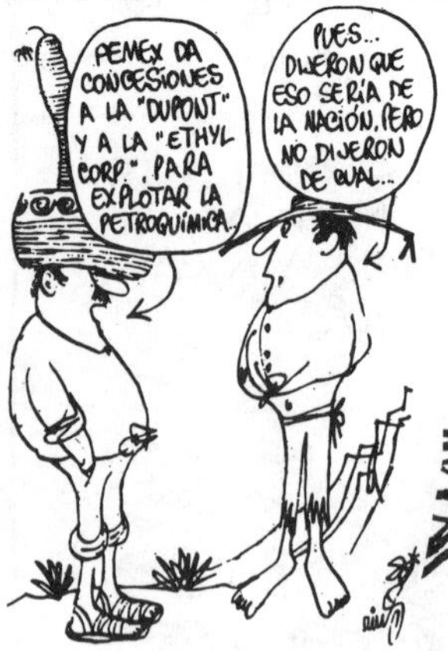
PEMEX DA CONCESIONES A LA "DUPONT" Y A LA "ETHYL CORP", PARA EXPLOTAR LA PETROQUÍMICA..
PUES... DIJERON QUE ESO SERÍA DE LA NACIÓN, PERO NO DIJERON DE CUAL...

* LA GALLINA

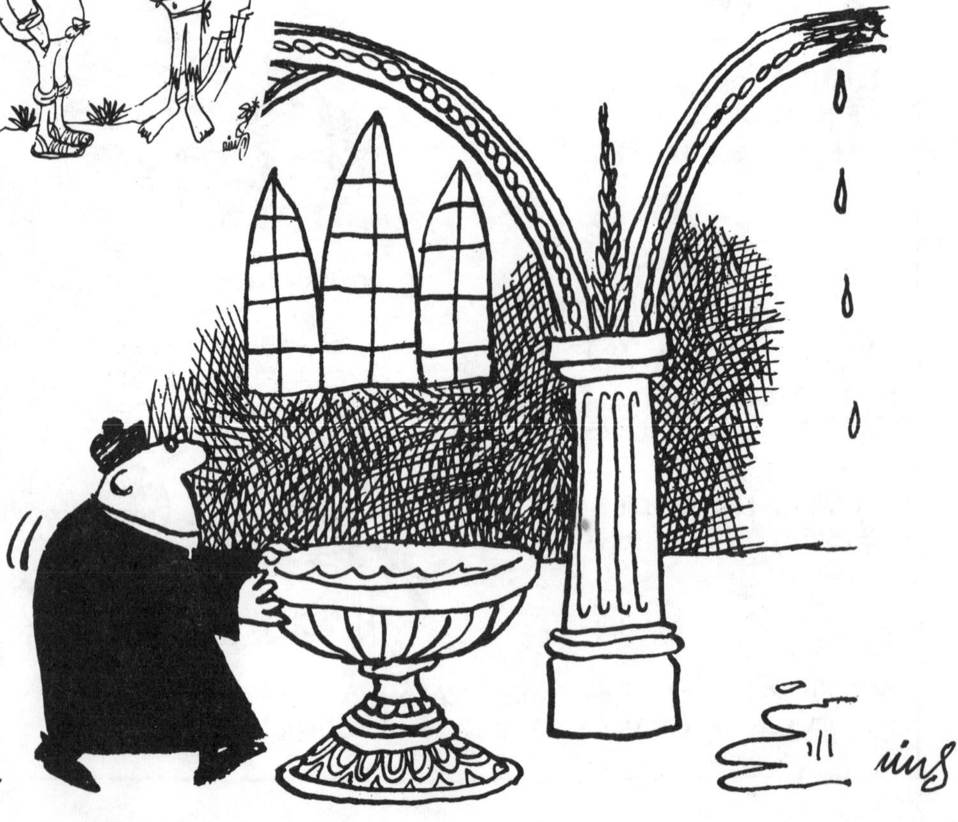

→ CANESSI (escultor)

Bismarck Mier

BISMARCK MIER
MAYO 11/960

Jorge Carreño

33

diario de la tarde
1960

En 1960 empezó a publicarse en *Novedades* un diario vespertino que, desgraciadamente, no llegó a triunfar. Pero yo trabajé muy a gusto compartiendo con Alberto Beltrán los espacios. 1960 fue un año estupendo para mí, pues entré a *Siempre!*, me llamaron de *Política* y trabajé con Manuel Buendía en *La Prensa*, cuando se acabó la chamba en *Novedades*, *Diario de la Tarde* y *México en la Cultura*. Nos corrieron a todos, con todo y don Fernando Benítez, por andar coqueteando con la Revolución Cubana...

EN DIARIO DE LA TARDE COMPARTÍ ESPACIOS CON ALBERTO BELTRÁN. QUE ME QUISO JALAR HACIA EL PARTIDO POPULAR DE LOMBARDO Y RAMÍREZ Y RAMÍREZ. COMO YO LE TENÍA MUCHA DESCONFIANZA A LOMBARDO. ME HICE EL OCCISO... (YA ANDABA YO COQUETEANDO CON LOS COMUNISTAS, VÍA ROSENDO GÓMEZ LORENZO Y OTROS..)

Quemando mis naves fúnebres

(En 1959 –a principios– dejé de trabajar en la Funeraria...)

Cinco años después de haber dejado la funeraria, con el codiciado Premio en la buchaca, sentí que había encontrado mi bolita en esta vida.

Viéndolo bien, ser caricaturista es un privilegio, del que muy pocos gozan en la vida. Se calcula que por cada millón de personas, UNA es caricaturista.

Es una profesión que permite maravillosas cosas: Hacer reír a la gente. Servir de vocero a los descontentos. Mentarles la madre a los poderosos. Trabajar en casa. Viajar y conocer otros países... y otros privilegiados como uno. Divertirse con lo que hace. Ser tratado con deferencias. A veces, hasta volverse famoso. Y de pilón, hasta cobrar por reírse de la sociedad. Claro que también tiene sus riesgos y asegunes, pues como bien decía el gran Renato Leduc: *en este negocio, o te pagan o te pegan...*

A mí me tocó que me pegaran... porque nunca les acepté ni un centavo a los poderosos. Y hasta la fecha no me he arrepentido....

36

Cuando salí de *Novedades* y *Diario de la Tarde*, Jorge Carreño, de quien ya era gran cuate, me sugirió que entrara a trabajar a *La Prensa*, de donde había salido por problemas con el dueño. Era director ya Manuel Buendía, que aceptó mi trabajo y con quien llevé muy buena amistad... hasta que me corrió casi pistola en mano por órdenes del dueño. Trabajé muy a gusto más de 2 años, con mucho trabajo, pues hacía, además del cartón diario, una sección dominical y una página semanal en el suplemento, con humor blanco.

22 Sept-62 **Al Estilo Rius**

22-I-62 **Al Estilo Rius**

21 Sept 61 **Al Estilo Rius**

Revista "Mañana" ↑

como conseguir aumento de sueldo

* LA PRENSA DOMINICAL

LOS PREHISTORICOS POR nin

La modalidad de hacer humor con grabados anti-güos me la enseñó Gila. Luego, la empecé a poner en práctica en *La Prensa*, donde el mal papel y la mala impresión no permitían mucho "lucimiento". Es un género que me gusta mucho practicar…

PERDONE: ¿NO PASÓ POR AQUÍ UN CABALLO CORRIENDO..?

¿..ENTONCES UD. SE LLEVA A LA GRANDOTA MI GENERAL..?

¡QUÉ LÍO CON ESTOS TRENES NUEVOS: YA NO ME ACUERDO SI VAMOS O VENIMOS..!

* *

En *La Prensa* me tocaron los famosos viajes de López Mateos por medio mundo. (Lo que le valió el apodo de López Paseos...) Como el periódico dedicaba todo el suplemento a reseñar los viajes, me encargaron ilustrarlos según el país que visitaba, por lo que muchos de mis cuates creían que yo andaba en la comitiva.

Checo Valdés

Guillén / Nicaragua

Helio Flores

CUANDO DOS PILLUELOS SE CUELAN A *SIEMPRE!*

Mi ingreso a la revista *SIEMPRE!* (1960) fue, sin duda, el paso más importante que di en mi carrera moneril. No sólo porque la revista era la más importante (y leída) de México, sino porque además nunca había publicado caricaturas en su interior. Pagés, su director y dueño, controlaba estrictamente la caricatura de la portada, que hasta ese año había elaborado magistralmente el Brigadier Arias Bernal.

Gravemente enfermo e incapacitado para dibujar, Arias Bernal escogió a su sucesor: el hijo predilecto de Tehuacán, Jorge Carreño, quien aceptó el reto y salió airoso de la prueba. Fue difícil, por el carácter explosivo del jefe Pagés que, celoso de su revista convertida en muy buen negocio, cuidaba que nadie se le brincara las trancas y pusiera en peligro su fuente de ingresos. Y sobre todo los caricaturistas como nosotros (entre Vadillo y yo compartíamos una plana en las primeras páginas), considerados como "provocadores".

Yo duré sólo 10 años. Cuando entró a Los Pinos Echeverría, culpable del secuestro que casi me cuesta la vida (gulp), preferí dejar de colaborar en *SIEMPRE!* y dedicarme de lleno a mi historieta.

43

Los cartones de la revista se reproducían en muchas revistas y diarios del país y del extranjero. En Cuba, por ejemplo, muchos cubanos creían que yo era cubano, por la cantidad de cartones que aparecían en las publicaciones cubanas de aquellos años. Me enorgullece el saber que toda la dirigencia cubana, empezando por el Che, seguía mi trabajo.

¿Dónde hemos oído éso antes?

LOS ÚLTIMOS DISCURSOS POLÍTICOS EFECTUADOS EN VARIOS ESTADOS DE LA REPÚBLICA POR LOS MIEMBROS DEL "NUEVO" PRI CONTIENEN NUEVAS E INTERESANTES FÓRMULAS DE LENGUAJE. VEAN ALGUNAS:

¿ALGUNA VEZ SE HABÍA USADO EN MÉXICO UN LENGUAJE ASÍ, TAN DIRECTO Y ESCLARECEDOR, CON CONCEPTOS TAN CABALES Y APEGADOS A LA REALIDAD? ¿RECUERDAN HABER OÍDO ANTES UNA EXPOSICIÓN TAN CONCRETA DE LOS PROBLEMAS NACIONALES? ¡REGOCIJÉMONOS, QUE UNA NUEVA ERA HA COMENZADO!

RIUS 1968

＊ Siempre!

El País de las Maravillas...

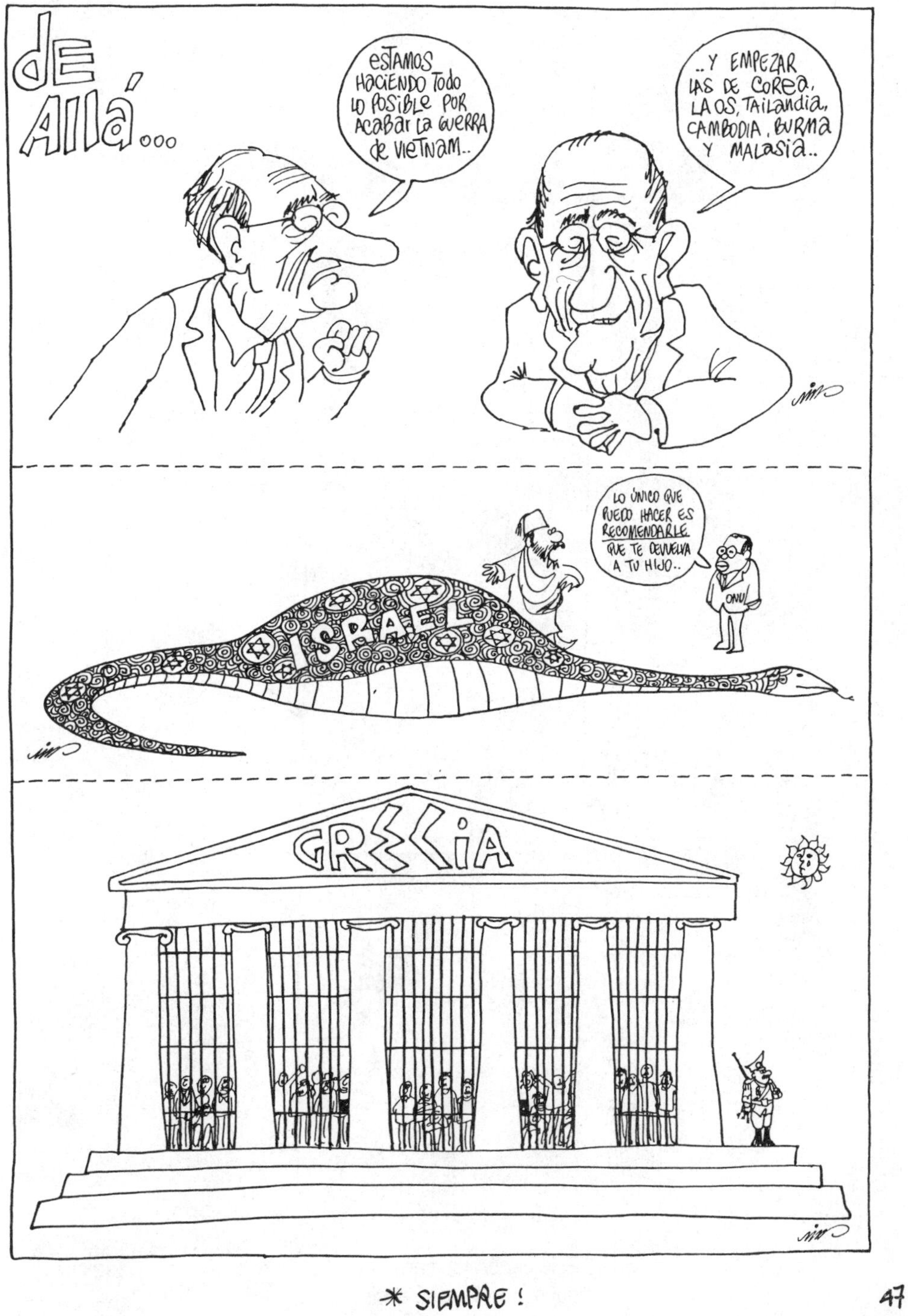
de Allá...
estamos haciendo todo lo posible por acabar la guerra de Vietnam..
..y empezar las de Corea, Laos, Tailandia, Cambodia, Burma y Malasia..
ISRAEL
LO ÚNICO QUE PUEDO HACER ES RECOMENDARLE QUE TE DEVUELVA A TU HIJO..
ONU
GRECIA

Este cartón fue censurado por Pagés, que le puso encima esto:

48

En *SIEMPRE!* me dediqué a meterme con Díaz Ordaz, que ya se veía venir como gran represor. Me agarró tremendo odio afro–poblano, y con razón, digo... Luego se cobraría alegremente, ordenando a Echeverría mi secuestro en 1969.

LOS DOGMAS (¡vivan!)

La REVOLUCIÓN MEXICANA HA PASADO VARIAS ETAPAS: REBELIÓN, BOLA, GOBIERNO, NEGOCIO, BUROCRACIA... Y RELIGIÓN..(LO QUE NUNCA HA SIDO, ES ESO: REVOLUCIÓN) Y COMO TODA RELIGIÓN QUE SE RESPETE, LA "RELIGIÓN REVOLUCIONARIA" HA CREADO SUS PROPIOS DOGMAS, ESPECIE DE VERDADES QUE, AUNQUE NO LO SEAN, HAY QUE CREER EN ELLAS A CHALECO, SO PENA DE VOLVERSE UN DISOLUTO SOCIAL CUALQUIERA...

EL DOGMATISMO TRASNOCHADO - COMO LO PRACTICAN NUESTROS "REVOLUCIONARIOS", PRODUCE UNA REACCIÓN CONTRARIA EN LOS QUE NO LO TRAGAN: EL ESCEPTICISMO. Y SI LOS DOGMÁTICOS SON MALOS, LOS ESCÉPTICOS SON PEORES... E INÚTILES.

Y MÉXICO - CREO YO - VIVE ESA ETAPA: EL GOBIERNO ES DOGMÁTICO Y EL PUEBLO ES ESCÉPTICO, AUNQUE CLARO, A NINGUNO DE LOS DOS LES IMPORTA UN CACAHUATE ÉSTO....

EL CÍNICO.

(YA PARA 1965, PAGÉS NOS HABÍA DADO UNA PÁGINA A CADA UNO, SEGURAMENTE POR EL ÉXITO QUE HABÍA TENIDO LA INCLUSIÓN DE CARTONES EN LA REVISTA..)

VIÑETAS HUMORÍSTICAS PUBLICADAS EN UN NÚMERO DEL SUPLEMENTO CULTURAL DE *SIEMPRE!* DEDICADO AL CINE.

LOS MEXICANOS SEMOS ASI...

NOS FALTAN ESCUELAS

NO LE HACE; DICE MI PAPÁ QUE ASÍ HABRÁ UN DIPUTADO EN LA FAMILIA..

NOS FALTAN MILLONES DE VIVIENDAS

YA LE DIJE QUE NO SE ALQUILA..

MR. DIÓGENES

NOS FALTA INDUSTRIA

¿A POCO?

CAMOTES TATEMADOS

NOS FALTAN HOSPITALES

¿Y USTÉ SE MUERE O SE ALIVIA, JOVEN? APÚRESE QUE HAY COLA DE ENFERMOS..

NOS FALTAN PRESAS..

¿PERO QUÉ TAL PRESOS?

NOS FALTAN TÉCNICOS, MAESTROS, MÁS TÉCNICOS Y MÁS MAESTROS..

¿HABLABAN?

NOS FALTA MEJORAR LAS CONDICIONES DE VIDA DE MILLONES DE INDÍGENAS...

POR DENTRO Y POR FUERA..

PERO HAREMOS UNA OLIMPIADA CARÍSIMA, "PARA QUE SE HABLE DE NOSOTROS POR EL MUNDO..."

..COMO EN ROMA: "PRI Y CIRCO"..

1965

1

······················

Cuba para principiantes

Igual que muchas circunstancias de mi vida como monero, mi primer libro también lo veo como una chiripada. Originalmente era un libro que debíamos hacer entre tres ilustres comunistas, Manjarrez los textos, ilustrados con fotos de Rodrigo Moya y monos míos. Pasó el tiempo después del viaje a Cuba hecho ex profeso para preparar el libro, Froylán murió y Rodrigo perdió el ánimo. Y teniendo conmigo toda la información disponible, me decidí a elaborarlo yo solo y editarlo por mi cuenta y riesgo. Mil ejemplares que tuve que colocar casa por casa, pues ningún editor lo había aceptado por "subversivo".

Pero el libro gustó tanto, que los cuates del Partido Comunista incorporaron a *Cuba para principiantes* dentro del catálogo del Fondo de Cultura Popular (como se llamaba en 1966 la editorial rojilla). Y desde entonces se convirtió en el libro sobre Cuba más conocido y leído en el mundo.

Y fue mi debut como "creador" de un nuevo género en la industria editorial: el *libro cómic* como lo bautizaron los ingleses...

Casi todas las ediciones extranjeras del libro, han sido ediciones... piratas. Algunas fueron contratadas con el FCP que rara vez se acordaba que yo era el <u>autor</u> y que era quien debía cobrar regalías por su venta. Otras, de plano, fueron simplemente fotografiadas y puestas a la venta (se trataba de "la causa") en casi todos los países de América Latina. Todavía lo siguen editando, especialmente los grupos ultra de izquierda, que todavía (nomás imagínese) creen que defender a Castro es defender la ya luìda Revolución Cubana. En Cuba, curiosamente, no se conoce el libro ni se ha vendido nunca, por ser un libro *no aprobado por el Partido...*

ESTE CARTÓN SE REPRODUJO EN UN LIBRO ESPAÑOL SOBRE "EL DIBUJO DE HUMOR".

La primera edición de *Cuba* publicada en el extranjero, es ésta de aquí abajo, por la editorial *Writers & Readers*, inglesa.

Cuba for Beginners by Rius

los pre-SUPERMACHOS

En el periódico *Diario de México*, uno de esos periódicos dedicados a sacarle dinero al gobierno, empecé a publicar una "tira" cómica, creando a los primeros personajes de historieta, que luego serían parte de **Los Supermachos.** Ellos fueron Doña Eme, Chón Prieto y el boticario Lucas Estornino. Después que me corrieron por huelguista, eché mano de ellos.

Claro, todavía no adquirían su personalidad completa, pero me sirvieron en su momento, para demostrar a los burócratas del Derecho de Autor que ya mucho antes de hacer la historieta había trabajado con ellos y los tenía registrados. De todos modos me los robó el editor Colmenares, que prosiguió con la historieta varios años pagándome una miseria.

el mitote ilustrado

VIOLENCIA, SEXO Y AGRURAS

¿USTED NO CREE EN LOS MARCIANOS? LEA ENTONCES ESTE NUMERO Y DESPUES PLATICAMOS...

SUPLEMENTO HUMORISTICO DE SUCESOS

director rius

Portada del primer número del *Mitote ilustrado*, suplemento humorístico (es un decir) de la revista *Sucesos para todos*. En ella se iniciaron prácticamente Naranjo y Helio Flores, amén de otros reconocidos caricaturistas.

OH, LAS MINORÍAS..!

POR RIUS – MINORÍA DE UNO...

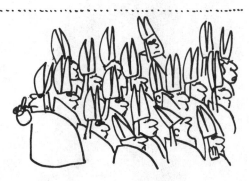

CARICATURAS RECHAZADAS

Otro libro desaparecido. Contiene varios ejemplos de cartones que los editores me rechazaban en los distintos periódicos donde trabajé. En cuanto me independicé de la prensa diaria (excepto *La Jornada*) se acabó la censura.

Mi incursión en la historieta (al igual que en la caricatura) fue también por chiripada. Decidido en 1965 a dejar la caricatura por no tener y casi dónde ejercerla (me habían corrido ya de cuatro periódicos), me encontré una noche con un colega en *La Prensa*, a quien le platiqué mis planes. Me sugirió que probara con la historieta, género totalmente desconocido por mí.

Me dio su tarjeta (acababa de fundar con Octavio Colmenares una editorial –Meridiano– para editar historietas) diciéndome que si se me ocurría algo se lo llevara, y al mes ya estaba yo haciendo *Los Supermachos*, a partir de una sugerencia suya: hacer una historieta en un pueblito, para "competir con la historieta urbana" que hacía el genial Gabriel Vargas... Y así nació, creció, se reprodujo y fue asesinada mi primera historieta.✳

*LOS SUPERMACHOS

46

numero dedicado a la REVOLUFIA de 1910

* DOCUMENTA SANGARABATEÑA

MEXICO $ 1.00

PIENSO QUE LO NOVEDOSO EN MIS HISTORIETAS FUERON LOS TEMAS (CASI SIEMPRE "TABÚ") Y EL SENTIDO CRÍTICO, DESDE UN PUNTO DE VISTA DE IZQUIERDA. NUNCA SE HABÍA TRATADO, POR EJEMPLO, DE HACER UNA HISTORIETA SOBRE LA REVOLUCIÓN MEXICANA...

Debo reconocer sin falsa modestia, que la historieta vino a revolucionar el mundo del *cómic*. Nunca me imaginé que iba a tener la aceptación que tuvo, y que se conociera además en tantos países, sobre todo de América Latina.

Palomo y otros insignes dibujantes, me han confesado que *Los Supermachos* sirvieron de modelo a seguir. Mis libros, sobre todo los de *Cuba y Marx*, pasaron a ser, junto con la historieta, libros de lectura clandestina en Centro y Sudamérica. Por dondequiera se hacían obras de teatro con base en la historieta (también incobrables "por la causa") y hasta la fecha, en California, grupos teatrales callejeros los montan en escena.

↙ BOGOTÁ, COLOMBIA

Los Super Machos de San Garabato

 62

El "Taller Teatral el Globo", escoge una de las historietas plagada de humor hiriente y violento, del periodista mexicano Eduardo del Río "Rius", porque muestra de una manera didáctica, sencilla y amena los diferentes problemas del pueblo mexicano, que de ninguna manera son ajenos a nuestra problemática.

En esta ocasión esta historieta -farsa cómico-musical- trata del amor de clase y su desmitificación por parte de los personajes que intervienen en ella y desmintiendo de una manera crítica-humorística todas aquellas historietas que la radio-tv-novelas transmiten a una gran capa de la población enajenando y creándoles falsas ilusiones.

ACTORES

CHON PRIETO	Henry Peña
MATIAS	Darío Palacio
ZACARIAS	Wilson Díaz
	Reinel Osorio
CALZONZIN	Gerardo Potes
	Reinel Osorio
ARSENIO SANTO	Eyver Peña
LUCAS ESTORNINO	Luis Alberto Agredo
EMECITA RESANDA	Yaneth Vanegas
LUGARDITA	Rubiela Muñoz
PERPETUO DEL ROSAL	Luis Cestagalli
POMPOSA DEL ROSAL	Yaneth Vanegas
	Rubiela Muñoz
ENEDINA DEL ROSAL	Adayamila González
DIPUTADO GODINEZ	Wilson Díaz
NICANOR	Carlos Rengifo
MUSICOS	Unidad 4
	Carlos Andrés Gamboa
	Darío Gómez

FICHA TECNICA

ESCENOGRAFIA Y VESTUARIO	Reinel Osorio
MUSICA	Carlos Rengifo y
	Angela de Molina
FOTOS	Pedro Rey
ADAPTACION	Luis Alberto Agredo y
	Alfredo Valderrama
ASISTENTE DE DIRECCION	Luis Alberto Agredo
DIRECCION:	Jorge Vanegas

TALLER TEATRAL
EL GLOBO

los Super Machos
de San Garabato

pá' aguantar
Pa' enamorar
Pa' discutir

RIUS
DIRECCION
JORGE VANEGAS

LOS SUPERMACHOS

RIUS · 17

¿Y USTED, ESTUDIA O TRABAJA?

..MÁS BIEN COMO QUE ME MANTIENE MI MARIDO..

un peso

LA HISTORIETA EN MANOS DE LOS ESQUIROLES..

LOS SUPERMACHOS

AÑO XIII — JULIO 8 DE 1976 — REVISTA SEMANAL

¿SERÁ VERDAD QUE YA NO HAY PRESOS POLÍTICOS?

LO QUE NO HAY SON POLÍTICOS PRESOS

DON PERPETUO EJEMPLO DEL POLÍTICO NAÍS

No. 549 · $2.50

Pedradas, Agruras y Mala Leche

LOS SUPERMACHOS

¡VIOLENCIA, SEXO, CORRUPCIÓN, AGRURAS, POLÍTICA, CONSPIRACIÓN Y COLITIS!

RIUS

BUENO: YO NO RESPONDO DE LOS QUE VENGAN DESPUÉS A PONER PANADERÍAS..!

42

UN PESO

El colmo del editor Colmenares fue "fusilarme" los números que le había hecho cuando había buena relación. Le encargó a los "libretistas" (Chava Flores, Natividad Rosales, Rodolfo Mendiola) que copiaran los textos y argumentos de varios números que había yo hecho, y a mis otros "amigos" caricaturistas (Ochoa, Hodiac, Escalante y otros esquirolillos), que hicieran nuevos dibujos. ➤ BORJA, CLARO...

63

EL CÉLEBRE CALZONZIN Y SU CREADOR EDUARDO DEL RÍO (RIUS)

$3.00

La denuncia del atraco de Colmenares apareció en buena parte de la prensa mexicana, especialmente en *POLÍTICA*, la mejor revista que la izquierda hizo en México, dirigida más que por Marcué, por Rosendo Gómez Lorenzo, comunista, y me hallaba trabajando en ella como monero.

CHALE... ¿UNA REVISTA CONTRA EL GOBIERNO...?

POLÍTICA fue, al igual que *SIEMPRE!*, una revista importantísima en la lucha política de México.

Me da mucho gusto haber formado parte de ella desde su inicio hasta su desaparición bajo el desgobierno de Díaz Ordaz.

Casi nadie sabe que, amenazado por la dirección de *La Prensa* que de seguir colaborando en *Política* sería despedido del periódico, "inventé" al caricaturista **Homobono** que tomó mi lugar en sus páginas, hasta que despedido de veras del periódico, me reincorporé a la revista.

← LIBRO RECOPILACIÓN, EDITADO POR EL PARTIDO COMUNISTA.

LAS ARMAS NACIONALES SE HAN CUBIERTO DE GLORIA..

TLATELOLCO

CARTÓN PUBLICADO A LOS 5 DÍAS DEL ASESINATO DE JFK.

Un día, hace algunos meses, se me acercó sigilosamente en una Feria del Libro, un tipo para **venderme mis originales de Política**. Me pareció increíble que tuviera que comprar mis propios dibujos, que Marcué Pardiñas se había negado a regresarme. ¡Qué cosas!

EL PROGRAMA de UN TAPADO

NO MANIFESTARÁS EN LA VÍA PÚBLICA NI TE REUNIRÁS EN LOCALES CERRADOS

NO DESEARÁS LOS LATIFUNDIOS DE TU PRÓJIMO

NO VERÁS FILMS SOCIALISTAS

NO LEERÁS LITERATURA SUBVERSIVA

NO VIAJARÁS A CUBA

NO MURMURARÁS CONTRA EL GOBIERNO

NO EJERCERÁS EL DERECHO DE HUELGA

NO PENSARÁS EN IDEAS EXÓTICAS

NO HABLARÁS MAL DEL GOBIERNO DE LA REVOLUCIÓN.

NO PEDIRÁS JUSTICIA NI AGITARÁS.

DISOLUCIÓN SOCIAL

DÍAZ ORDAZ

ESTE Y OTROS CARTONES SIMILARES, LE ARDIERON TANTO A DÍAZ ORDAZ, QUE EN 1969 LE ORDENÓ A ECHEVERRÍA (Y A GARCÍA BARRAGÁN) QUE ME DESAPARECIERAN. EL 29 DE ENERO DE 1969, LA DFS ME SECUESTRÓ Y ME ENTREGÓ AL EJÉRCITO EN EL CAMPO MILITAR DE TOLUCA... FINALMENTE, EL GRAL. CÁRDENAS INTERVINO Y ME SALVÓ LA VIDA, CONVIRTIÉNDOME ASÍ EN EL ÚNICO QUE SE LE FUE VIVO A LUIS ECHEVERRÍA DE SU LARGA LISTA DE DESAPARECIDOS...

A

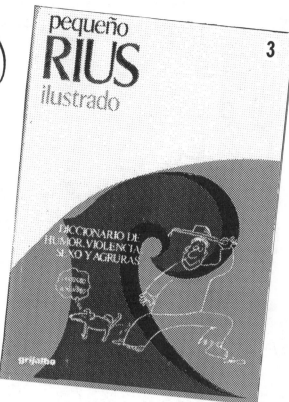

abanico
ARTEFACTO QUE LAS DAMAS UTILIZAN HASTA PARA DARSE AIRE...

abarrotero
DELINCUENTE OLVIDADO POR NUESTRAS LEYES.

abolengo
LO MISMO QUE EN LOS PERROS SE LLAMA "PEDIGREE"...
call me "DUKE".

maestro

LO ÚNICO QUE LES AUMENTAN A LOS MAESTROS, SON LOS ALUMNOS...

dinero

PARA NO HABLAR MAL DEL DINERO HAY QUE TENERLO.

IN GOLD WE TRUST

dedo
PARTE DE LA MANO QUE EL GOBIERNO LLAMA "LA VOLUNTAD POPULAR"..

Este libro nació de una sección que tuve por un tiempo dentro de *México en la Cultura*, el casi mítico suplemento cultural de *Novedades*, que dirigió hasta que lo despidieron por procubano, el recordado y siempre bien vestido Fernando Benítez.

Corrido yo también del suplemento y del periódico, proseguí por mi cuenta la elaboración de los pequeños textos tipo diccionario, hasta que animado por el éxito de mis otros libros, lo hice como tal.

Curiosamente, Larousse nunca protestó por la parodia de su portada, pero muchos años después, cuando Patricio, el chamuco, publicó otro diccionario con el título de *Pequeño Vulgarousse ilustrado*, los editores de los famosos diccionarios amenazaron con demandar al Pato (y a la editorial) si no se le cambiaba el título. Mamones los señores.

69

4 La panza es primero

Sin exagerar ni presumir, pienso que este libro ha sido el más vendido de todos. Quizás se deba a que el primer tiraje fue de 50 mil ejemplares... y a un precio increíblemente barato.

Casi se volvió la Biblia de los vegetarianos, y animó a mucha gente a dejar de comer carne.

Fue también el primer libro que cuestionó seriamente (?) la comida dizque mexicana, al hacer ver que la mejor y auténtica comida mexicana (no la criolla) es comida vegetariana. (Con los pecadillos veniales de nuestros antepasados, como chapulines, pequeñas aves, guajolote y cosas así de ricas.) Pero definitivamente recuerden que los compañeros aztecas NO consumían carnes rojas... por la sencilla razón de que NO existían en estas latitudes.

El libro, increíblemente, se sigue vendiendo y ya pasó del medio millón...

Dos amigos del Partido Comunista y compañeros de célula, fundaron la Editorial Heterodoxia, medio hete-rodoxos como eran. Manlio Tirado fue uno de ellos, y del otro no me acuerdo porque se clavó mis origi-nales. Con Heterodoxia publicamos 3 libros dizque "autobiográficos", que ya no se consiguen ni en la Lagunilla o Donceles.

5 Primeras porquerías
6 El segundo aire
7 Obras Incompletas # 3

8 Rius para principiantes

← DE VIC,
MONERO
ECHADO A
PERDER POR
ZABLUDOVSKY.

VIC

NATURALEZA PURA.

Tejada

• • • • • • • • • • • • • •

La mayoría de las caricaturas que me han hecho los colegas, han sido hechas a *vuelapluma*, a veces en servilletas de cantina, sin posar ni nada por el estilo.

Nuez / Cuba

NUEZ

Hugo Díaz / Costa Rica

DÍAZ/92

PARA EL GRAN COLEGA
Y AMIGO RIUS
CON TODO EL APRECIO
DEL GRUPO LA
PLUMA SONRIENTE
COSTA RICA 2/10/92

Toño Lamadrid

Después del atraco que Colmenares perpetró contra *Los Supermachos* y su papá (de la historieta, no de Colmenares) tuve que hacer otra historieta con otro editor, que fue el ya fallecido Guillermo Mendizábal, fundador y padre de la editorial Posada. Con él y una secretaria fundamos la editorial, que gracias a la historieta creció y estuvo en un tris de convertirse en una gran editorial. Pero a Mendizábal se le subió el éxito (y la lana) a la cabeza, empezó a dedicarle más tiempo a la pachanga vitivinícola, descuidó la editorial, dejaba de pagarme regalías, etc. Pero mientras duró, valió la pena, como dicen algunas esposas…

los agachados
de RIUS

se vende

29   180

"RIUS" es el nombre y el símbolo marxista de cierta prensa pornográfica que retuerce el nombre de Jesucristo y difama a la Iglesia. (Núm. 129. 28 de agosto de 1973).

expuso además "fuentes" espiri‌tual‌
ran a la mafi   xen‌
"No pued‌
tive

los agachados

REVISTA SEMANAL
SALE LOS MIERCOLES

LAS DROGAS: EL GRAN NEGOCIO DE ESTADOS UNIDOS

77
$1.60

(..Y NUESTRA GRAN ARMA SECRETA..)

no tenemos nada contra la CARNE pero mejor lea este número antes de comerla... ¿no?

EDITORIAL POSADA

¡POR SUPUESTO QUE NO NOS REFERIMOS A ESTA CARNE!

73

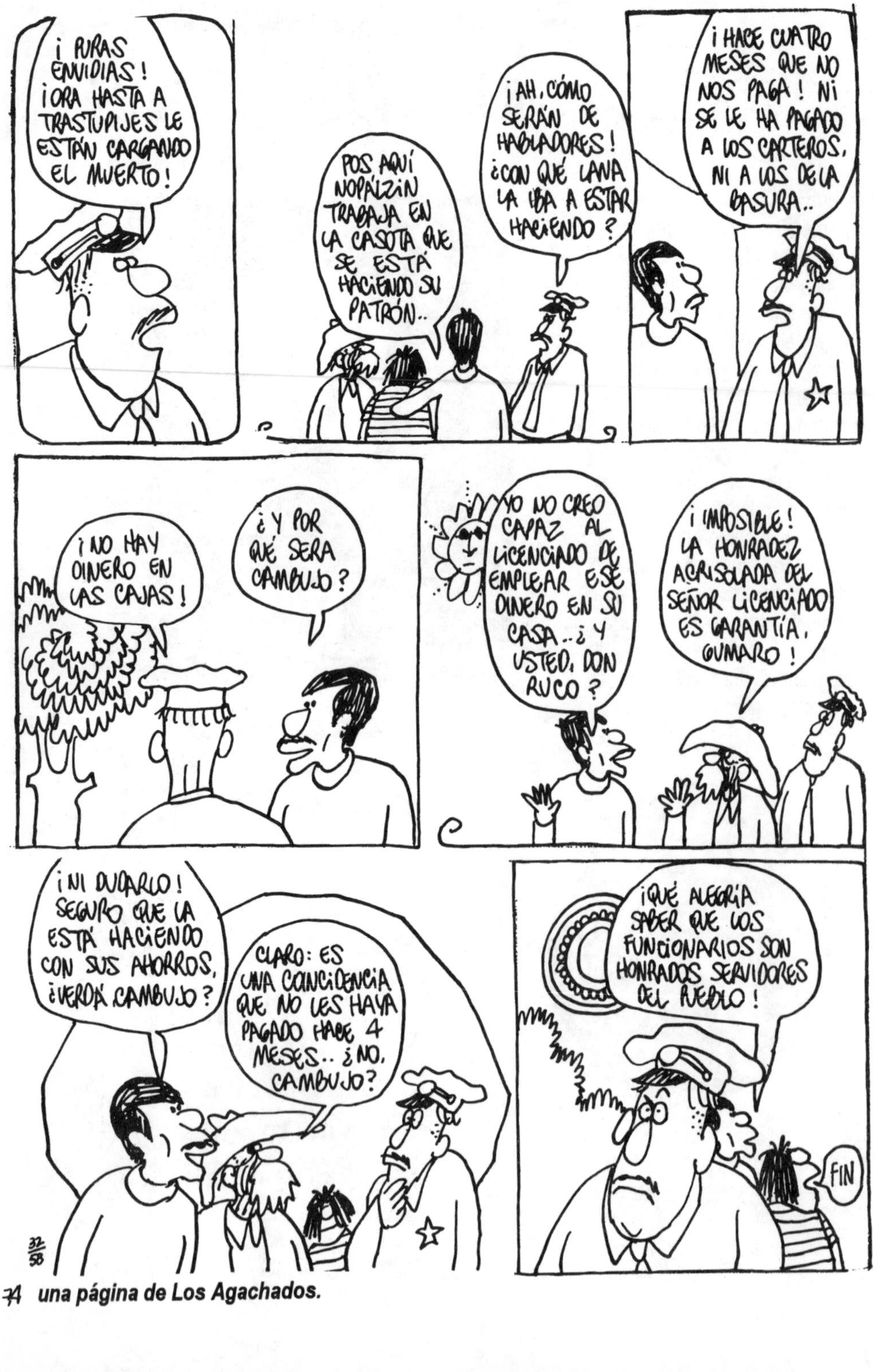
¡PURAS ENVIDIAS! ¡ORA HASTA A TRASTUPIJES LE ESTÁN CARGANDO EL MUERTO!
POS AQUÍ NOPÁLZIN TRABAJA EN LA CASOTA QUE SE ESTÁ HACIENDO SU PATRÓN..
¡AH, CÓMO SERÁN DE HABLADORES! ¿CON QUÉ LANA LA IBA A ESTAR HACIENDO?
¡HACE CUATRO MESES QUE NO NOS PAGA! NI SE LE HA PAGADO A LOS CARTEROS, NI A LOS DE LA BASURA..
¡NO HAY DINERO EN LAS CAJAS!
¿Y POR QUÉ SERA CAMBUJO?
YO NO CREO CAPAZ AL LICENCIADO DE EMPLEAR ESE DINERO EN SU CASA..¿Y USTED, DON RUCO?
¡IMPOSIBLE! LA HONRADEZ ACRISOLADA DEL SEÑOR LICENCIADO ES GARANTÍA, GUMARO!
¡NI DUDARLO! SEGURO QUE LA ESTÁ HACIENDO CON SUS AHORROS, ¿VERDÁ CAMBUJO?
CLARO: ES UNA COINCIDENCIA QUE NO LES HAYA PAGADO HACE 4 MESES.. ¿NO, CAMBUJO?
¡QUÉ ALEGRÍA SABER QUE LOS FUNCIONARIOS SON HONRADOS SERVIDORES DEL PUEBLO!
FIN
32/58

 una página de Los Agachados.

ABUSO Đ AVISOS

PRÓXIMO NÚMERO: LOS CHICANOS

¡EN BELLAS ARTES!

DEL 7 AL 17 DE OCTUBRE, EL PALACIO DE BELLAS ARTES SE ESCUPE PRESENTANDO EL

PRIMER SALÓN DE LA HISTORIETA

CON LOS ORIGINALES DE TODAS LAS HISTORIETAS QUE SE HAN HECHO Y SE HACEN EN MEXICO BUENAS Y MALAS Y REGULARES

BIBLIOGRAFIA DE ESTE NÚMERO →

- LA REVOLUCIÓN MEXICANA (R. Flores Magón) EDIT. GRIJALBO-MEXICO
- RICARDO FLORES MAGÓN (Antología) Edic. UNAM.
- RICARDO FLORES MAGÓN (A. Ojeda-C. Mallen) Lectura Popular S.E.P.
- TRIBUNA ROJA (Discursos) EDICIONES del GRUPO F. MAGÓN-1925
- LA REVOL. MEXICANA (Sivo Herzog) F. CULT. ECONÓMICA.

LIBROS de RIUS →

FONDO DE CULTURA POPULAR. S. Juan de Letrán 37-703 México 1 DF.

- CUBA PARA PRINCIPIANTES
- LA JOVEN ALEMANIA
- PEQUEÑO RIUS ILUSTRADO

EN PREPARACIÓN: MARX PARA PRINCIPIANTES, CRISTO DE CARNE Y HUESO Y UNA NUEVA EDICIÓN DE "CARICATURAS RECHAZADAS". (AH, Y OTRO SOBRE LA REVOL. MEXICANA, AUN SIN TÍTULO DEFINITIVO...)

el IMSS

¿SIRVE O NO SIRVE EL SEGURO?

ESPERAMOS SUS OPINIONES AL ...

ORALE: LO INVITO AL CIRCO!

MEJOR YO LO INVITO A LAS ELECCIONES!

33 $1.50

En *Los Agachados* inauguré las parodias de primera plana de periódico. Primero no tenían título, luego se llamó **Agachaditos news & chismes,** y cuando las pergeñaba en otras publicaciones, recibían distintos títulos: **Pelos & Señales** o **La cornada.**

Pelos & Señales

director en jefe RIUS FRIUS esq.

decano de la Prensa Chira y Católica

EL IVA VA Y LOS 40 LADRONES

▷ Felicidad completa de las Concanacas y Concamines con el actual gobierno ▷ Ibarra Muñoz, primer mexicano que irá a la Luna ▷ En 1980 un 10% más jodidos: el Baco de México.

CUAUTITLAN, 5 DE ENERO

CARTER: LOS RUSOS SON UNOS COPIONES

▷ Estados Unidos cobrará Derechos de Autor por la invasión soviética a Afganistán ▷ Ah, lo que me da más coraje es que Afganistán no queda en América Latina, dijo un Marine.

1909

> El IVA benéfico, si no abusa el Comercio, y mi tía sería triciclo si tuviera ruedítas.

AIRES VATICANOS

Que al Papa le hizo daño el camote poblano...

Prometió Woytila no volver a México

▷ son más papistas que el Papa, dijo ▷ No le salió ningún milagro, por la altura, dijo su valet.

85

APARTE DEL IVA 12 IMPUESTOS...

▷ Dizque elecciones en Doce Estados del País.

818

ixtoc 1 sigue destapado

▷ PESE A CUANTA DECLARACIÓN SE LE ECHA, NO SE TAPA ▷ SOSPÉCHASE QUE DIAZ SERRANO ES EL BUENO PARA EL 82.

118

Iva a haber PRECIO ESTABLE, iva a haber CANASTA DEL MEXICANO, iva a haber CONTROL DE PRECIOS, iva a haber PRODUCTOS ALIANZA... (Iva a haber esperanza. RIP).

CRUDOS AL ALZA, GOBIERNO A LA BAJA

▷ No dan una los genios de la economía mexicana... ▷ Empiezan a extrañar al Sha de San Jerónimo; cómo estarán las cosas. ¡Uy!

777

EL INSTITUTO PORRITECNICO NAL. EN PODER DEL PRI.

ORACION
GRACIAS, ESPIRITU SANTO, por el favor recibido.—
María.

VAZQUEZ RAÑA–GLP, EMPATADOS?

▷ Se espera este año la final en Superlibre y Relevos australianos ▷ Favorito el Primo, aunque puede haber surprises.

989

PIDEN AUMENTO LOS DIPUTADOS O SU INGRESO EN LA ANDA

▷ Sesenta mil pesos al mes no le alcanzan a Blanca Muhinas ni para su boldo ▷ Se pondrá a votación la petición priísta.

889

MEXICO LISTO PARA IR A LA GUERRA

No se sabe por qué, ni dónde, ni cómo, ni contra quién, ni para qué, pero estamos listos con nuestras chinampas y triciclos.

707

cómputo

¿QUIÉN LE GUSTA PARA TAPADO PP?

667

EL IMPUESTO AL VALOR AGRINGADO, LOGRO REVOLUCIONARIO

(INSERCION PAGADA)

Si hubiera Premio a la Estupidez, se lo ganaba TELEGUÍA.

NECIO EL VATICANO

No aprueba el Papa el aborto ni siquiera para Hijas de María víctimas de amores parroquiales.

Visto el éxito de la historieta, los editores me pidieron armarles libros con el material publicado como revista, pero **temáticos**. Salieron así a la venta 15 títulos, que yo francamente NO considero "libros" de mi autoría, aunque en rigor sí lo sean, pues están formados con trabajos míos. Pero yo, heterodoxo en todo, prefiero ponerlos en la lista de recopilaciones.

Se vendían como pan caliente, y me consta, pues la editorial Posada me quedó a deber, al desaparecer tronada por los hijitos de Mendizábal, cerca de medio millón de pesos en regalías.

los agachados

→ ya se supo:
¡TURMIXA ES EL INFIERNO!

Hacer historieta es de lo más agotador que existe en el periodismo. Es una verdadera enajenación, que no le permite al autor ni enfermarse... mucho menos irse de vacaciones a la playa.

Llegó un momento en que odiaba yo la historieta, y como le pasó a Quino que llegó a odiar a Mafalda, a mí se me hacía ya cuesta arriba trabajar con Nopalzin y compañía. Pedí esquina y le propuse a Mendizábal cerrar un tiempo la revista.

Me contrapropuso hacer un equipo que se encargara de copiar fotográficamente mis monos y crearles nuevos diálogos y argumentos, mientras yo me tomaba un descanso. (El descanso me lo tomé viajando a China, de donde traje material para hacer dos libros. Qué loco.)

El equipo debe haber hecho 10 o 12 números, y estaba formado por Fernando Llera, excelente dibujante de historieta, y Edgar Ceballos, escritor y argumentista que terminó haciendo teatro y publicaciones teatrales.

Algunos números los dibujó Llera, y en otros se recurrió al uso de reproducciones fotográficas de mis anteriores historietas, que eran adaptadas a las nuevas que hacía el famoso equipo.

Mucha gente no se dio cuenta del cambio, como ocurre en estos casos. Todavía hay gente que cree que yo seguí haciendo *Los Supermachos después que dejé de hacerlos*. Y todavía me llego a encontrar con gente que lleva números de la historieta para que se los firme, convencidos de que son de mi autoría...

Algunos trabajos del "equipo" que me suplió un tiempo.

LA PUBLICIDAD TELEVISADA INCITA A LA GENTE A FUMAR. EL CIGARRO CAUSA LA MUERTE A MUCHAS PERSONAS.. ¿ES MORALMENTE JUSTIFICABLE INCITAR A LA GENTE AL SUICIDIO..?

HAY QUE ESTAR IN..!

¡AH! EL NIRVANA!

Originalmente, estos dos libros fueron recopilaciones de números de *Los Agachados*, hasta que apenado los rehice añadiéndoles nuevo material. Hoy sólo se vende el segundo, para coraje del Cuerpo Médico.

CON MUCHO APRECIO Y ADMIRACIÓN PARA EL INCOMPARABLE RIUS

A. PORTILLO/98

Portillo

..CON ADMIRACIÓN Y AFECTO PARA RIUS. DE EUGENIO S.A.

27/X/95

Eugenio Sánchez Aldana

Posada/ Cuba

Miranda

80

LA PREOCUPACIÓN DEL ESTADO —CAPITALISTA— ES LA FALTA DE GENTE PREPARADA PARA ECHAR A ANDAR EL CAPITALISMO.

¡NOS FALTAN OBREROS CALIFICADOS QUE AUMENTEN NUESTRA POBRE PRODUCTIVIDAD.

AQUÍ ESTÁN SUS MENSOS QUE LOS DEBEN HACIENDO RICOS...

LA BURGUESÍA NECESITA FORMAR SUS CUADROS TÉCNICOS: ÉSA ES LA META PRINCIPAL DE LA REFORMA EDUCATIVA...

PREPARAR GENTE QUE FUNCIONE CON EFICACIA...

LA EDUCACIÓN QUE SE TRATA DE IMPONER MEDIANTE ESTA REFORMA ES UNA EDUCACIÓN PARA FORMAR INGENIEROS Y TÉCNICOS DE MANTENIMIENTO DE MAQUINARIA Y TECNOLOGÍA IMPORTADA, QUE SIRVAN MÁS EFICAZ, PARA EL IMPERIALISMO Y LA BURGUESÍA NACIONAL DEPENDIENTE, "NUESTRA" ECONOMÍA...

CLAP CLAP

La gente se deja llevar por la falsa información de fenómenos paranormales, de milagros de vírgenes aparecidas o de platillos voladores, porque **NO TIENE EDUCACIÓN.**
Porque en la escuela **NO LA HAN ENSEÑADO A RAZONAR.**

y las TELENOVELAS están hechas para que las señoras no piensen..

Los medios no se preocupan por explicarle nada a la gente (y menos al niño que lo necesita). Sólo se nos proporciona información (y falsa además) a manera de entretenimiento y disfrazada como algo racional y hasta científico. La televisión es la mejor prueba de ello.
Si tuviéramos desarrollada nuestra capacidad de razonar apagaríamos el aparato y nos pondríamos a leer.

¿Y POR QUÉ LA TELEVISIÓN NO SE UTILIZA PARA EDUCAR A LA GENTE...?

Ah, pues... porque a la TV no le conviene que los televidentes se eduquen y razonen, o dejarían de ser clientes de las porquerías que venden y producen...

RIUS

EL FRACASO DE LA EDUCACIÓN EN MÉXICO

11 El fracaso de la educación en México

Cuando hacía *Los Agachados*, hice un número de la historieta sobre la educación en México, pero a base de testimonios de profesoras y maestros, o público en general, testimonios solicitados en la misma revista. Llegaron por cientos. Y del costal de cartas salió un buen número de historieta, que luego se convirtió, añadiéndole páginas con otros temas educativos, en este libro que ha tenido singular acogida (en el mejor sentido) entre el magisterio.

Ya perdí la cuenta de las ediciones (y presentaciones). Lástima que las autoridades educativas y los gobernantes no lo hayan leído porque su cerrazón no se los permite, sospecho...

• • • • • • • • • •

*En el EXTRANJERO

• • • • • • • •

Estos dos monos se dejaron ver en un calendario alemán. Por cierto, quiero declarar públicamente que los editores alemanes han sido los que menos me han robado a la hora de las regalías.

Pfingstsonntag

SONNTAG **10** JUNI

Rius

7 | 14

FROM MAFALDA TO LOS SUPERMACHOS
Latin American Graphic Humor as Popular Culture

DAVID WILLIAM FOSTER

DIENSTAG **24** MAI
ELEFANTEN PRESS KARICARTOON
Rius

LYNNE RIENNER PUBLISHERS • BOULDER & LONDON

絵・リウス／京都・龍安寺の石庭をみて

◇リウス　1934年、メキシコ、ミチョアカン州に生まれる。「初心者のためのマルクス」はじめ今日の世界を読み解く一連の作品は、欧米や日本でも、広く愛読されている。エコロジストで、ベジタリアン。エコロジーをテーマに、シリーズものを準備中。

受けて生きてきたんじゃないのかね。つまり、自然を愛し、自然を愛し、自然とともに生きてきた人びとなんじゃないかと思うんだ。それにしては政府も大企業も、自然を愛してきた国民としての意識がまるでないと

Ⓣ publicado en JAPON.

Exemple 20

PATRON: VOUS SAVEZ, LA PRISON EST COMBLE...

ET ALORS! DE TOUTE FAÇON, CES GENS-LA NE VONT PAS VOTER POUR MOI...

19

$1.50

Exemple 21

DITES-MOI, QU'EST-CE QUE VOUS MIJOTEZ CONTRE LES DÉPUTÉS??

A LA FECHA SE HAN HECHO COMO 50 TESIS UNIVERSITARIAS SOBRE MI TRABAJO COMO HISTORIETISTA O MONERO.

(es una tesis hecha en Francia)

sonnage politique influent, typique paysan riche d'un village qui est remplacé par le représentant du gouvernement, le Lic. Trastupijes (exemple 21). En plus de ces personnages fixes, apparais-

"Moment, plase, I'll go for my husband, he speaks English ve-ry well..."

Едуардо дел Рио (Мексико)
Eduardo del Rio (Mexico)

CLAUDE KIEJMAN / JEAN-FRANCIS HEL
PRÉFACE DE MARCEL NIEDERGANG

MEXICO
LE PAIN ET LES JEUX

ÉDITIONS DU SEUIL

OWIT

RUIS
Mexico City
MEXICO

E/s 1959

...eet 3000 FOR QUICK-RESULT SMALL-ADS. (9 A.M

CARTOONS

Algunos monos publicados en el extranjero, mediante agencias y sindicatos...

COME ON..! QUICKLY, THAT I HAVE NOT YOUR TIME..!

Alberto Huici

Sabat / Uruguay

Roberto / Nicaragua

Rainer Hachfeld

(Nicaragua)

86

Un carcajeante recorrido por los grandes
museos del mundo entero

grijalbo

Para salir de la mortal rutina que es a veces el cartón diario, hay que recurrir a buscar (y encontrar, que es mejor) <u>otras</u> formas de hacer humor.

Una de las que más he practicado es el uso de grabados antiguos o reproducciones de pinturas, y hacerles decir el chiste a sus habitantes.

Dos libros resultaron de esos experimentos, y un tercero, *Con perdón de Doré*, fue hecho con la técnica del *collage*...

El museo de Rius
Los moneros antiguos ● ● ● ● ● ● ● ● ●

87

Tres enormes con quienes comparti mi vida y trabajo: don Sergio, Víctor Rico Galán (recién salido de la Peni) y Leonardo Vadillo, gran cuate y dibujante.

En una mesa redonda en Leyes de la UNAM: Alberto Huici, Fa-cha, el Chango Cabral, yo, atrasito se asoma Vic, y Vadillo. Ya no recuerdo en qué año fue, la neta.

25
Cristo de carne y hueso

La figura de Jesús siempre me ha apasionado (e intrigado), y le he dedicado muchas horas de estudio como para hacerle dos libros.

(Y ALGUNOS CHISTES..)

26 Jesús alias el Cristo

ah, pa' semanita santa..!
del album fotográfico de Simón Pedro y Mateo el Chico

****************** *Un trabajo de Rius de Arrimate-a.*

La llegada a Jerusalen fue un desastre : Nos falló el transporte y se tuvo que viajar en burro, por lo que según las profecías confundieron a Jesús con un tal Mesías y todo el mundo le pedía milagros y que ya se acabaran los fariseos del SanePRIn que los tenía judidos y se habían aliado con el Imperio. Pero salió bien la cosa porque a los demás de los Apostoles nos dieron de besos y abrazos a lo bestia, y hasta uno que otro dracma.

los del restaurante "La Penúltima Cena" se portaron medio sangrones, pues dijeron que según el reglamento antes de comer había que lavarse las manos y los pies, y ahi tienen a Jesús lavándome los pies, pues decía que yo no me los había lavado bien.

La cena estuvo riquisima : puerco a la galilea, aunque el vino sabía a agua. Jesús dijo entonces que el que no lo amara, ese iba a pagar la cuenta. Judas el Iscariote, que era el tesorero del partido, habló con el dueño para que nos dieran crédito, y de pronto ya no lo vimos. Yo salí a buscarlo, Juan también, Mateo lo mismo. Y parece que el unico que se quedó fue Jesús, que quería cambiar el agua en vino.

90

Entonces el dueño de la fonda mandó llamar a los Judas de la Procu del Muro de las Mentaciones y acusó a Jesús de no pagar la cuenta y de echar a perder quién sabe cuántos litros de vino de Getsemaní.

En la Perjudicial le pusieron una real madriza a Jesús con el pretexto de que confesara ser miembro del EPR (Ejercito Palestino Renuente), aplicándole toques en sus partes nobles y sentimentales. Luego lo hicieron cargar una cruz tamaño gigante y hasta y luego lo clavaron para que les cantara lo que supiera de Colosiano, de una tal Veronica de Lomas Taurinas y cosas así que ni por aquí sabía.

****

Jesus creyendo que le estaban tomando medidas para una túnica, se dejó clavar feo en la cruz de los perjudas.

El de enmedio es Jesus que se tuvo que hacer el muertito para que lo bajaran luego las mujeres, cuando los soldados andaban bien motos y no sabían de qué lado quedaba Sión.

Instante preciso en que Jesús se despide de todos, diciendo que ya no se regresa en transporte por tierra, que mejor se va en avión, bien encanijado con nosotros porque lo dejamos embarcado con la cuenta y tuvo que pasar un fin de semana (santa) de lo peor. Pero pos él tuvo la culpa que lo golpearan peor por andar cantándoles a los judas El Rey como de choteo.

INRI, o que diga RIP, o que diga FIN.

Soy el único autor "hombre" que
ha salido a defender a las viejas...

machismo,
feminismo,
homo-
sexualismo

RIUS

la revolución femenina
de las mujeres

rius

grijalbo

DISTRAIGAMOS A
LA MUJER CON
FALSAS IDEAS DE
LIBERTAD,
UTILIZÁNDOLAS
A ELLAS MISMAS:

NUNCA
ME SENTÍ
TAN LIBRE
COMO CON
EL SUPER
BRA!

Kutex
ME DA
LIBERTAD!

SOY
LIBRE,
SOY YO,
CON
PECSI!

la virginidad

92

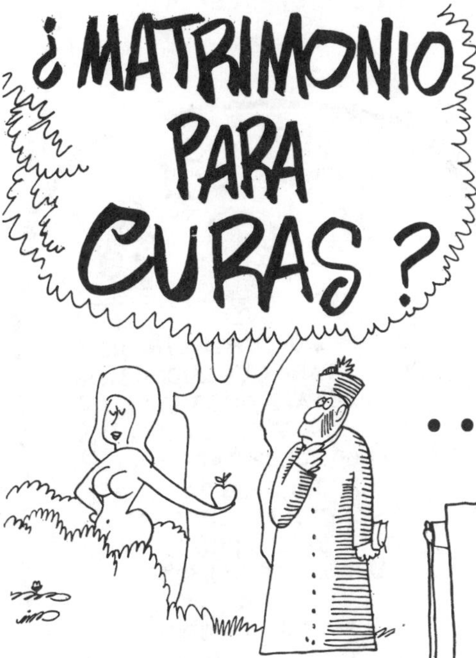
¿MATRIMONIO PARA CURAS?

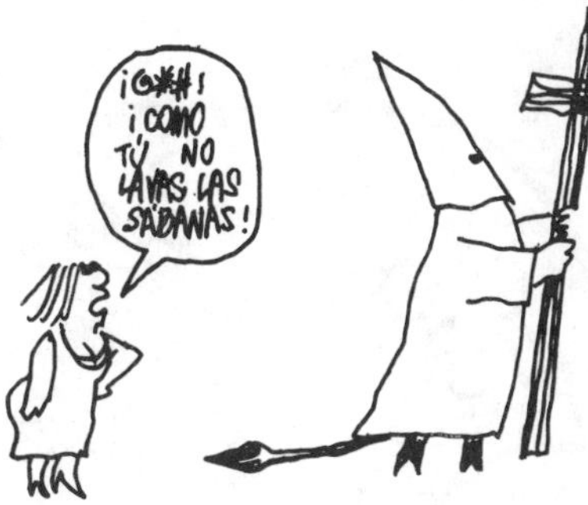
¡G*#! ¡COMO TÚ NO LAVAS LAS SÁBANAS!

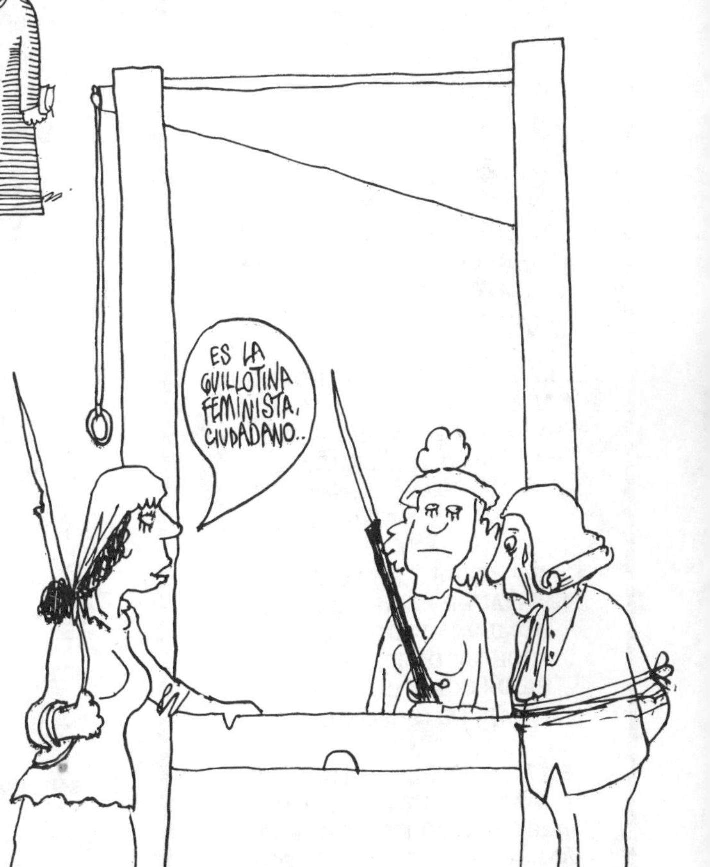
ES LA GUILLOTINA FEMINISTA, CIUDADANO..

A ALGUNAS "PROFESIONALES" DEL FEMINISMO NO LES GUSTÓ MI LIBRO Y HASTA LO CALIFICARON DE MACHISTA.. ¡QUÉ FIJADAS!

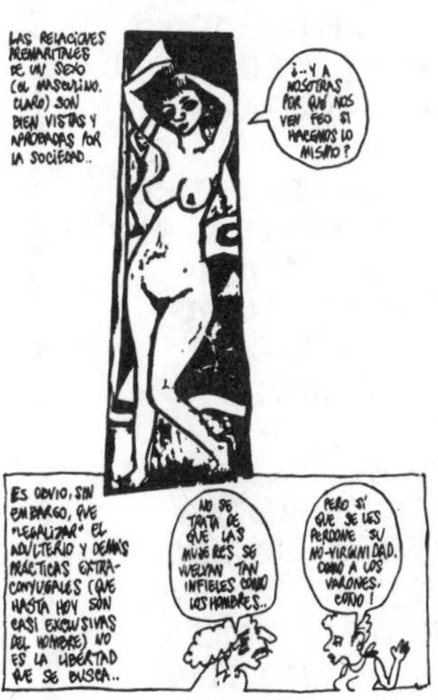
LAS RELACIONES PREMARITALES DE UN SEXO (EL MASCULINO, CLARO) SON BIEN VISTAS Y APROBADAS POR LA SOCIEDAD..
¿..Y A NOSOTRAS POR QUÉ NOS VEN FEO SI HACEMOS LO MISMO?
ES OBVIO, SIN EMBARGO, QUE "LEGALIZAR" EL ADULTERIO Y DEMÁS PRÁCTICAS EXTRA-CONYUGALES (QUE HASTA HOY SON CASI EXCLUSIVAS DEL HOMBRE) NO ES LA LIBERTAD QUE SE BUSCA..
NO SE TRATA DE QUE LAS MUJERES SE VUELVAN TAN INFIELES COMO LOS HOMBRES..
PERO SÍ QUE SE LES PERDONE SU NO-VIRGINIDAD, COMO A LOS VARONES, ¡CÓMO!

DECÁLOGO DE LA MUJER MEXICANA

SEGÚN SE LO DICTÓ JEHOVÁ A RIUS

I
DIOS HIZO A LA MUJER DESPUÉS QUE AL HOMBRE Y DE UNA DE SUS COSTILLAS, O SEA QUE LA MUJER LE DEBE AL HOMBRE TODO POR ELLO DEBE RESPETARLO Y NO SER RETOBADA NI GRITONA.

II
LA MUJER SE DEBE CONSERVAR VIRGEN HASTA QUE LLEGUE SU PRÍNCIPE CHARRO, CON BASE EN EL APOTEGMA AZTECA QUE DICE:
Mujer agujereada, no vale nada.

III
LA MUJER QUE ACCEDA A CASARSE Y SER MANTENIDA POR UN HIOMBRE, SERÁ SUFRIDA, ABNEGADA Y AGRADECIDA, POR SER ÉSA LA LEY NATURAL.

IV
COMO PREMIO, LA MUJER PODRÁ HACER EL AMOR CON SU HOMBRE CUANDO ÉL LO DISPONGA, DEBIENDO TENER HIJOS SÓLO CUANDO ÉL ASÍ LO DISPONGA.

V
EL TIEMPO DEL HOMBRE ES SAGRADO Y PUEDE VOLVERLO LIBRE CUANDO ÉL QUIERA, CON AMIGOS O AMIGAS, SIN QUE LA MUJER ALCE LA VOZ, Y SINTIÉNDOSE ORGULLOSA DEL PEGUE DE SU HOMBRE.

NO TENDRÁS OTRO AMOR MÁS QUE A MÍ

VI
EL DINERO FUE HECHO REDONDO PARA QUE RUEDE Y DE PAPEL PARA QUE VUELE Y LO GASTE EL HOMBRE. SI LE FUERE DADO A LA MUJER, LO SABRÁ USAR PARA QUE ALCANCE PARA TODO, INCLUYENDO A LAS AMISTADES DEL SEÑOR.

VII
LA MUJER FUE CREADA PARA ECHAR HIJOS AL MUNDO Y DEBE TRAERLOS CUANDO DIGA SU SEÑOR. Y DEBEN DE SER VARONES Y NO HEMBRAS, FALTABA MÁS.

VIII
LA MUJER DEBE EDUCAR A LOS HIJOS EN EL RESPETO ABSOLUTO AL PADRE, NO IMPORTA SI ES BORRACHO O DESOBLIGADO. ¡ES SU PADRE Y NO DEBEN JUZGARLO!

IX
EN NINGÚN CASO LA MUJER DEJARÁ A SU HOMBRE, NI LE PEDIRÁ EL DIVORCIO. ES PREFERIBLE UN OJO MORADO QUE UN HOGAR DESHECHO.

X
LA MUJER MEXICANA LE DEBE FIDELIDAD ABSOLUTA Y ETERNA A SU HOMBRE, SIN IMPORTAR QUE SU HOMBRE ANDE CON OTRAS. Y DEBE RECORDAR QUE MUCHAS NI A MARIDO LLEGAN.

29 La revolucioncita mexicana

PERO LA BOLA SE COMIÓ A MADERO Y ÉSTE TUVO QUE SUBIR AL PODER CUANDO NI LE TOCABA. DE TODOS MODOS, CONVOCÓ A ELECCIONES...

¿CÓMO QUE NO, SI YA QUEDAMOS?

NADIE SABÍA CÓMO SE HACÍAN, ASÍ QUE DE PLANO EL CONGRESO DECLARÓ PRESIDENTE A MADERO Y VICEPRESIDENTE A PINO SUÁREZ, IMPUESTO POR MADERO..

¡GANA MADERO Y LUEGO LO AVERIGUAMOS!

PUNTO!

LUEGO LOS GRINGOS TUMBARON A MADERO Y PUSIERON A VICTORIANO HUERTA..

UN LIBRITO SOBRE POSADA, QUE TRAS LOS ESTUDIOS SERIOS DE EL FISGÓN, NOS RESULTÓ BIEN PORFIRISTA Y REACCIONARIO..

30 ION CORREGIDA Y AUMENTADA
Posada, el novio de la muerte

A CARRANZA NO LO ELIGIÓ NADIE: SUBIÓ COMO JEFE DE UNA REVUELTA TRIUNFANTE CONTRA HUERTA...

ASESINADO VENUSTIANO, LO SUCEDIÓ UN RATITO ADOLFO DE LA HUERTA, DESIGNADO POR EL CONGRESO, NOMÁS MIENTRAS SUBÍA OBREGÓN..

NOMÁS PA QUE NO SE ENFRÍE LA SILLA..

95

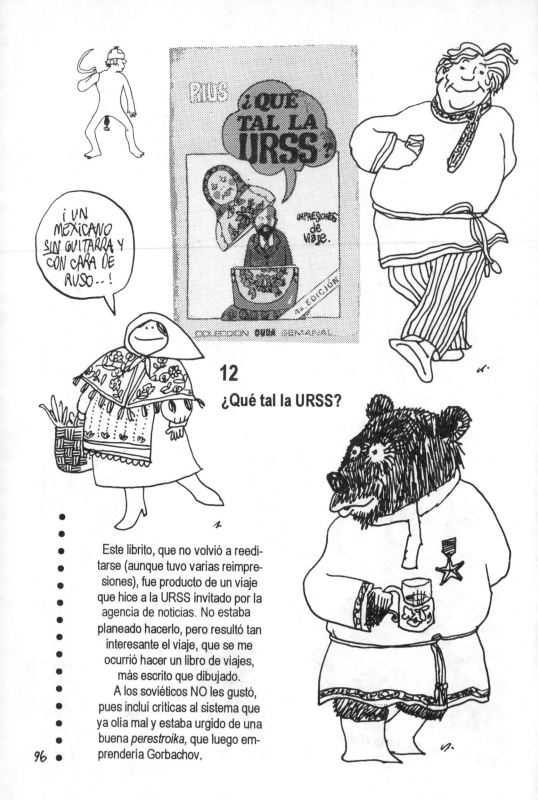

12
¿Qué tal la URSS?

Este librito, que no volvió a reedi-
tarse (aunque tuvo varias reimpre-
siones), fue producto de un viaje
que hice a la URSS invitado por la
agencia de noticias. No estaba
planeado hacerlo, pero resultó tan
interesante el viaje, que se me
ocurrió hacer un libro de viajes,
más escrito que dibujado.

A los soviéticos NO les gustó,
pues incluí críticas al sistema que
ya olía mal y estaba urgido de una
buena *perestroika*, que luego em-
prendería Gorbachov.

DUDA

número 191

LO INCREÍBLE ES LA VERDAD

Dos hijas adoptivas...

En Posada, con Guillermo Mendizábal, fundé dos revistas (*Duda* y *Natura*), aunque sólo colaboré en *Natura* haciendo pequeñas historietas de temas naturistas.

De *Duda* sólo fui el padre intelectual, el de la idea de hacerla y ambas revistas tuvieron un éxito rotundo. Las dos desaparecieron por la pésima administración de los hijos de Mendizábal, cuando éste tuvo que ir a cambiarse el maltratado hígado a los USA...

* * *

✳ CURRICULUM DE LAS PUBLICACIONES DONDE HE TRABAJADO

✳ INCOMPLETO

1954 JA=JA
1956 Risotadas·LANACIÓN·SIC
1957 OVACIONES· Revista de Revistas
1958 Mañana · Ambiente
1959 Novedades · Diario de la Tarde
1960 Siempre! La Prensa · Política
1961 La Gallina · Futuro
1962 Al Día · Rototemas· El Fígaro
1963 Marca Diablo· Siglo XX·
　　　La Voz de México
1964 Sucesos· El Mitote ilustrado·
1965 LOS SUPERMACHOS
　　　El Universal

1966 Contenido · El Heraldo
1967 Confidencias · Pueblo
1968 LOS AGACHADOS · Por qué?
　　　La Garrapata (3 EPOCAS)
1974 Eros · Cucurucho· Natura
1975 El Universal (Mi Mundo)
1976 Proceso · Correo del Sur
1980 Quecosaedro
1984 La Jornada
1985 Interviú · El Universal (Morelos)
1994 El Chahuistle
1995 El Chamuco
2003 El Independiente

97

El 11 de septiembre de 1973, viajaba yo en coche desde Cuernavaca hacia el aeropuerto, para viajar a la URSS invitado por la agencia de noticias *Novosti*. Antes de salir, pasé a mi apartado a recoger correspondencia. Pusimos el radio del coche y en las noticias empezaron a hablar de un golpe de estado militar contra el presidente Allende. Pero no había aún noticias definitivas. Con esa incertidumbre viajé hacia la URSS, donde me enteré de la muerte de Allende y de la democracia chilena.

Pero... una de las cartas recogidas en Cuernavaca venía de Chile... Era una invitación del gobierno de Allende, para viajar a Chile e incorporarme al equipo de caricaturistas que estaban haciendo folletos y revistas. Firmaba la carta el Perro Olivares, que fungía como Jefe de prensa y que murió en La Moneda.

Regresando de la URSS, organicé, con la ayuda de moneros de todo el mundo, un libro en contra de Pinochet. Fue el primero que se publicó en todo el mundo denunciando los crímenes contra Chile, financiados, por cierto, por los Estados Unidos.

OTRA VEZ TENDRÉ QUE HACER USO... DE LA DIPLOMACIA!

APÚRALE, QUE TAMBIÉN EN SUDAMÉRICA SE ESTÁN CONTAGIANDO..

CENTRO AMÉRICA

Eduardo del Río (RIUS)
México

MENCION DE HONOR
HONORABLE MENTION

Este libro, editado por *Nueva Imagen,* tiene una historia extraña. La editorial había convocado a un concurso sobre el militarismo en Latinoamérica. Le entré con un libro a mi estilo. En el jurado estaban García Márquez, Mario Benedetti, Pablo González Casanova y no sé quién más. Según me confesó después uno de los jurados, mi libro había sido elegido como el ganador. Pero el editor Guillermo Schavelzon, considerado como uno de los mayores pillos habidos en la industria editorial, tomó la decisión de NO premiarlo y ofrecerme a cambio editar mi libro, con lo cual me birló mi premio descaradamente... Luego se lo vendió a los de PROMEXA, con quienes me fue difícil cobrar mis derechos de autor... hasta la fecha.

14 Los dictaduros

los agachados
REVISTA SEMANAL
SALE LOS MIERCOLES

de RIUS

EDITORIAL POSADA

LA EDUCACION :
¡DESASTRE
NACIONAL!

Ya dije que con *Los agachados* se hicieron docenas de libros con recopilaciones de la historieta. Una colección con 18 tomos fue la de los **"agotados"**, en glorioso technicolor.

el cuento de la "REFORMA EDUCATIVA"

162
2 PESOS

los agachados

REVISTA SEMANAL
SALE LOS MIERCOLES

NÚMEROS AGOTADOS DE
los agachados 14 SERIE "Clásica"
HECHOS A MANO POR EL MAGO
RIUS

EN ESTE LIBRO: ¡EL NACIMIENTO DE los agachados! PRIMEROS NÚMEROS del 1 al 5

$12.50

¡COLECCIONE LOS 17 LIBROS PUBLICADOS DE AGOTADOS de RIUS!
CINCO NÚMEROS SENSACIONALES EN CADA VOLUMEN

CINCO MOTIVOS PARA UNA LECTURA DIVERTIDA Y PROVECHOSA.

LA OCUPACION
MILITAR DE MEXICO

#130
$180

100

El único libro que hice <u>por encargo en mi vida</u>, fue La joven Alemania. Una historia de la RDA, lo cual me obligó –con mucho gusto– a viajar casi 2 meses a la entonces llamada Alemania Oriental.

rius

la joven alemania

1968

verbotten!

EN LA RDA CASI TODO ESTÁ PROHIBIDO. Y LO PEOR NO ES ESO, SINO QUE HAY QUE RESPETAR LAS PROHIBICIONES...

PROHIBIDO FUMAR

PROHIBIDO ENTRAR SIN CORBATA

PROHIBIDO PISAR LAS PRADOS

PROHIBIDO BEBER CERVEZA

PROHIBIDO ESTACIONARSE

VERBOTTEN!

NEIN

Prohibido TIRAR BASURA

Prohibido entrar sin TRAJE DE NOCHE

PROHIBIDO CRUZAR EL MURO

Y TAMBIÉN PARECE QUE EL BAÑO ESTÁ SEMI PROHIBIDO, PORQUE POR ACÁ LA GENTE <u>CASI</u> NO SE BAÑA...

BAÑO

IGUAL EN TODA EUROPA: COSAS DE LA CIVILIZACIÓN...

HAY QUE DECIR QUE POR LO MENOS LOS NUEVOS HOTELES YA CUENTAN CON DUCHA EN CADA CUARTO...

PERO SÓLO LA USAN LOS EXTRANJEROS!

Desconocedor del alemán, viajé confiado en que los camaradas me estaban diciendo la verdad y que el libro reflejaba las realidades del sistema socialista que se aplicaba en aquel país.
No resultó así, y me arrepiento de haberlo hecho. (Aunque no cobré ni un centavo por hacerlo, sino que me pagaron con el viaje.)
Todavía los colegas y amigos de la otra Alemania, se mueren de la risa por mi "interpretación" de la construcción del Muro de Berlín.

Éste es otro libro que no me gustó, aunque tuvo bastante difusión y fue traducido a varios idiomas. En Perú, la policía política lo editó, <u>cambiándole todos los textos</u> y volviendo el *Manifiesto Comunista Ilustrado* <u>un manifiesto contra la</u> izquierda. Pero no deja de ser satisfactorio el detalle, así como ver los monos de uno hablando en japonés o alemán… También hago constar que los editores del Partido se cansaron de robarme mis regalías, lo cual es muy común entre los editores, sean de izquierda o no.

Después del inesperado éxito de *Cuba*, los camaradas del Partido me sugirieron hiciera uno sobre don Carlos Marx. Ingenuo de mí, acepté el reto sin saber en lo que me metía... porque "traducir" a Marx a un lenguaje popular resultó un trabajo de Hércules (cuando estaba en edad). Pero el libro tuvo un éxito inmediato y fue adoptado por toda la izquierda mundial.

EL SEÑOR MARX (CARLOS) LO EXPLICÓ PERFECTAMENTE:

"el Capital es dinero que se transforma en mercancía, y luego, por medio de la venta de la mercancía, se convierte otra vez en dinero, pero en mayor cantidad".

ES DECIR, EL OBRERO CON SU TRABAJO, ES EL QUE PRODUCE LAS MERCANCÍAS.. QUE SE CONVIERTEN EN MÁS DINERO PAL PATRÓN.. HACIENDO ASÍ CRECER Y CRECER Y CRECER SU CAPITAL..

ACUMULACIÓN DEL CAPITAL ES ENTONCES CUANDO LAS GANANCIAS NO VAN A DAR AL OBRERO SINO AL PATRÓN...

ES DECIR, CUANDO EL DINERO PRODUCIDO POR EL TRABAJO SE ACUMULA EN BENEFICIO SÓLO DEL CAPITALISTA Y NO DEL OBRERO, NI DE LA FÁBRICA, NI PARA CREAR MÁS TRABAJOS.

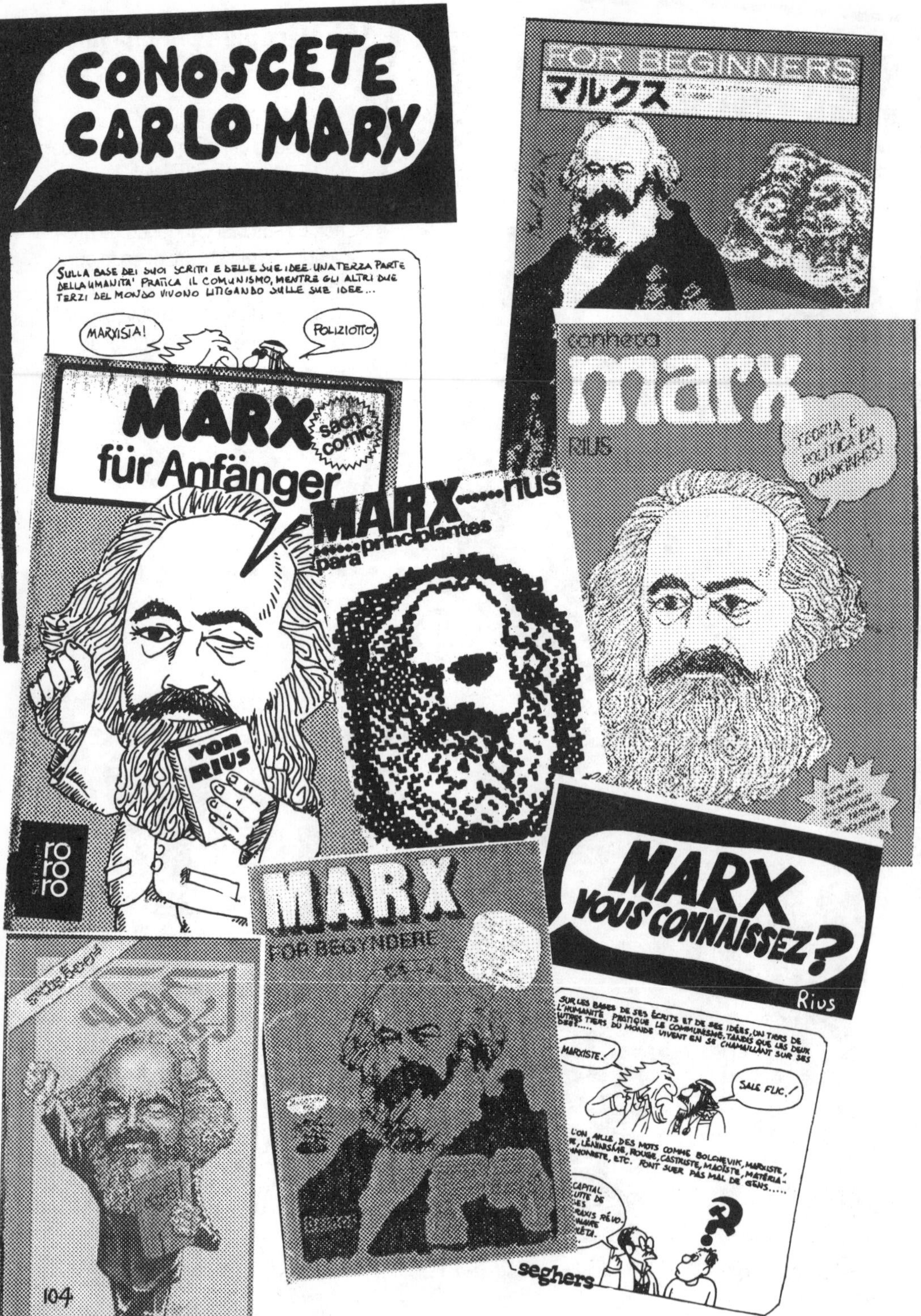
CONOSCETE CARLO MARX
SULLA BASE DEI SUOI SCRITTI E DELLE SUE IDEE UNA TERZA PARTE DELLA UMANITA' PRATICA IL COMUNISMO, MENTRE GLI ALTRI DUE TERZI DEL MONDO VIVONO LITIGANDO SULLE SUE IDEE...
MARXISTA!
POLIZIOTTO!
FOR BEGINNERS
マルクス
MARX für Anfänger
sach comic
VON RIUS
rororo
conheça marx
RIUS
TEORIA E POLITICA EM QUADRINHOS!
MARX......rius
para principiantes
MARX
FOR BEGYNDERE
MARX VOUS CONNAISSEZ?
Rius
SUR LES BASES DE SES ÉCRITS ET DE SES IDÉES, UN TIERS DE L'HUMANITÉ PRATIQUE LE COMMUNISME, TANDIS QUE LES DEUX AUTRES TIERS DU MONDE VIVENT EN SE CHAMAILLANT SUR SES IDÉES.....
MARXISTE.!
SALE FLIC.!
seghers

Este libro, además, fue la base del nacimiento de la serie de libros *"for beginners"*, que lanzó la editorial inglesa *Writers & Readers* con un éxito morrocotudo... para ellos. A mí me deben todavía como chorrocientos mil dólares, pues la editorial se dividió y los pillos se quedaron con ella...

Se han hecho docenas de ediciones en todos los idiomas "civilizados", aunque debo confesar apenado, que la mayoría de esas ediciones han sido piratas o corsarias (según Palomo, las "corsarias" son las que se hacen con contrato y todo, pero nunca las pagan). Pero otra vez me remito al ropero de satisfacciones no monetarias, y ver mis libros en idiomas extraños, resulta ser la gran satisfacción. (Aunque los tacos de satisfacciones no nutren.)

¡NOMÁS LA FACHADA, CAMARADAS!

...lished in the 70s,
...of the legendary
...k format could be
...ting the friendliest
...Karl Marx.

...me down and the
...atellites collapsed.
...odel of socialism?
...of a model that he
...d.

...ough, he will be
...introduction to a
...evant as the world
...onomies.

"Just the façade, comrades!"

Rius is an award winning and highly acclaimed cartoonist whose work has appeared in newspapers and magazines throughout Mexico. He is also the author and illustrator of many other successful books.

Tras Marx, tuvo que llegar Lenin, que no fue tan aceptado pero sí igual traducido en varios países europeos. Aunque luego resultó que el padrecito Lenin había cometido muchos pecados contra la democracia que yo, fiel al Partido, no había contemplado...

107

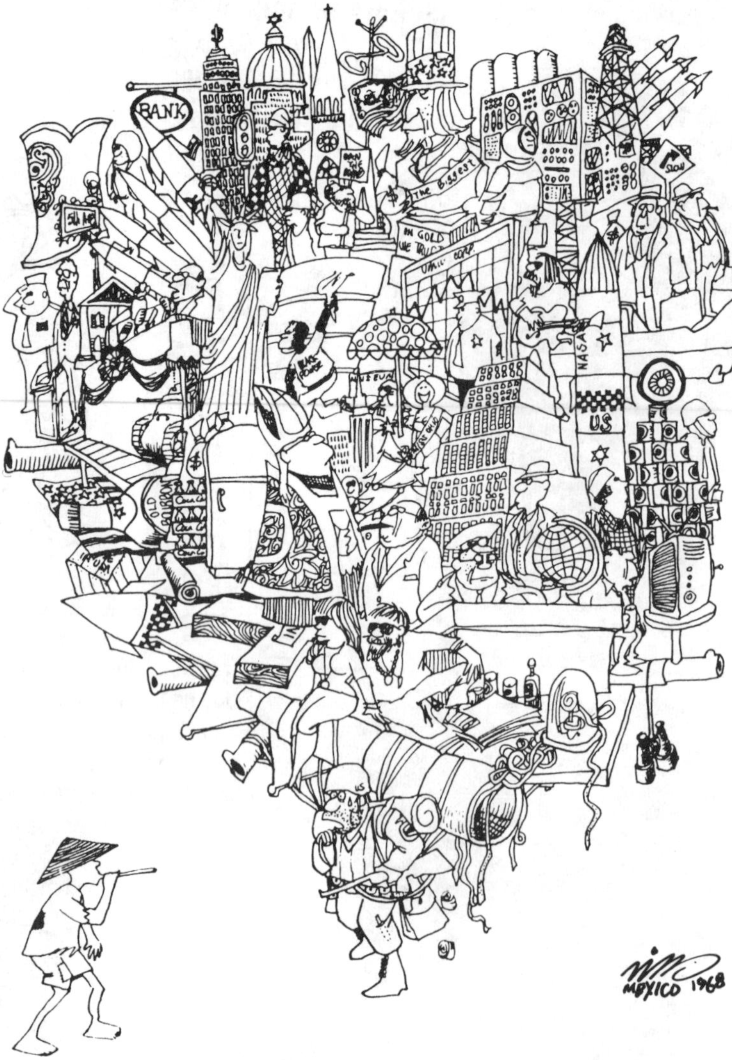

BANK
IN GOLD WE TRUST
THE BIGGEST
NASA
US
MÉXICO 1968

← CARTÓN CON EL QUE GANÉ EL "GRAND PRIX" EN MONTREAL 1968

108

5 • dosmiluno • miércoles 5 de junio de 1991

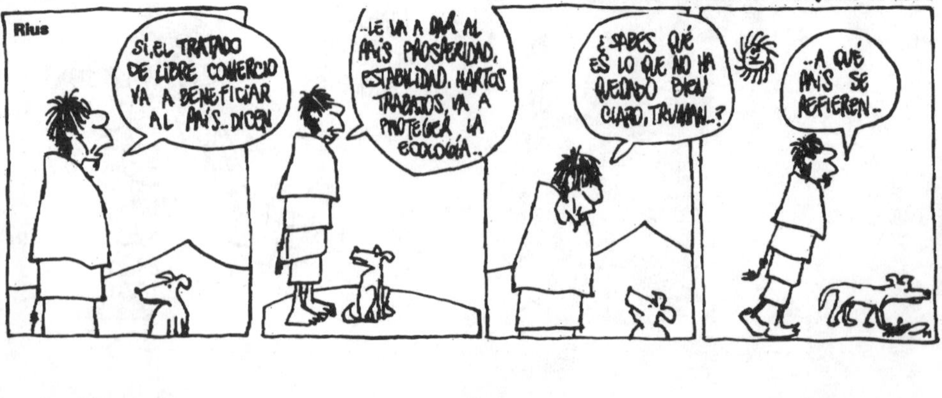

Rius
SÍ, EL TRATADO DE LIBRE COMERCIO VA A BENEFICIAR AL PAÍS.. DICEN
..LE VA A DAR AL PAÍS PROSPERIDAD, ESTABILIDAD, HARTOS TRABAJOS, VA A PROTEGER LA ECOLOGÍA..
¿SABES QUÉ ES LO QUE NO HA QUEDADO BIEN CLARO, TRUMAN..?
..A QUÉ PAÍS SE REFIEREN..

← UNOMASUNO.

¡EL HOMBRE * DEBE TENER LIBERTAD PARA DECIDIR QUÉ PRODUCIR, LIBERTAD PARA DECIDIR CUÁNTO VA A PAGAR, A QUIÉN EXPLOTAR, A CÓMO VENDER, CUÁNTO GANAR!

(* LE FALTÓ DECIR "EL HOMBRE RICO")

LA TRUKULENTA HISTORIA DEL KAPITALISMO

El Sistema Capitalista –llamado también "DE LIBRE EMPRESA" en su nombre lleva la fama: LIBERTAD PARA EL EMPRESARIO, MANOS LIBRES PARA QUE LOS PATRONES INCREMENTEN SU CAPITAL...

¡EL CAPITALISMO NO TIENE OTRA FILOSOFÍA!

Mi libro de texto

Este libro nació como consecuencia de un robo que editoriales escandinavas hicieron de mi libro de Marx. Cuando les reclamé que lo editaron sin mi consentimiento, me respondieron –por carta– que eran unos editores pobrecitos, de izquierda, etc., etc.

A cambio, me mandaron un libro editado por ellos, titulado (en sueco o algo así) *Storiebogen*, que hiciera con él lo que quisiera...

Lo traduje con ayuda de un periodista noruego y me puse a publicarlo por entregas en la historieta. Le añadí cosas, le cambié muchas otras, y me resultó el libro que más se ha difundido en México entre los estudiantes de Prepa.

Ya son varias generaciones de mexicanos que han aprendido (espero) de las dulzuras del capitalismo, leyendo el libro. También, no faltaba más, se lo han pirateado en casi toda América.

La edición que circula actualmente, fue corregida y aumentada para ponerla al día en tiempos de globalización neoliberal y puta.

¿YA VALI LO QUE SE LE UNTA AL QUESO?

ANTE LOS CRÍMENES QUE ESTÁ COMETIENDO EL CAPITALISMO SALVAJE (matar de hambre es peor que matar de un balazo), EL MARXISMO SIGUE MÁS VIGENTE QUE NUNCA! PERO, ¿QUIÉN VA A PONERLO EN PRÁCTICA EN NUESTROS PAÍSES? ¿QUÉ GOBIERNO VA A ESTABLECER LOS CAMBIOS QUE LLEVEN AL PAÍS A UNA ECONOMÍA SOCIALISTA?

FMI

¿QUIÉN HABLA DE CAMBIOS?

LA EXPERIENCIA DE ALLENDE AL QUERER HACER UN SOCIALISMO DEMOCRÁTICO CON LIBERTADES, SE TOPÓ CON LA OPOSICIÓN DE WASHINGTON, QUE ACABÓ DE PLANO ASESINÁNDOLO VÍA PINOCHET...

LA INFORTUNADA (PERO NECESARIA E INEVITABLE) CAÍDA DEL LLAMADO SOCIALISMO TIPO STALIN, DEJÓ LAS MANOS LIBRES AL FAMOSO TÍO SAM, QUE SE HA CONVERTIDO EN JUEZ Y GENDARME UNIVERSAL Y CASI DUEÑO DE LA ONU (QUE LE PREGUNTEN A CASTRO Y SADAM HUSSEIN SI LO DUDAN..)

SOY EL ÚNICO PERRO SIN AMO QUE PUEDE MORDER IMPUNEMENTE...

¿QUIÉN CERTIFICA A ESTADOS UNIDOS? ¿QUIÉN COMPRUEBA SI VIOLAN LOS DERECHOS HUMANOS O SI TIENEN ARMAS BACTERIOLÓGICAS O NUCLEARES?

¿QUIÉN LE RECLAMA QUE META SUS NARICES EN LAS BERENJENAS DEL 3ER MUNDO Y DICTAMINE QUIÉN ES BUENO Y QUIÉN NO?

SÓLO EL PUEBLO DE NUESTROS PAÍSES HA PROTESTADO –Y SUFRIDO– EL QUE TODOS TENGAMOS QUE SEGUIR EN UNA ECONOMÍA NEOLIBERAL QUE ORDENA WASHINGTON... ¡CON PÉSIMOS RESULTADOS!

LA ÚLTIMA EDICIÓN DEL LIBRO FUE ENRIQUECIDA CON NUEVAS HAZAÑAS DEL CAPITALISMO, INCLUYENDO EL PINCHÍSIMO NEOLIBERALISMO Y LA GLOBALIZACIÓN.

19 20 El yerberito ilustrado
La medicina verde

Belladona
(Atropa belladona)

Estos dos libritos, tras ser rehechos y aumentado considerablemente su contenido, cambiaron de nombre. En realidad se convirtieron en nuevos libros, al añadirles más de 50 plantas a cada uno.

21
100 plantas que se comen

22 La comida verde

En plena celebración del 7 de noviembre en la embajada de la URSS se ve a Vadillo, su esposa Beatriz, Rius, RAM, el Sr. Embajador, Rossas y Huici.

▶ Rius

No recuerdo de quién...

F.Corpus

MEXICALI B.C.
12 DE OCTUBRE DE 1992

Abel Quezada   113

31 Historia rapidísima de España

El libro adjunto me fue sugerido por don Juan Grijalbo, quien me invitó para hacerlo a España y olé. La experiencia fue muy enriquecedora, pues pasé mes y medio en Barcelona, defendiéndome de las pantagruélicas comidas que acostumbran los españoles.

Rius: **HISTORIA RAPIDISIMA DE ESPAÑA**

grijalbo

VEN, QUE TE QUITE LO ROJO

DESPUÉS QUE ESPAÑA FUE RECUPERADA PARA LA CIVILIZACIÓN OCCIDENTAL Y CRISTIANA (CON AYUDA DE LOS MOROS), FRANCO INICIÓ UNA CAMPAÑA NACIONAL PARA QUITARLE LO ROJO A ESPAÑA MEDIANTE DOS OPERACIONES:

1) ELIMINAR A TODO SOSPECHOSO

2) MEJORAR LA RAZA, CON LA DESINTERESADA AYUDA MORA.

ASÍ, CIENTOS DE MILES DE ESPAÑOLES OBTUVIERON TIERRA Y MILES DE ESPAÑOLAS RECIBIERON LA SEMILLA DEL NUEVO ORDEN.

1980

Don Juan finalmente no quiso publicar el libro en España ("¡¡me queman la editorial, coño Rius!!") y decidimos publicarlo en México. Este otro, *ALMANACO*, es un anuario de lo ocurrido en un año, 1980, en México y sus alrededores.

32 Rius **ALMANACO**

Donde se ve y se siente de casi todo lo ocurrido en esta especie de país y sus alrededores, el año de siempre.

LA GARRAPATA se fundó en 1968 entre Guillermo Mendizábal, editor, y 4 moneros: Naranjo, Helio Flores, AB y yo. Por culpa de lo mandados que éramos, nos convertimos en enemigos del gobierno de Díaz Ordaz, nada menos...

De los antiguos directores de la Segunda Epoca de LA GARRAPATA sobrevivieron dos, Helioflores y Antonio Caram. En la presente época, otros dos, no menos deschavetados y birolos, se han incorporado: Sergio Arau y Efrén Maldonado.

Sin embargo, otros vetustos ex directores, como Rius, Naranjo y Checovaldez, permanecen estoicamente en estas páginas, echándonos, capotazos con sus valiosas colaboraciones. Además, ya tenemos coordinadora: Alicia Yolanda Reyes.

LA GARRAPATA, en su Tercera Epoca, ha abierto sus espacios a nuevos valores, que conviven cordialmente con los consagrados. Creemos que así debe de ser. Los debutantes de hoy serán los ídolos del mañana. Si lo dudan, nos vemos mañana. Ya es costumbre ver en las páginas de la revista a un Naranjo del brazo de un Mongo o de un Soto; a un Rius al lado de un Maral o de un Feggo; a un Helioflores tête-a-tête con un Rafael Tonatiuh o un Rocha; a un Magú departiendo con un Kemchs; a un Dzib de vecino de un Huidobro; a un Ramón o a un Alán o a un Palomo invitando cigarros a un Mauricio Castillo; a un Efrén o a un Checovaldez junto a un Lion, a un Ibáñez, a un Uriben, a un Ahumada; a un Arau llevándose de a cuartos con un Jis, un Betini, un Sandoval, una Alicia, un Luis Alejandro.

Y, en cuanto a los escritores, no necesitan presentación (tal vez porque nadie quiera conocerlos), pero daremos sus nombres, por si las dudas: Emiliano Pérez Cruz, Fito, Conato Boyler, Héctor Ortega, Tonino Maraca, Carlos Nagore, Gustavo García, Rafael Vargas, José Canelo de Lara, José Luis Cárabes, Sergio Monsalvo, Víctor M. Navarro, Alfredo Irón, Antonio Rico, Antonio Caram.

Sólo nos resta desear a los lectores que disfruten nuevamente de la lectura de estas excelentes muestras del humorismo universal. ¡Buen provecho, señores!

Cartón de actualidad... de 1970

PUBLICADO EN LA GARRAPATA.

De la gente que hicimos *LA GARRAPATA* ya faltan algunos que se han ido a otros barrios: AB, Carlitos Dzib, Vadillo, Mendizábal, Carreño... Otros cambiaron de bando (o de país, como Feggo) y uno al menos hasta de profesión (Arau). La revista sobrevivió a tormentas y vicisitudes varias, y logró publicarse en 3 épocas, siendo una incubadora, en las 3 épocas, de nuevos moneros. Y sirvió de (mal) ejemplo para la creación de nuevas publicaciones, que no duraron mucho.

Trabajé mucho más en la primera época que en las 2 siguientes, pero sin dejar de hacerlo. Estaba en esos tiempos haciendo historieta y era a veces medio difícil colaborar también con los garrapatos, mis cuates...

(SI ALGUN LECTOR SABE POR QUÉ LOS DIPUTADOS RASTREROS Y LOS LÍDERES VENALES Y LOS PERIODISTAS VENDIDOS Y LOS BANQUEROS Y MONOPOLISTAS Y LOS MORDELONES Y LOS CORROMPIDOS JUECES Y LOS INEPTOS GOBERNADORES Y LOS SEMPITERNOS CACIQUES Y LOS HAMBREADORES Y LA FAUNA DEL PRI Y LA OPOSICIONCITA PALERA Y LOS ABUSIVOS INSPECTORES Y LOS GURURAS Y LOS POLITIQUEROS ESTÁN TAN CONTENTOS CON UN CANDIDATO QUE PROMETE CAMBIOS, LE ROGAMOS NOS LO HAGA SABER PORQUE YA NO ENTENDEMOS NADA...)

Atentamente - LOS GARRAPATOS

* PUBLICADO EN LA SEGUNDA ÉPOCA
DE "LA GARRAPATA".

ACA RIUS

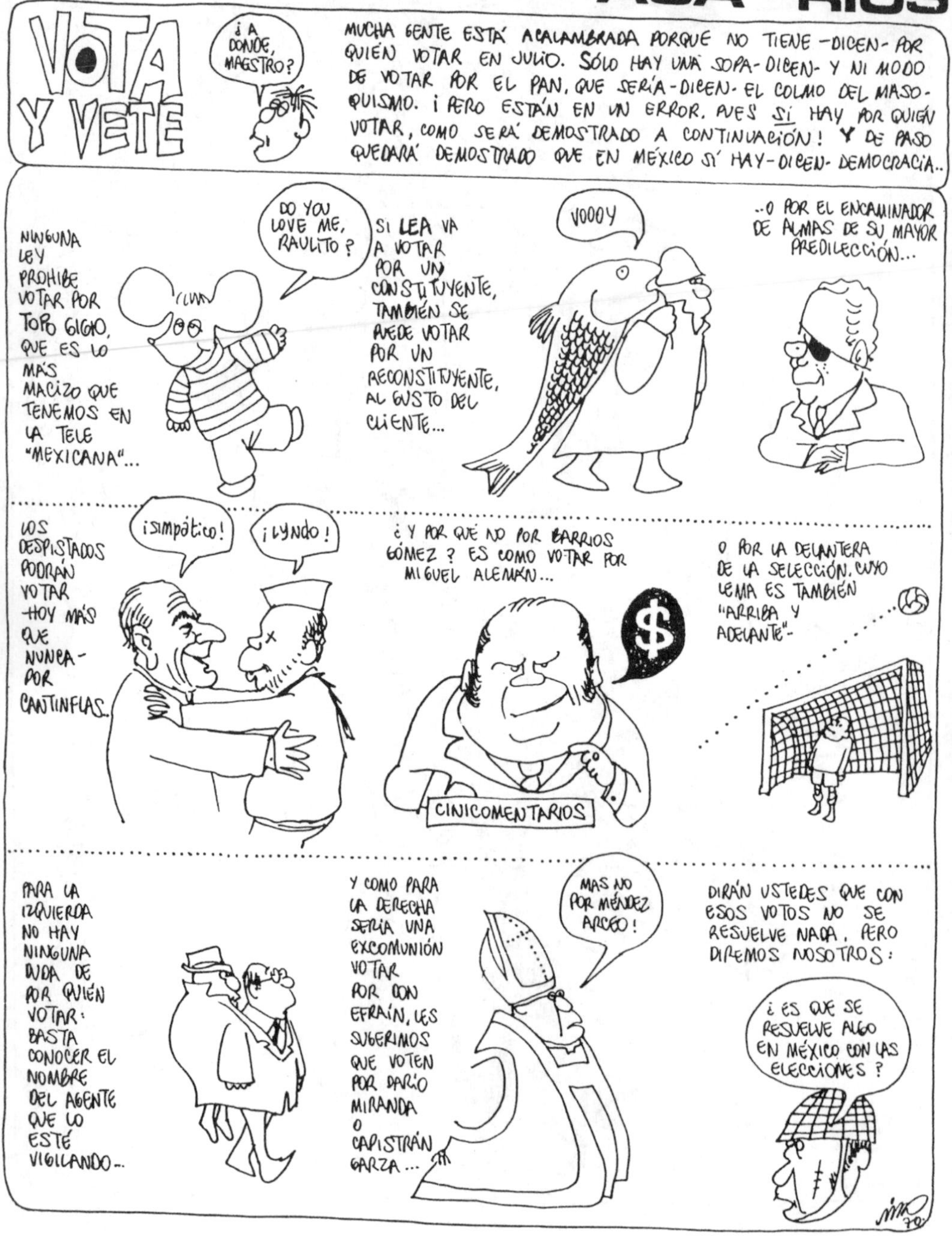
VOTA Y VETE
¡A DONDE, MAESTRO?
MUCHA GENTE ESTÁ ACALAMBRADA PORQUE NO TIENE -DICEN- POR QUIÉN VOTAR EN JULIO. SÓLO HAY UNA SOPA -DICEN- Y NI MODO DE VOTAR POR EL PAN, QUE SERÍA -DICEN- EL COLMO DEL MASOQUISMO. ¡PERO ESTÁN EN UN ERROR. PUES SÍ HAY POR QUIÉN VOTAR, COMO SERÁ DEMOSTRADO A CONTINUACIÓN! Y DE PASO QUEDARÁ DEMOSTRADO QUE EN MÉXICO SÍ HAY -DICEN- DEMOCRACIA..
NINGUNA LEY PROHIBE VOTAR POR TOPO GIGIO, QUE ES LO MÁS MACIZO QUE TENEMOS EN LA TELE "MEXICANA"...
DO YOU LOVE ME, RAULITO?
SI LEA VA A VOTAR POR UN CONSTITUYENTE, TAMBIÉN SE PUEDE VOTAR POR UN RECONSTITUYENTE, AL GUSTO DEL CLIENTE...
VOOOY
..O POR EL ENCAMINADOR DE ALMAS DE SU MAYOR PREDILECCIÓN...
LOS DESPISTADOS PODRÁN VOTAR HOY MÁS QUE NUNCA -POR CANTINFLAS.
¡SIMPÁTICO!
¡LYNDO!
¿Y POR QUÉ NO POR BARRIOS GÓMEZ? ES COMO VOTAR POR MIGUEL ALEMÁN...
$
CINICOMENTARIOS
O POR LA DELANTERA DE LA SELECCIÓN, CUYO LEMA ES TAMBIÉN "ARRIBA Y ADELANTE".
PARA LA IZQUIERDA NO HAY NINGUNA DUDA DE POR QUIÉN VOTAR: BASTA CONOCER EL NOMBRE DEL AGENTE QUE LO ESTÉ VIGILANDO...
Y COMO PARA LA DERECHA SERÍA UNA EXCOMUNIÓN VOTAR POR DON EFRAÍN, LES SUGERIMOS QUE VOTEN POR DARÍO MIRANDA O CAPISTRÁN GARZA...
MAS NO POR MÉNDEZ ARCEO!
DIRÁN USTEDES QUE CON ESOS VOTOS NO SE RESUELVE NADA. PERO DIREMOS NOSOTROS:
¿ES QUE SE RESUELVE ALGO EN MÉXICO CON LAS ELECCIONES?

* LA GARRAPATA

CARTONES VARIOS POCO CONOCIDOS. (CREO)

Siete de Octubre (SE FESTEJA HOY, PORQUE MAÑANA NO HAY CANTINAS...)

En una ocasión me dijo el viejo Guasp, singular monero valenciano mexicanizado, que era muy fácil hacer una caricatura genial, pero que era más difícil hacer 300 cartones <u>publicables</u> en el curso del año.

"Cualquiera hace una caricatura genial, pero no cualquiera mantiene un nivel regular en su trabajo..."

Y tenía razón.

121

FASCISMO

¿CUAL ES SU IDEOLOGÍA?
¿DE DÓNDE SALIÓ?
¿QUIÉN LO INVENTÓ?
¿EN QUÉ CONSISTE?

¿tuvo algo positivo?

¿CUAL ES LA IDEOLOGIA FASCISTA? la muerte!

HEMOS BUSCADO COMO LOCOS LOS FUNDAMENTOS IDEOLÓGICOS DEL FASCISMO, LAS IDEAS QUE LO SOSTUVIERON, PERO NO HEMOS TENIDO ÉXITO..

El librito sobre Adolfito Hitler, de pocas páginas, tuvo el honor de ser escogido en Alemania para encabezar una enorme exposición de caricaturas sobre Hitler, que se llevó a cabo en 1995 conmemorando el fin de la Segunda Guerra Mundial. Participaron todos los moneros que hicieron cartones de Hitler antes y durante la Segunda Guerra Mundial. Para la portada me fusilé al gran Gulbransson, a quien el Chango Cabral también se fusilaba. No somos nada...

PORQUE EL FASCISMO NO ES UNA IDEOLOGÍA, SINO UN SISTEMA DE GOBIERNO..

DONDE NO SE PERMITEN LAS IDEAS..

→ Veamos poco a poquito cómo nació y creció el mentado FASCISMO.

EN PRIMER LUGAR, EL FASCISMO ES ITALIANO, NO ALEMÁN.

Curiosamente, este libro fue propuesto a una editorial alemana para ser publicado allá, pero, no sé por qué, tuvieron miedo de hacerlo, contestándome que "por el momento no lo consideraban publicable". (Estaban en su mejor momento los *cabezas rapadas neo nazis*.) El libro fue hecho en pocas semanas, no recuerdo por qué, y siento que pudo haber sido mejor y más amplio. Pero en fin, ya ni llorar es bueno...

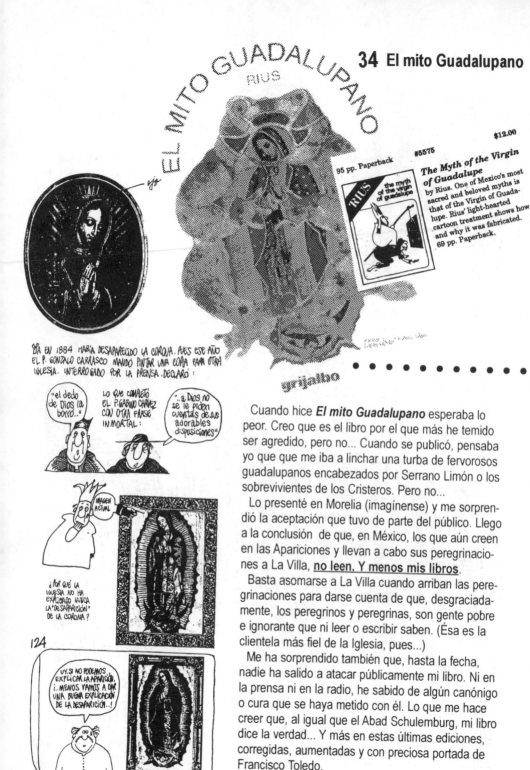

EL MITO GUADALUPANO

RIUS

#5575   95 pp. Paperback $12.00

The Myth of the Virgin of Guadalupe
by Rius. One of Mexico's most sacred and beloved myths is that of the Virgin of Guadalupe. Rius' light-hearted cartoon treatment shows how and why it was fabricated. 69 pp. Paperback.

grijalbo

YA EN 1884 HABÍA DESAPARECIDO LA CORONA. PUES ESE AÑO EL P. GONZALO CARRASCO MANDÓ PINTAR UNA COPIA PARA OTRA IGLESIA. INTERROGADO POR LA PRENSA, DECLARÓ:

"el dedo de Dios la borró.."

LO QUE CONFIRMÓ EL P. GABINO CHÁVEZ CON OTRA FRASE INMORTAL:

".. a Dios no se le piden cuentas de sus adorables disposiciones"

IMAGEN ACTUAL

¿POR QUÉ LA IGLESIA NO HA EXPLICADO NUNCA LA "DESAPARICIÓN" DE LA CORONA?

124

UY, SI NO PODEMOS EXPLICAR LA APARICIÓN, ¡.. MENOS VAMOS A DAR UNA BUENA EXPLICACIÓN DE LA DESAPARICIÓN..!

Cuando hice **El mito Guadalupano** esperaba lo peor. Creo que es el libro por el que más he temido ser agredido, pero no... Cuando se publicó, pensaba yo que que me iba a linchar una turba de fervorosos guadalupanos encabezados por Serrano Limón o los sobrevivientes de los Cristeros. Pero no...

Lo presenté en Morelia (imagínense) y me sorprendió la aceptación que tuvo de parte del público. Llego a la conclusión de que, en México, los que aún creen en las Apariciones y llevan a cabo sus peregrinaciones a La Villa, **no leen. Y menos mis libros**.

Basta asomarse a La Villa cuando arriban las peregrinaciones para darse cuenta de que, desgraciadamente, los peregrinos y peregrinas, son gente pobre e ignorante que ni leer o escribir saben. (Ésa es la clientela más fiel de la Iglesia, pues...)

Me ha sorprendido también que, hasta la fecha, nadie ha salido a atacar públicamente mi libro. Ni en la prensa ni en la radio, he sabido de algún canónigo o cura que se haya metido con él. Lo que me hace creer que, al igual que el Abad Schulemburg, mi libro dice la verdad... Y más en estas últimas ediciones, corregidas, aumentadas y con preciosa portada de Francisco Toledo.

Un santo para basquetbolistas

Mi aportación "novedosa" a la falsa historia guadalupana fue el descubrir el timo del ayate.

Y LA GENTE DEL PUEBLO O PLEBEYA USABA UNA TILMA O AYATE QUE MUY APENAS LES DABA ABAJO DE LAS RODILLAS

¿cuánto mide la imagen de la virgen...?

LO QUE VENDRÍA A RESULTAR UN JUAN DIEGO CON UNA ESTATURA PROPIA PARA UN BASQUETBOLISTA DE LOS BULLS: 2.50 mt.

NOS DICE EN EL NICAN MOPOHUA QUE... "es tan alta la bendita imagen, que empezando en la planta del pie, hasta llegar a la coronilla, tiene 6 jemes y 1 de mujer..."

O SEA. LA PURA IMAGEN DEL CUERPO MEDIRÍA UN METRO Y 65 CTMS. Y YA CON LA CORONA, EL ANGELITO Y LO DEMÁS, SERÍA TODO EL CUADRO DE 1.80 m. SEGÚN LO MIDIÓ CALLAHAN...

30 cmts.
1.80
40 cm.

feliz Navidad!

.... feliz Navidad

Comparando el tamaño del pretendido ayate y la estatura del pretendido Juan Diego, me encontré con la sorpresa que aquí (y en el libro) describo. Que no me lo ha perdonado la feligresía ni el Chato Rivera, cuantimenos el santo cardenal de Guadalajara, puesn. Dios los perdone...

(UN PRIMO MÍO QUEMÓ EL LIBRO DESPUÉS DE LEERLO. POBRE..)

125

quién inventó la NAVIDAD ?

Porque los Aztecas NO festejaban la Navidad, ¿verdad?

Claro que no. La celebración de la Navidad llegó a México con el Cristianismo, pues la Navidad sólo se celebra en los países que se dicen CRISTIANOS...

¿O SEA QUE LA NAVIDAD TIENE ALGO QUE VER CON CRISTO?

②

ASÍ PARECE: LA NAVIDAD ES UNA FIESTA PARA RECORDAR EL NACIMIENTO DE JESUCRISTO, HECHO QUE OCURRIÓ HACE 1977 AÑOS

¿JESUCRISTO? ¿QUIÉN ES ESE SEÑOR?

LOS COMERCIANTES IMPORTARON A SANTA CLOS, UN VIEJITO AL QUE TODO MUNDO DEBÍA PEDIRLE REGALOS...

(QUE PAPÁ DEBE PAGAR, CLARO. SANTA CLOS NO EXISTE...)

IMPORTARON LA COSTUMBRE DEL "ÁRBOL DE NAVIDAD" (OTRO NEGOCIO), QUE DE PASO HA ACABADO CON LOS BOSQUES DEL PAÍS...

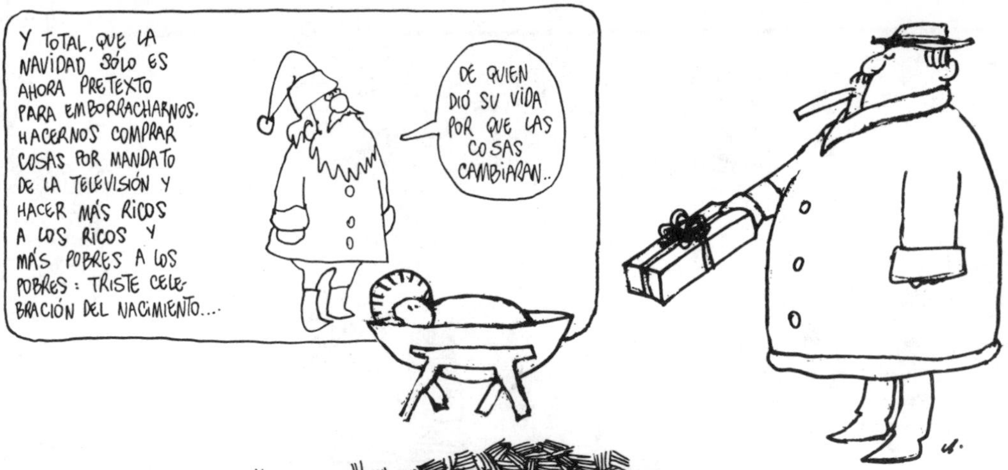
Y TOTAL, QUE LA NAVIDAD SÓLO ES AHORA PRETEXTO PARA EMBORRACHARNOS. HACERNOS COMPRAR COSAS POR MANDATO DE LA TELEVISIÓN Y HACER MÁS RICOS A LOS RICOS Y MÁS POBRES A LOS POBRES: TRISTE CELEBRACIÓN DEL NACIMIENTO...
DE QUIEN DIÓ SU VIDA POR QUE LAS COSAS CAMBIARAN..

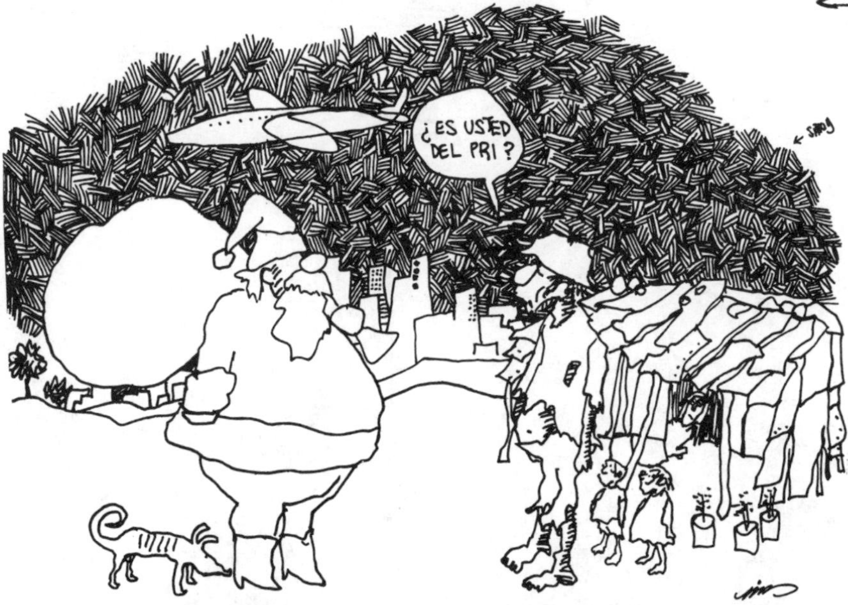
¿ES USTED DEL PRI?

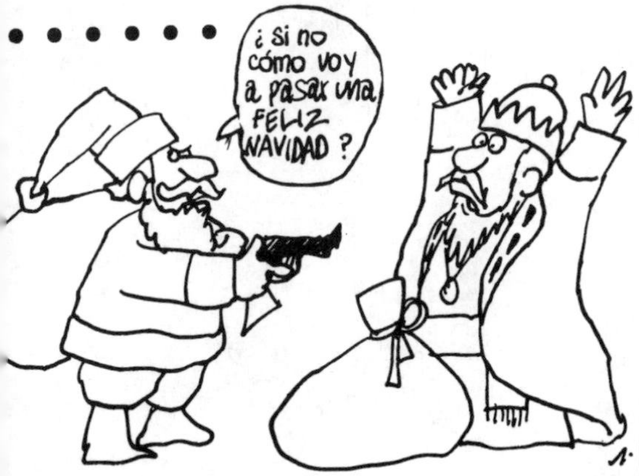
¿si no cómo voy a pasar una FELIZ NAVIDAD?

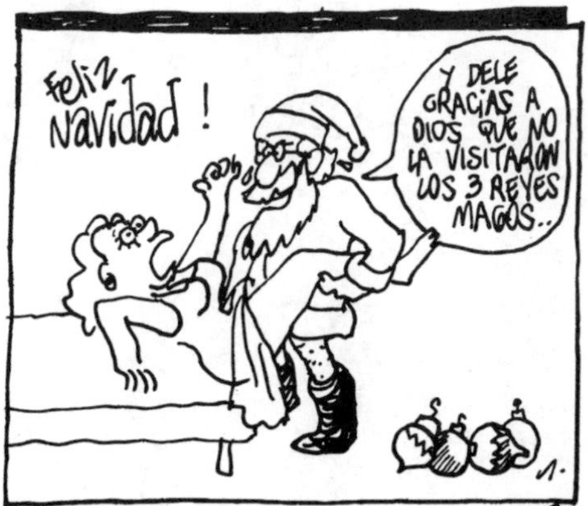
feliz navidad!
Y DELE GRACIAS A DIOS QUE NO LA VISITARON LOS 3 REYES MAGOS..

MEXICO ← LIBRE | MEXICO CUOTA →

CARTONES DE INTERVIÚ (1978)

..A ESE EMBUTO YO LO FUSILABA!

QUE CHISTE: YO LO PONÍA MEJOR A VER SUS PINCHES CANALES..!

LE VOY A MÉXICO PARA LA COPA..

SI ES DE CHUPE, YO TAMBOR *#! HIC!

PADRE: ¿PODRÍAS PRESTARME Y GUARDARÁS PARA IR AL CINE..?

¡AHORA SÍ VAMOS A TENER DEMOCRACIA!

Reforma Política

¡JESÚS! ¿VA A DESAPARECER EL PRI?

ZHIVKOV HABLÓ DE LA PRODUCCIÓN AGRÍCOLA EN BULGARIA

Y LÓPEZ PORTILLO DE LA NO PRODUCCIÓN AGRÍCOLA EN MÉXICO..

ESTÁ BIEN EL REGISTRO AL PARTIDO COMUNISTA..

PERO A LOS QUE DEBERÍAN REGISTRAR..

ES A LOS DEL PRI..

ESTÁ BIEN QUE LOS PUEBLOS TENGAN LOS GOBIERNOS QUE SE MERECEN..

CARAYO..

¡PERO NO TAN SEGUIDOS..!

EN MÉXICO TROTSKY CONTINUÓ DENUNCIANDO LOS CRÍMENES DE STALIN, A TAL GRADO QUE EN ABRIL DE 1940 EL PARTIDO COMUNISTA DE MÉXICO RECIBIÓ LA ORDEN DE LIQUIDAR AL VIEJO LEÓN Y DESTRUIR SU VALIOSÍSIMO ARCHIVO. (UN AGENTE DE LA GPU VIAJÓ A MÉXICO A DIRIGIR LA OPERACIÓN..)

rius

EL DIABLO SE LLAMA **TROTSKY**

grij

Con este libro acabé de romper con el Partido, pues debe saberse que, hasta la fecha, los comunistas deben odiar a Trotsky. No me hice troskista, pues considero que los troskos son peores (en algunos casos) que los comunistas, y más dogmáticos si se puede…
Sin embargo, debo aclarar que los grupos troskistas aceptaron muy bien el libro, no así algunos viejos comunistas que habían participado activamente en el asesinato.

ÓRALE, ¿QUIÉN SE LO ECHA?

SÍ, SÍ: ES BUENO PA'L GATILLO Y ACABA DE VOLVER DE ESPAÑA!

PROPONGO AL CAMARADA DAVID ALFARO SIQUEIROS

• • • • • • • • • • • •

35
El diablo se llama Trotsky

LA NOCHE DEL 23 DE MAYO DE 1940, EL PINTOR SIQUEIROS Y UN GRUPO DE COMUNISTAS MEXICANOS, PENETRARON A LA CASA DE TROTSKY CON LA COMPLICIDAD DE UNO DE SUS GUARDIANES, EL GRINGO SHELDON HART. AMETRALLARON LOS DORMITORIOS, PUSIERON DOS BOMBAS QUE NO EXPLOTARON Y HUYERON CON SHELDON HART.

INCREÍBLEMENTE, NADIE RESULTÓ NI SIQUIERA HERIDO!

HUMMM: ME HUELE A AUTOASALTO!

PERO EN CUANTO CAYÓ PRESO EL PRIMER ASALTANTE, SE ACLARÓ TODO, MANO..

FUERON LOS HIJOS DE STALIN..!

POLICÍA

SIQUEIROS HUYÓ A CHILE CON SUS CÓMPLICES -PROTEGIDO POR PABLO NERUDA- DONDE ESTUVO VARIOS AÑOS REFUGIADO HASTA QUE SE CALMARON LAS COSAS..

ANTES DE HUIR, ASESINARON A SANGRE FRÍA AL CÓMPLICE SHELDON HART, EN UNA CABAÑA DEL DESIERTO DE LOS LEONES, PARA QUE NO "HABLARA": ASÍ ACABÓ EL PRIMER AVISO..

PENSAR HA SIDO FACIL PARA EL HOMBRE, NO ASÍ DAR A CONOCER SU PENSAMIENTO...

ESCOGE: PIENSAS O TIENES FE..

O HAZ COMO YO: PIENSA QUE TIENES FE..

36   Manual del perfecto ateo

CON ESTE LIBRO ME GANÉ MI SEGUNDA EXCOMUNIÓN, LO QUE ME LLENA DE SANTO ORGULLO. SE HA TRADUCIDO AL INGLÉS, ITALIANO Y JAPONÉS (Y ALEMÁN, PERDÓN). Y EN AUSTIN, TEXAS, LO ESTUVIERON LEYENDO EN LA RADIO, COMO CÁPSULAS INFORMATIVAS, DURANTE UN AÑO.

ES UN BUEN REGALO PARA SU PADRE CONFESOR, CREO...

MANUAL DEL PERFECTO ATEO

RIUS

¿Y POR QUÉ EL DIOS DE LOS BLANCOS ES EL BUENO?

¿Y POR QUÉ EL DIOS DE LOS AZTECAS TENDRÍA QUE SER EL BUENO?

EL ÚNICO Y VERDADERO DIOS ES EL DE LOS VENCEDORES..

SI AUN LE QUEDAN DUDAS, CONTÉSTESE ESTAS PREGUNTITAS:
Si los hombres no hacen el bien más que por una gracia particular de Dios, ¿QUÉ RAZÓN TIENE PARA RECOMPENSARLOS?
Si es todopoderoso, ¿CÓMO PERMITE LA BLASFEMIA..?
Si Dios es tan bueno como lo proclaman los curas, ¿QUÉ RAZONES EXISTEN PARA TEMERLE?
Si se encuentra en todas partes, ¿PARA QUÉ DIABLOS EDIFICAR IGLESIAS?
Si Dios quiere que se le conozca y se le ame, ¿POR QUE NO SE DA A CONOCER..?
Si sabe todo, ¿PARA QUÉ ENTONCES FASTIDIARLO CON TANTAS ORACIONES?
Si es justo, ¿POR QUÉ **CASTIGA** A LOS HOMBRES CREADOS POR ÉL MISMO LLENOS DE DEBILIDAD..?
Si es inconcebible, ¿POR QUÉ OCUPARNOS DE ÉL ENTONCES?
Si dictó sus leyes, ¿POR QUÉ PERMITE QUE LAS VIOLEN EN PRIMER LUGAR SUS "MINISTROS"..?
Si es infinitamente sabio, ¿POR QUÉ PERMITE QUE SUS MINISTROS SEAN TAN IGNORANTES..?

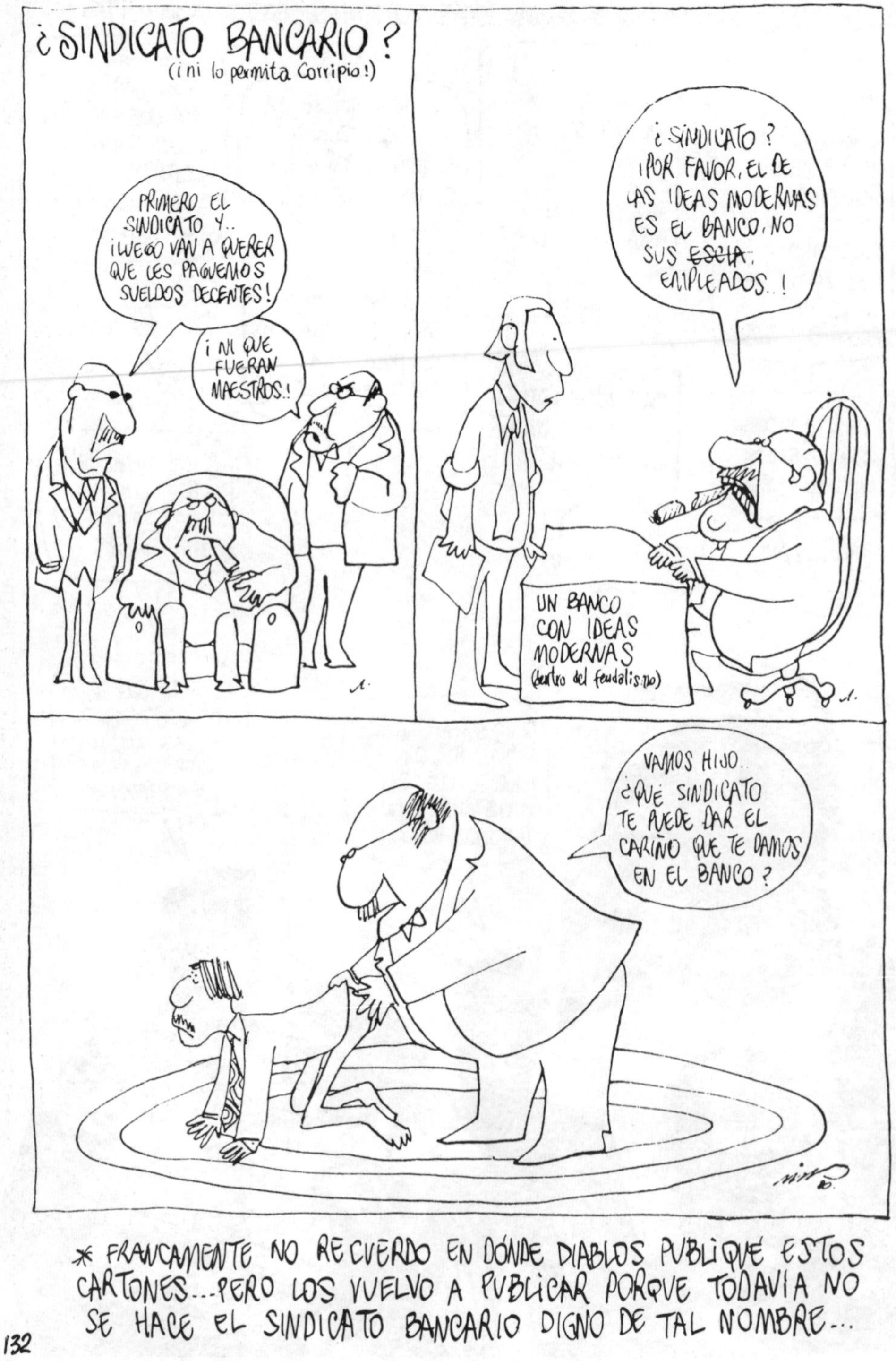
¿SINDICATO BANCARIO?
(¡ni lo permita Corripio!)
PRIMERO EL SINDICATO Y.. ¡LUEGO VAN A QUERER QUE LES PAGUEMOS SUELDOS DECENTES!
¡NI QUE FUERAN MAESTROS.!
¿SINDICATO? ¡POR FAVOR, EL DE LAS IDEAS MODERNAS ES EL BANCO, NO SUS ~~ESCLA~~ EMPLEADOS..!
UN BANCO CON IDEAS MODERNAS
(dentro del feudalismo)
VAMOS HIJO.. ¿QUÉ SINDICATO TE PUEDE DAR EL CARIÑO QUE TE DAMOS EN EL BANCO?

* FRANCAMENTE NO RECUERDO EN DÓNDE DIABLOS PUBLIQUÉ ESTOS CARTONES...PERO LOS VUELVO A PUBLICAR PORQUE TODAVÍA NO SE HACE EL SINDICATO BANCARIO DIGNO DE TAL NOMBRE...

Pelos & Señales

decano de la Prensa Chira y católica

director
en jefe
RIUS FRIUS esq.

PURO BLABLA DE LA SETEME

▸ Fidel Vetusto se la pasa haciendo declaraciones contra los hambreadores, pero nada de ópera ▷ Que le darán el Premio de los Locutores. "El Perico de Oro" ▸ La I.P. muerta de la risa.

―――――

Chiapas:

otro líder campesino asesinado por los h. caciques priístas. Carvajal ni sufre.

☞ 666

"EL CARIBE SER NUESTRO": KARTER

"Seguiremos ayudando a esos pobres países pobres del Area Caribeña para que no caigan al comunismo", declaró Mr. Cacahuate.

LA CIA, PUES-TISIMA !

▸ En 15 días dos golpes de estado: El Salvador y Corea del Sur ▷ ¿Y Coahuila cuándo?

☞ 888

E.U. DISPUESTO A REGRESAR TEXAS Y GUANTÁNAMO, SI LO PIDE EL PAPA.

☞ 777

AQUI → UN HABITANTE DE LA ISLA ST. MARCOS CON LO QUE LE TOCÓ DE AYUDA YANQUI.

el pescado es pura proteína

(Y UN CHORRO DE PETRÓLEO, GRACIAS AL POZO IXTOC I)

☞ 555

FALTAN HUEVOS AL GOBIERNO / TUVIERON QUE IMPORTAR DE LOS ESTADOS UNIDOS DE A.

PRI CONTRA ENCARECEDORES

EN 1982 TODOS SEREMOS RICOS, DICE EL BANCO DE MEXICO

▸ Si persisten en subir los precios, subiremos el tono de los discursos: Carvajal.
▷ Estamos decididos a pedir que se estudie una ley para ver la posibilidad de que se califique enérgicamente a los comerciantes abusivos, dijo otro cuate.

70

Estas parodias de periodiquitos me han seguido casi toda mi carrera. Me inspiré en una parodia similar que publicaban en la revista argentina *Rico Tipo* los admirados Carlos Wernes y Oski, que la titularon atinadamente como *Versos & Noticias*... Era un prodigio de humor. Es una pena que, hasta donde yo sé, nadie se haya preocupado de reeditarla en un libro.

El maestro Rius
Efrén

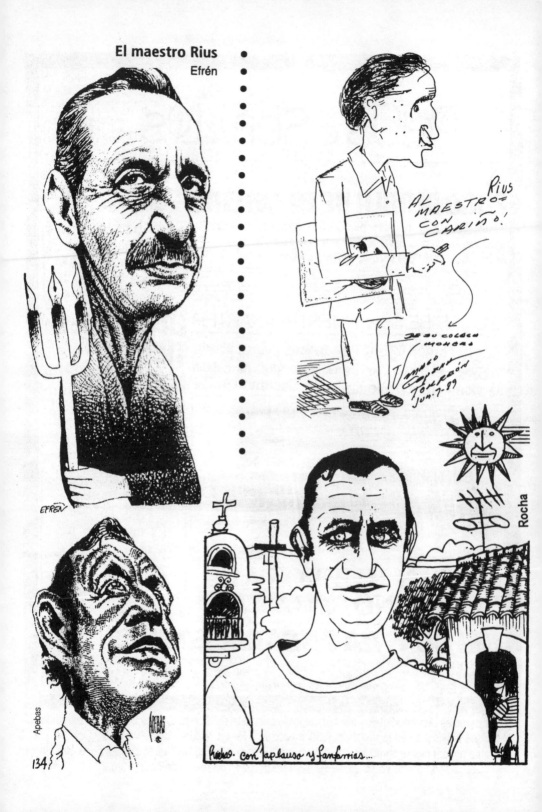

EFREN

AL MAESTRO RIUS CON CARIÑO!

DE SU COLEGA MOHERS

Jun-7-89

Rocha

Apebas

134

Rius, con aplauso y fanfarrias...

DIABLURAS es un librito de puros chistes sobre diablos y chamucos. Se ha traducido al inglés, por parte de la editora de los Ateos de los Estados Unidos.

37
Diabluras

FAUSTO
de GOUROD (¿o de GOETHE?)

SE ENCONTRABA UNA NOCHE EL LIC. MEFISTÓFELES ATENDIENDO SU FINANCIERA, CUANDO SONÓ EL TELÉFONO...

ADAPTACIÓN LIBRE Y EN PROSA PARA COMPUTADORA DEL DR. RIUS

SOCIEDAD FINANCIERA AVERNOMEX ¿BUENO, SÍ? ¡BUENO..?

¡OTRA VEZ EL PINCHE MUDO! ¿BUENO? ¿POR QUÉ NO CONTESTA, COÑO..?

LO QUE SUENA ES EL TIMBRE DE LA PUERTA, LICENCIADO.. ¿LE ABRO?

YO DIRÍA, PORQUE LO DUDO QUE SE ABRA SOLA.. AH, UN CLIENTE..

PASE, PASE

SOY EL LIC. MEFISTÓFELES, ¿EN QUÉ PUEDO SERVIRLE..? SEÑOR...

FAUSTO CARRANZA, ASPIRANTE A DIPUTADO POR EL PARTIDO REVOLUCIONARIO INSTITUCIONAL

¿AQUÍ ES DONDE COMPRAN ALMAS?

SE COMPRABAN, SE COMPRABAN, DON FAUSTO..SE PUEDEN CONSEGUIR TANTAS Y TAN BARATAS, QUE YA NO ES NEGOCIO..

136

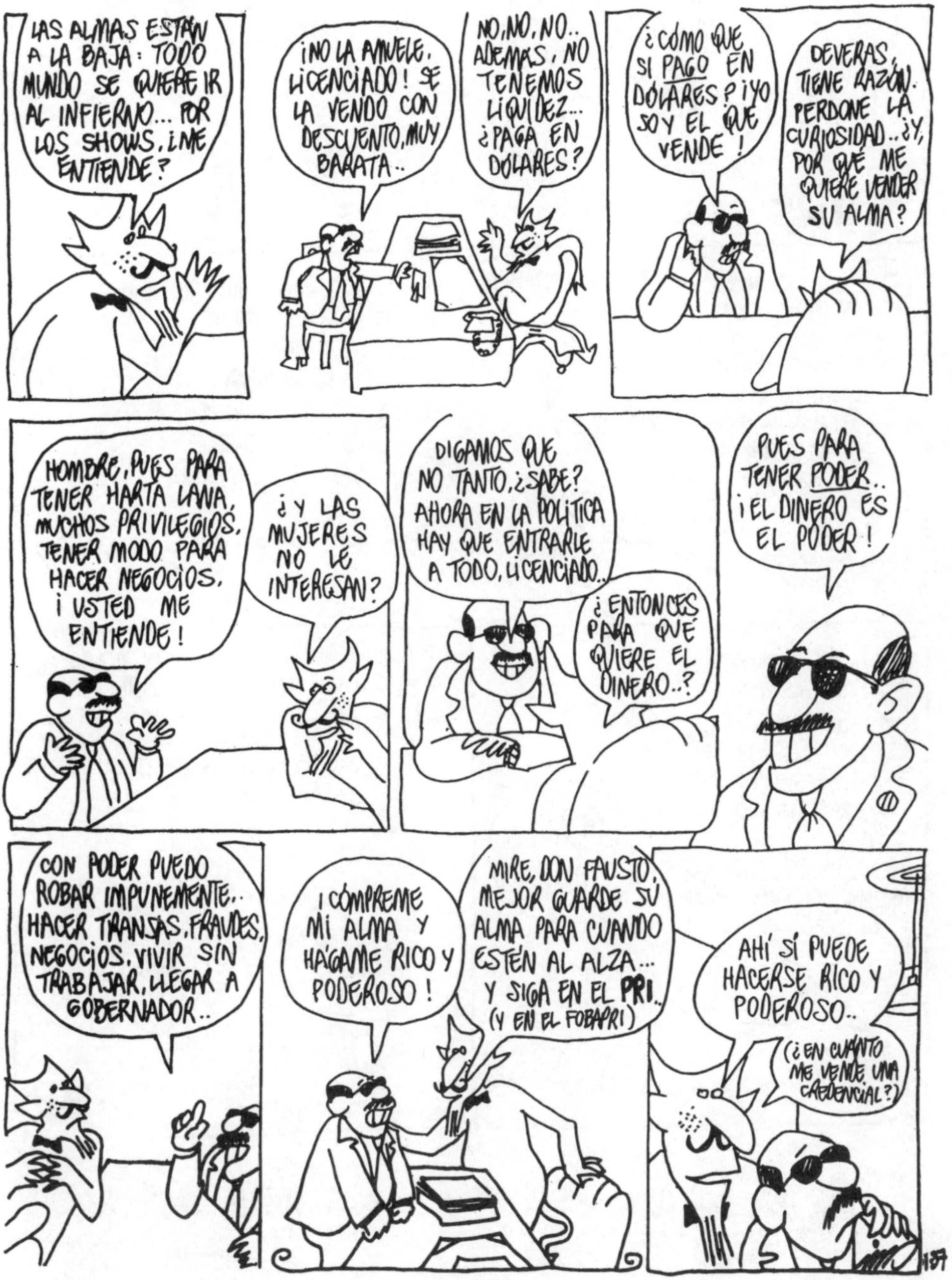
LAS ALMAS ESTÁN A LA BAJA: TODO MUNDO SE QUIERE IR AL INFIERNO... POR LOS SHOWS, ¿ME ENTIENDE?
¡NO LA AMUELE, LICENCIADO! SE LA VENDO CON DESCUENTO, MUY BARATA..
NO, NO, NO.. ADEMÁS, NO TENEMOS LIQUIDEZ... ¿PAGA EN DÓLARES?
¿CÓMO QUE SI PAGO EN DÓLARES? ¡YO SOY EL QUE VENDE!
DEVERAS, TIENE RAZÓN. PERDONE LA CURIOSIDAD.. ¿Y, POR QUÉ ME QUIERE VENDER SU ALMA?
HOMBRE, PUES PARA TENER HARTA LANA, MUCHOS PRIVILEGIOS, TENER MODO PARA HACER NEGOCIOS. ¡USTED ME ENTIENDE!
¿Y LAS MUJERES NO LE INTERESAN?
DIGAMOS QUE NO TANTO, ¿SABE? AHORA EN LA POLÍTICA HAY QUE ENTRARLE A TODO, LICENCIADO..
¿ENTONCES PARA QUÉ QUIERE EL DINERO..?
PUES PARA TENER PODER.. ¡EL DINERO ES EL PODER!
CON PODER PUEDO ROBAR IMPUNEMENTE.. HACER TRANSAS, FRAUDES, NEGOCIOS, VIVIR SIN TRABAJAR, LLEGAR A GOBERNADOR..
¡CÓMPREME MI ALMA Y HÁGAME RICO Y PODEROSO!
MIRE, DON FAUSTO, MEJOR GUARDE SU ALMA PARA CUANDO ESTÉN AL ALZA... Y SIGA EN EL PRI..
(Y EN EL FOBAPRI)
AHÍ SÍ PUEDE HACERSE RICO Y PODEROSO..
(¿EN CUÁNTO ME VENDE UNA CREDENCIAL?)

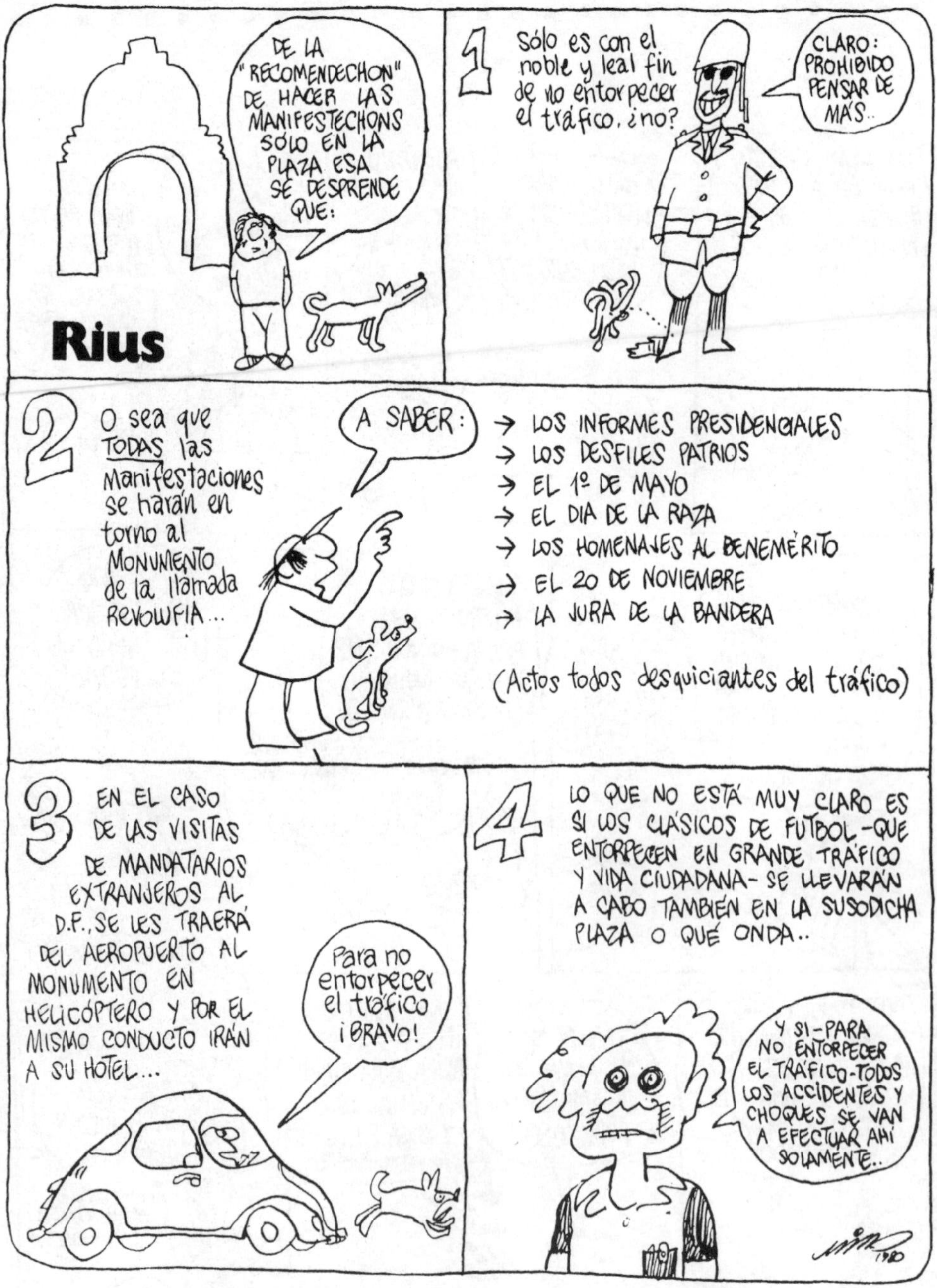
Rius
DE LA "RECOMENDECHON" DE HACER LAS MANIFESTECHONS SÓLO EN LA PLAZA ESA SE DESPRENDE QUE:
1
Sólo es con el noble y leal fin de no entorpecer el tráfico, ¿no?
CLARO: PROHIBIDO PENSAR DE MÁS..
2
O sea que TODAS las manifestaciones se harán en torno al MONUMENTO de la llamada REVOLUFIA...
A SABER:
→ LOS INFORMES PRESIDENCIALES
→ LOS DESFILES PATRIOS
→ EL 1º DE MAYO
→ EL DIA DE LA RAZA
→ LOS HOMENAJES AL BENEMÉRITO
→ EL 20 DE NOVIEMBRE
→ LA JURA DE LA BANDERA
(Actos todos desquiciantes del tráfico)
3
EN EL CASO DE LAS VISITAS DE MANDATARIOS EXTRANJEROS AL D.F., SE LES TRAERÁ DEL AEROPUERTO AL MONUMENTO EN HELICÓPTERO Y POR EL MISMO CONDUCTO IRÁN A SU HOTEL...
Para no entorpecer el tráfico ¡BRAVO!
4
LO QUE NO ESTÁ MUY CLARO ES SI LOS CLÁSICOS DE FUTBOL —QUE ENTORPECEN EN GRANDE TRÁFICO Y VIDA CIUDADANA— SE LLEVARÁN A CABO TAMBIÉN EN LA SUSODICHA PLAZA O QUÉ ONDA..
Y SI —PARA NO ENTORPECER EL TRÁFICO— TODOS LOS ACCIDENTES Y CHOQUES SE VAN A EFECTUAR AHÍ SOLAMENTE..

*ESTE DEBE SER DE LA 3ª ÉPOCA DE "LA GARRAPATA", SOSPECHO...

38

Esta truculenta historia de nuestro PRI, parece no haber servido de mucho a la causa de la democracia, pues nuestro famoso partido-aplanadora sigue "ganando" elecciones. Quizás se deba también a que la gente se desilusionó del PAN y su merolico de Los Pinos.

SU
MAJESTAD
EL
P R I

rius

grijalbo

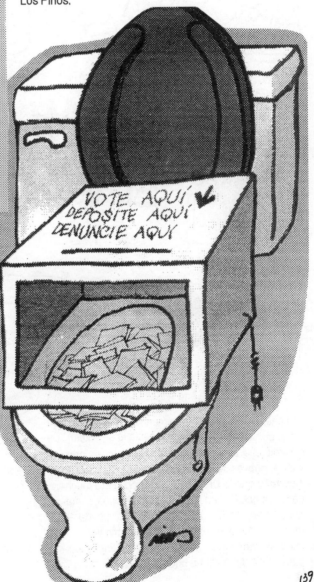

VOTE AQUÍ
DEPOSITE AQUÍ
DENUNCIE AQUÍ

CARDENAS A SU VEZ, DESIGNÓ —NADIE SABE POR QUÉ— A AVILA CAMACHO, QUE AUNQUE PERDIÓ LAS ELECCIONES CON ALMAZÁN SUBIÓ A LA SILLA...

PARA ALGO HICIMOS EL PARTIDAZO APLANADORA.

PARA EVITAR MALENTENDIDOS, EL GOBIERNO CREÓ UN VOCERO SUYO ENCARGADO DE DECIR QUIEN ERA EL BUENO. PRIMERO SE LLAMÓ P.N.R. (PARTIDO NACIONAL REVOLUCIONARIO)

PROBANDO, PROBANDO... LA REVOLUCIÓN... EL PROLETARIADO... LA GRAN MASA CAMPESINA...

¿ SIRVE DE ALGO EL VOTO?

El caso del PRI es un fenómeno que ha sido estudiado por nuestros politólogos hasta la saciedad... Se convirtió en **Papá Gobierno y para muchos mexicanos, pobres, ignorantes y mal informados, era algo más que la Divina Providencia.** Hizo mucho, para qué negarlo, en sus "buenos" tiempos. Y muchos creen, todavía, que "un buen PRI" podría ser mejor que "un buen PAN". Aunque, como yo, muchos pensamos que, a estas alturas, el mejor lugar para el PRI debe ser un buen basurero histórico...

SE TRATA DE EXPULSAR SÓLO A SALINAS, NO A LOS SALINISTAS..

¡ UH.NOS QUEDAMOS SIN GOBIERNO !

ESE PNR (LUEGO PRM Y HOY PRI) SE HA ENCARGADO DESDE ENTONCES DE DECIRNOS QUIEN ES EL BUENO PA QUE NOS GOBIERNE..

HAY VARIAS VERSIONES : UNOS DICEN QUE QUIENES DESIGNAN AL TAPADO SON LOS EX-PRESIS..

PORTES GIL
TATA LAZARO
ALEMÁN
CORTINES
LEA

OTROS DICEN QUE SÓLO EL PRESIDENTE EN TURNO ES QUIEN DICE A CUAL DE SUS CUATES LE TOCA QUEDARSE SEIS AÑOS CON LA SILLA PRESIDENCIAL..

ASÍ FUE CON LUIS..

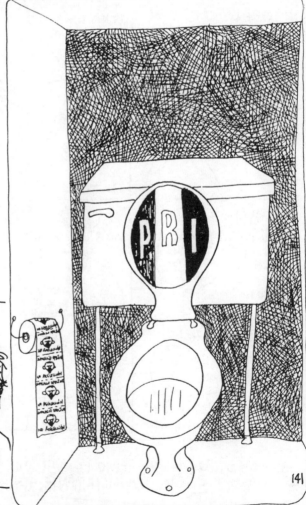

PRI

141

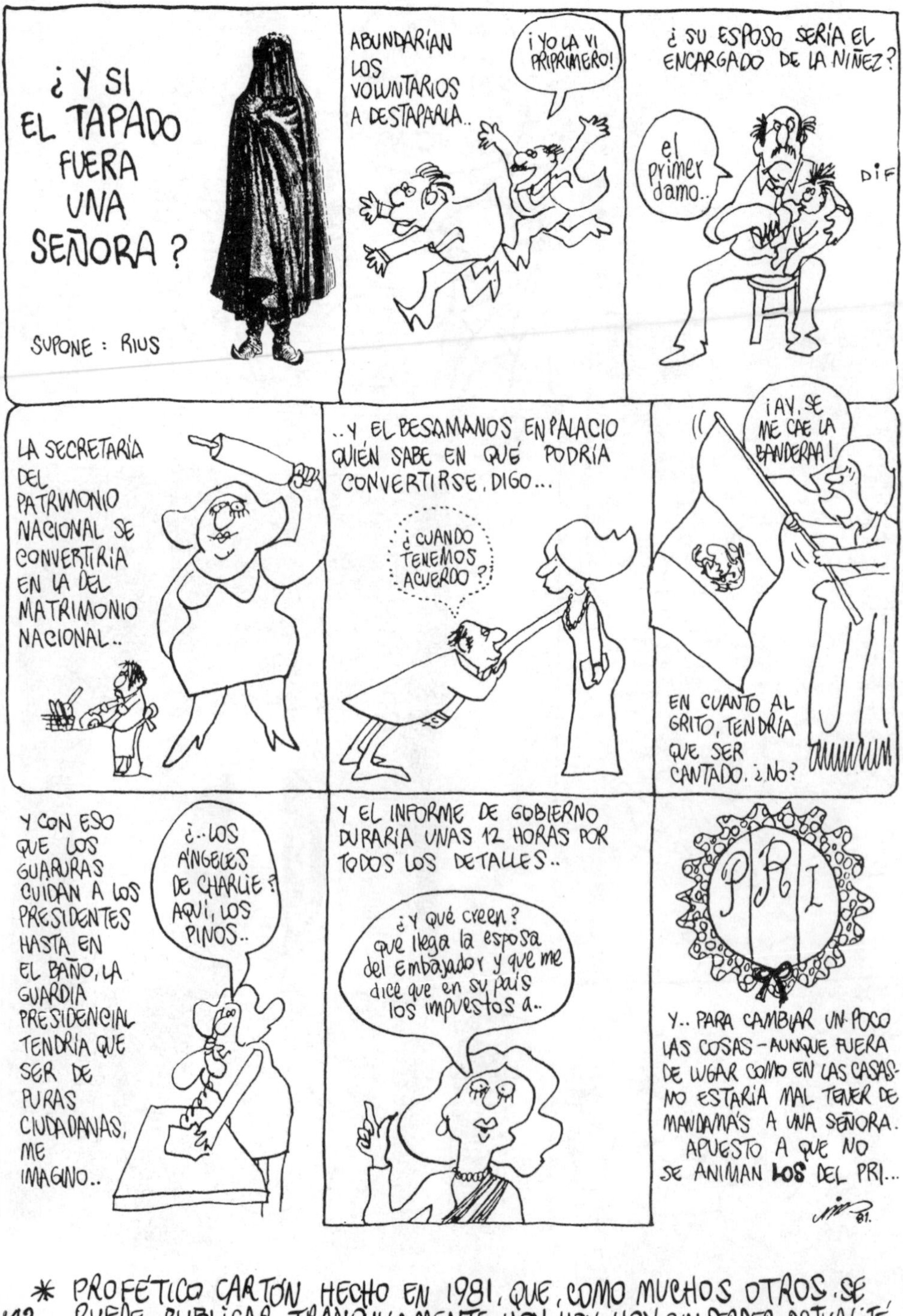
¿Y SI EL TAPADO FUERA UNA SEÑORA ?
SUPONE : RIUS
ABUNDARÍAN LOS VOLUNTARIOS A DESTAPARLA..
¡YO LA VI PRIPRIMERO!
¿SU ESPOSO SERÍA EL ENCARGADO DE LA NIÑEZ?
el primer damo..
DIF
LA SECRETARÍA DEL PATRIMONIO NACIONAL SE CONVERTIRÍA EN LA DEL MATRIMONIO NACIONAL..
..Y EL BESAMANOS EN PALACIO QUIÉN SABE EN QUÉ PODRÍA CONVERTIRSE, DIGO...
¿CUANDO TENEMOS ACUERDO?
¡AY, SE ME CAE LA BANDERAA!
EN CUANTO AL GRITO, TENDRÍA QUE SER CANTADO. ¿NO?
Y CON ESO QUE LOS GUARURAS CUIDAN A LOS PRESIDENTES HASTA EN EL BAÑO, LA GUARDIA PRESIDENCIAL TENDRÍA QUE SER DE PURAS CIUDADANAS, ME IMAGINO..
¿..LOS ÁNGELES DE CHARLIE? AQUÍ, LOS PINOS..
Y EL INFORME DE GOBIERNO DURARÍA UNAS 12 HORAS POR TODOS LOS DETALLES..
¿Y qué creen? que llega la esposa del embajador y que me dice que en su país los impuestos a..
PRI
Y.. PARA CAMBIAR UN POCO LAS COSAS - AUNQUE FUERA DE LUGAR COMO EN LAS CASAS- NO ESTARÍA MAL TENER DE MANDAMÁS A UNA SEÑORA. APUESTO A QUE NO SE ANIMAN **LOS** DEL PRI...
81.

* PROFÉTICO CARTÓN HECHO EN 1981, QUE, COMO MUCHOS OTROS, SE PUEDE PUBLICAR TRANQUILAMENTE HOY, HOY, HOY, SIN PERDER ACTUALITÉ.

Marfán / Costa Rica

AL BIEN LLAMADO MAESTRO RIUS, CON APRECIO.
M. MARFÁN
Managua, febrero 1981.

F.C.

Helio Flores

143

PERO FUERON LOS JUDÍOS LOS QUE REALMENTE CREARON UN SISTEMA MONETARIO, ACAPARANDO LOS METALES MÁS USADOS PARA FABRICAR DINERO...

ORO, PLATA, COBRE..

.. FUERON LOS JUDÍOS LOS QUE HICIERON LOS BANCOS, CREARON LOS BILLETES, INVENTARON LAS LETRAS DE CAMBIO, LOS PAGARÉS Y LOS CHEQUES.... ES DECIR, FUERON LOS PRIMEROS USUREROS E INVENTORES DEL INTERÉS ...

%

(Y ESTO NO ES ANTI-SEMITISMO, CONSTE)

Sin lugar a dudas, éste es el libro que más problemas me ha traído. Originalmente titulado **Palestina, del judío errante al judío errado**, el libro apareció editado por Grijalbo, en 1983. Pero su venta y distribución cesó ese mismo año, presionada la editorial por grupos israelitas y sionistas, organismos judíos y sobre todo, por autores y representantes de autores judíos, cuyos libros publicaba Grijalbo. Me imagino que la embajada de Israel y la poderosa colonia judía en México protestaron también.

El caso es que el libro fue retirado de la circulación, así que me lo llevé a Posada y ahí lo republicaron con mucho éxito. Y como Posada no tenía autores judíos, aguantaron las presiones sin hacerles caso.

Pasaron los años, Posada desapareció del campo editorial, y con el agravamiento del problema Israel-Palestina, decidí reeditarlo otra vez con Grijalbo, pero añadiendo al libro el problema judío. (Que apenas había rozado en el libro sobre Hitler para masoquistas...)

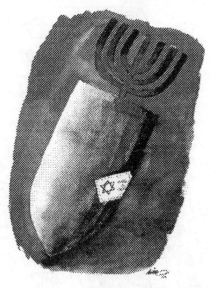

INTERNATIONAL PEOPLE'S TRIBUNAL N THE ISRAELI INVASION OF LEBANON

March 18–21, 1983 TOKYO

Preliminary Report

Cartel elaborado para Japón con motivo del Tribunal Russell contra la invasión de Israel a Líbano.

Así, resultó un nuevo libro, donde aparecen en igualdad de páginas los problemas de palestinos y judíos, que siguen a la orden del día y peor que nunca.

De todos modos, el libro no les gustó mucho a los increíblemente simpatizantes de Israel. No sé cómo, Miguel Ángel Granados Chapa y Humberto Mussachio, salieron a atacar el libro en *Reforma*. (Bueno, sí sé cómo, pero no se los voy a decir.) Pero el libro sigue vendiéndose bien y se ha vuelto la mejor forma de informarse del problema palestino-israelí.

Y para mí, que resulté ser de origen sefaradí, una alegría...

Y PARA DOCUMENTAR NUESTRO MAL LLAMADO ANTISEMITISMO, CERRAMOS CON MARX: (JUDÍO POR CIERTO)

"Buscamos en vano la clave del laberinto del alma judía en su religión; pero lo que debemos buscar es el misterio de su religión en el misterio de su naturaleza ¿cuál es la base del Judaísmo? Una pasión práctica y la codicia de la ganancia, ¿A qué puede reducirse su religión? A la extorsión. ¿Cuál es su verdadero Dios? la caja de caudales.." 1844

145

EMPECÉ TAMBIÉN, CUANDO HICE ESTE CARTÓN DE LA SERIE DE LABERINTOS, OTRO DIBUJO-LABERINTO UTILIZANDO LA ESTRELLA DE DAVID, PERO NO LO TERMINÉ POR EL ALTO GRADO DE DIFICULTAD.. Y SEPA DÓNDE ESTÁ..

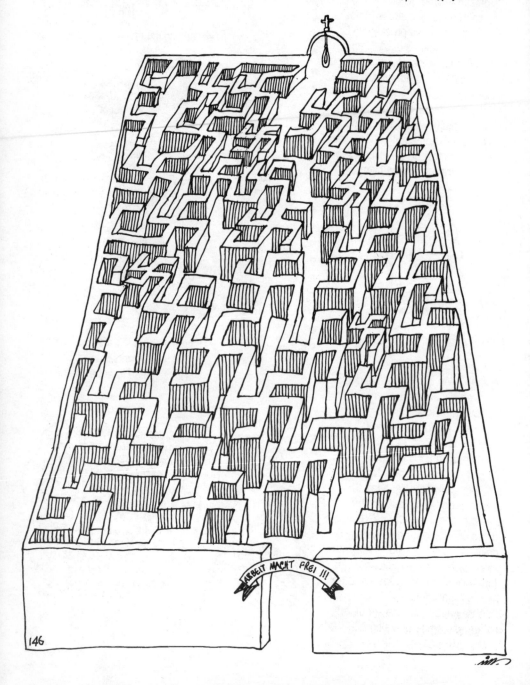

146

41 42   Mao en su tinta
Rius a la China

Me tocó ir a China recién muerto Mao, así que me tocó un país todavía virgen de coca-cola y kentuckadas, bellísimo, baratísimo y en chino para entenderlo. Salieron del viaje dos libros, uno de ellos el de Mao, traducido en varias lenguas, menos en chino (que yo sepa). El otro es un libro de viajes, más escrito que dibujado.

EL viaje a China es de esos viajes que uno quisiera repetir. Pero los compañeros de aquel viaje que tras varios años volvieron a China, sufrieron la decepción de su vida al encontrar una China con coca-cola y demás porquerías de la motherna civilización que le está dando en la mother a todo el planeta. De modo y manguera que ya no he insistido en volver a China...

↑ CONVERTIDA EN VIL MAQUILADORA DE PRODUCTOS GRINGOS.

EL CULTO A LA PERSONALIDAD, AUN EN VIDA DE MAO, LLEGÓ A EXTREMOS RISIBLES A LOS OJOS OCCIDENTALES. TODO MUNDO EN CHINA LLEVABA CONSIGO SU LIBRO ROJO DE CITAS DEL PRESIDENTE MAO. GRACIAS A SU PENSAMIENTO, LOS DEPORTISTAS TRIUNFABAN, LAS COSECHAS CRECÍAN Y LOS ENFERMOS SANABAN...

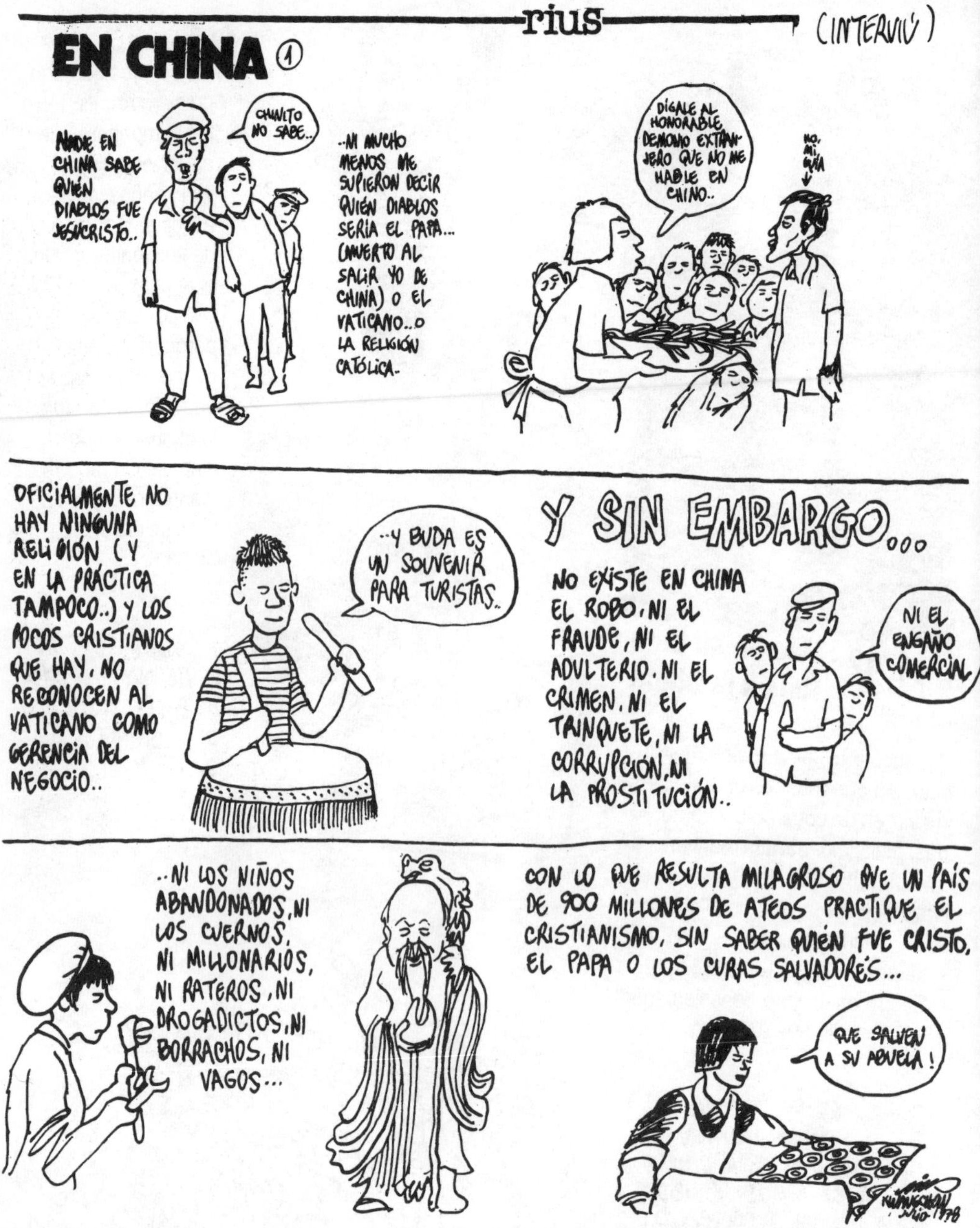
rius
(INTERVIÚ)
EN CHINA ①
NADIE EN CHINA SABE QUIÉN DIABLOS FUE JESUCRISTO..
CHINITO NO SABE..
..NI MUCHO MENOS ME SUPIERON DECIR QUIÉN DIABLOS SERÍA EL PAPA... (MUERTO AL SALIR YO DE CHINA) O EL VATICANO...O LA RELIGIÓN CATÓLICA.
DÍGALE AL HONORABLE DEMONIO EXTRANJERO QUE NO ME HABLE EN CHINO..
NO. MI GUÍA
OFICIALMENTE NO HAY NINGUNA RELIGIÓN (Y EN LA PRÁCTICA TAMPOCO..) Y LOS POCOS CRISTIANOS QUE HAY, NO RECONOCEN AL VATICANO COMO GERENCIA DEL NEGOCIO..
..Y BUDA ES UN SOUVENIR PARA TURISTAS..
Y SIN EMBARGO...
NO EXISTE EN CHINA EL ROBO, NI EL FRAUDE, NI EL ADULTERIO, NI EL CRIMEN, NI EL TRINQUETE, NI LA CORRUPCIÓN, NI LA PROSTITUCIÓN..
NI EL ENGAÑO COMERCIAL
..NI LOS NIÑOS ABANDONADOS, NI LOS CUERNOS, NI MILLONARIOS, NI RATEROS, NI DROGADICTOS, NI BORRACHOS, NI VAGOS...
CON LO QUE RESULTA MILAGROSO QUE UN PAÍS DE 900 MILLONES DE ATEOS PRACTIQUE EL CRISTIANISMO, SIN SABER QUIÉN FUE CRISTO, EL PAPA O LOS CURAS SALVADORES...
QUE SALVEN A SU ABUELA!

→ UNO DE MIS DESCUBRIMIENTOS CHINOS FUE AL ENTERARME QUE EN EL GIGANTESCO PAÍS NO EXISTÍA LA CARICATURA EN LOS PERIÓDICOS, LO MISMO QUE LA CRÍTICA. ME IMAGINO QUE HOY, MENOS...

EL
AMOR
EN LOS
TIEMPOS DEL
SIDA

RIUS

grijalbo

SI PRESENTA UNO O VARIOS DE ESTOS SÍNTOMAS, REPÓRTESE INMEDIATAMENTE CON CUALQUIER MÉDICO O CENTRO DE SALUD: ES UN _DEBER_ HACERLO POR EL BIEN DE LOS SUYOS Y DE LA COMUNIDAD EN QUE VIVE...

..Y RÉCELE AL DIOS EN QUE CREA.

..PORQUE —DA PENA DECIRLO— PERO EL SIDA _NO_ TIENE TODAVÍA CURACIÓN...

AMES.

¿NI EN HOUSTON?

NI YENDO A DALLAS: MÁS BIEN POR ESO SE HAN CONTAGIADO MUCHOS...

TEST QUE DESCUBRE AL VIRUS DE LA INMUNODEFICIENCIA HUMANA (VIH)

Londres, Inglaterra, (EFE, A.P.) Los científicos de Gran Bretaña han implantado un nuevo sistema experimental que sirve para detectar la presencia del virus de la inmunodeficiencia humana (VIH) en la sangre y _no_ de los anticuerpos producidos por la presencia del virus para combatir la enfermedad.

SE ESTÁ ESTUDIANDO SERIAMENTE LA FORMA DE ANULAR AL VIRUS, DE ENCONTRAR UNA VACUNA EFECTIVA CON LA QUE PUEDA VIVIR UNO TRANQUILO... PERO HASTA LA FECHA NO HAY NADA: SI UN MÉDICO ASEGURA QUE CURA O PREVIENE EL CONTAGIO, LO SEGURO ES QUE SEA CHARLATÁN...

44
De aborto, sexo y otros pecados

DE ABORTO
SEXO Y OTROS
PECADOS rius

Dos escandalosos libros que no han sido recomendados (o publicitados) por las braguetas persignadas de Pro-Vida, pero sí apoyados y difundidos por grupos feministas, organismos gay y médicos de todo el país y sus alrededores. En dos o tres países sudamericanos los han pirateado de lo lindo, y no se diga en Centroamérica. Pero bueno, es una satisfacción extra...

¡HACER EL AMOR ESTÁ RESULTANDO UN PELIGRO, COÑO!!! SOBRE TODO SI UNO DE LOS DOS HA TENIDO EN LOS ÚLTIMOS AÑOS MUCHOS COMPAÑEROS SEXUALES, SI HA FRECUENTADO CASAS DE CITAS, CASAS DE BAÑO, SAUNAS, ETC. O HA TENIDO SEXO CON HOMOSEXUALES...

AHORA VAMOS A VOLVER A SER APRECIADAS LAS SEÑORITAS & VÍRGENES..

(Y LOS VARONES POCO CORRIDOS..)

DONDEQUIERA SE ESTÁ RECOMENDANDO NO ABUSAR DEL SEXO... Y HACERLO SOLO "SEGURO"!.

MOMENTO: ¿QUÉ ES ESO DE "SEXO SEGURO"..?

¿NO PERMITIR QUE EL SEMEN ENTRE A LA VAGINA..?

¿ES DECIR QUE EL ACTO SEXUAL "NORMAL" TAMBIÉN ES RIESGOSO..?

→ ASÍ PARECE, PUES YA SE VIO QUE EL SEMEN ES TRANSMISOR DEL VIRUS, Y QUE LOS TEJIDOS VAGINALES LOS PUEDEN ALOJAR POR SU NATURALEZA FISIOLÓGICA..

Compartiendo la lectura del Suplemento Infantil que hice para *El Universal,* nada menos que con el maestro Hermenegildo Sabat, uruguayo y enorme dibujante.

Recibiendo la presea **Vasco de Quiroga** de manos del Presidente Municipal de Pátzcuaro, a quien le llamaban, no sé por qué, "Don Perpetuo del Rosal"...

Reconozco que trabajar para niños es harto difícil. Se requiere usar un lenguaje que no trate al niño como retrasado mental. En mi carrera sólo he hecho dos publicaciones para niños: **Cucurucho**, dirigida por Checo Valdés, y **Mi Mundo**, que apareció como suplemento de *El Universal* los domingos.

La primera fracasó por el número 12, pues vimos apenados que los niños están demasiado acostumbrados ya a las tonterías tipo Walt Disney. Y de la segunda me corrieron por haber dedicado un número a la conmemoración de los 50 años de la Revolución Soviética…

Mi MUNDO/

16 de octubre de 1977

**Suplemento Infantil de
EL UNIVERSAL**

**Lic. Juan Francisco
Ealy Ortiz,**
Presidente y Director General

Caricatura: Ríus

el 7 de Noviembre se cumplen 60 años de la Revolución Rusa.

DESDE AQUEL 1917, ...
ASÍ. YA NO ES LA ...
RUSIA IMPERIAL ATE...
RABLE. DESDE 1917 ...
UNIÓN DE REPÚBLICAS...

El país
de los
Soviets

Antes del triunfo de la Revolución S...
tubre, el Zar, los terratenientes y los c...
los que gobernaban en Rusia y opri...
Los trabajadores salían a la calle en...
de protesta por la miseria y el hambre...
El 9 de enero de 1905, durante una de...
ciones, los soldados del Zar atacaron...
ron muerte a muchos obreros.

153

ESTE CARTÓN
IRRESPETUOSO
FUE HECHO
CUANDO EL
PAPA PAULO VI
PROHIBIÓ LA
PÍLDORA
ANTICONCEPTIVA:
¡QUÉ
TIEMPOS!

¿ENTONCES
LE PUEDO PONER
"PAULO" AL
NIÑO...?

BAJA EL PESO,
ME QUITAN LA
PISTOLA, SE VA
MI VIEJA, LE PEGAN
AL GUADALAJARA,
MI HIJO RESULTA
LARAILO... ¡NOMÁS
FALTA QUE DIOS
NO SEA TAPATÍO!

154

M i entrada a *PROCESO* fue un verdadero triunfo para mí, ya un tanto alejado del cartón político, al ingresar como único colaborador "externo", que no había trabajado en *EXCELSIOR*, al excelente equipo liderado por don Julio Scherer. Con él, en mi lejana niñez, había compartido las aulas del *Bachilleratos*, la escuela de los jesuitas ubicada en Gelati 23 (?) en Tacubaya. Claro, él iba en secundaria y yo apenas en cuarto de primaria... dudo mucho que se acuerde (igual que yo) de aquellos años cuarentones...

En *PROCESO* tuve que competir –sanamente– con dos de los mejores moneros mexicanos: Naranjo y Magú, pero sospecho que no lo hice tan mal, y recuerdo con mucho agrado los años que estuve trabajando en la revista, soportando las boxísticas muestras de aprecio de don Julio. Sólo hubo un cartón que no me publicaron, y ello previo aviso –y discusión amistosa– para hacerme ver que era arriesgado (para la vida de la revista) acusar a un presidente (Mike de la Madrid) de compartir la silla presidencial con los capos del narcotráfico. Desde aquí le agradezco a don Julio (y a Vicente Leñero) su apoyo y amistad.

El bien de la Nación Por Rius

Veo ahora estos cartones hechos hace tantos años, y los veo tan actuales, que me entra la sospecha de si este país ha cambiado...

Oficio de tinieblas Por Rius

A tono Por Rius

Crónica de una pérdida anunciada

Dolora a una falsa política económica Rius

Padres problema Por Rius

¿Cuántos cartones le habré hecho –sólo yo– a Fidel Velázquez?

Alguien me dijo que el viejo dinosaurio tenía una colección de esos cartones (míos y del resto), con la que debe haber llenado varios kilómetros de pared. Y es que, cuando no podíamos hacer algún cartón por la censura, recurríamos al santo de nuestra devoción, que aguantaba todo sin cambiar... Claro, NO fue el caso de *Proceso*, donde, al contrario, ya estaban hasta la madre de cartones de Fidel...

¿la de quién...? Por Rius

Andante papabile Por Rius

Amor perdido Por Rius

Progresivo Por Rius

El confiado Por Rius

Felices por decreto Por Rius

Aún hay más... Rius

Rius en proceso

Federico Campbell hizo una selección de los menos peores trabajos aparecidos en la revista, para publicar un libro que no se vendía en librerías ni puestos de periódico, así que sospecho que todavía se puede conseguir en la revista. Creo que en *Proceso* hice algunos de mis mejores *cartones* en ese género periodístico tan difícil, y más cuando hay que "competir" con don Rogelio Naranjo…

163

En la Feria del Libro   *Vladdo*

Para el Maestro Rius...   Es fácil copia. Vladdo ochenta y nueve

DE MODO QUE USTED es Eduardo del Río, el caricaturista...

Rius, para principiantes

← El Presidente de Colombia

Vladdo / Colombia

Apebas

EL SINDICATO UNICO DE MENTORES DE MADRE SALUDA ESTE PRIMERO DE MAYO A TODAS LAS MAMACITAS DE SUS PATRONES EN CASO QUE LAS TUVIERAN. AUNQUE SEA EN POCA CANTIDAD.

Filochofo / Guatemala

José Manuel Chacón: FILOCHOFO

¡ BIENVENIDO A GUATEmala RIUS !

¿ AQUÍ ES CHIAPAS ?

NO... CASI - LO MISMO: SIN SALUD, SIN EDUCACIÓN, SIN TIERRA... PERO CON "AVANCES"

① RIUS ESTARÁ HOY A LAS 10:00 HRS. EN EL IGLÚ-USAC A LAS 18:00 HRS EN EL MUSAC (FRENTE AL CONGRESO) 12/10/98

164

Luis Xavier

Naranjo

Hervi / Chile

Este no es el cártel mexicano, hombre. Este es el afiche "del" mexicano.

45
Economía para ignorantes

46
Lexikón Ekonomikón

SE VA A LLEVAR ESTE BONITO RASCADOR DE ESPALDA COREANO HECHO EN MÉXICO AL INCREÍBLE PRECIO DE CINCO PESOS...

ECONOMÍA
al alcance de todos

LEXIKÓN ECONOMIKÓN
(DICCIONARIO DE TÉRMINOS ECONÓMICOS)

grijalbo

Dos libritos de economía –de lo más difícil de explicar para que se entienda– se volvieron uno al cambiar de editorial: **Economía al alcance de todos**. Me da gusto saber que lo han usado como auxiliar en prepas y universidades, públicas y privadas.

EL PRIMER DINERO QUE USÓ EL HOMBRE TENÍA PATAS →

En los tiempos homéricos el ganado sirvió como PATRÓN DE VALOR, y la propia palabra "PECUNIARIO" viene del latín pecunia, que significa dinero; la cual a su vez procede de pecus = ganado. El ganado fue la primer forma de dinero que usó el hombre.

PUES SÍ: LA ECONOMÍA, QUE NO ES MÁS QUE LA RELACIÓN ENTRE LO QUE GANAMOS Y LO QUE GASTAMOS, DEBERÍA SER LO MÁS FÁCIL DE COMPRENDER, PORQUE ÉSA ES LA PREOCUPACIÓN (MATERIAL) PRINCIPAL DE LA VIDA: EL DINERO.

Por eso, comprendiendo la economía, comprenderemos la vida.

⟹ LA ECONOMÍA MIXTA MEXICANA ES UN CONCUBINATO ENTRE LOS EMPRESARIOS DEL PARTIDO OFICIAL Y LA INICIATIVA PRIVADA...

...que han hecho de MÉXICO SU PROPIEDAD PRIVADA..

¿O SEA, QUE EL REPARTO DE LA RIQUEZA HA SIDO MUY LIMITADO?

SÍ: SE HA LIMITADO A LA GRAN FAMILIA REVOLUCIONARIA..

(PERROS INCLUIDOS)

EL MANEJO DE LA RIQUEZA PETROLERA BASTA COMO EJEMPLO DE LO DICHO...

¡ASÍ HASTA YO ENTIENDO LA ECONOMÍA!

167

HALLO RIUS NICARAGUA

El Hermano Sandino

RIUS

Sach-Comic

PERO, EN FIN, MUERTA LA PERRA, SE ACABÓ LA RABIA...

PUES NO: EN NICARAGUA FALLÓ EL AFORISMO, PUES LA PERRA DEJÓ VARIOS PERRITOS (CHINOS DE PERRA, NATURALMENTE). Y FALLÓ TAMBIÉN LA DEMOCRACIA, PUES WASHINGTON DECIDIÓ QUE ESTE PAÍS FUERA MONARQUÍA HEREDITARIA...

...Y YO, DETENEDOR EMERGENTE...

NICARAGUA

...Y EN "ELECCIONES LIBRES", DE ESAS QUE MR. REAGAN QUISIERA QUE SIGUIERAN HABIENDO EN NICARAGUA, EL PUEBLO "ELIGIÓ" AL HIJO DEL VIEJO SOMOZA, UN TAL INGENIERO LUIS ANASTASIO SOMOZA COMO PRESIDENTE...

(AÑO DE 1957)

48 Compa Nicaragua

NICARAGUA POR FIN LIBRE

BY RIUS

además de mi trabajo voluntario en Nicaragua (folletos y demás para una Campaña de Salud), me sirvieron los 3 meses pasados en tan hermoso país para hacer dos libros. El de *Compa Nicaragua* se ha traducido a varios idiomas y tuvo, en su tiempo, muy buena aceptación.

los vectores

¿los qué..?

GUIA para leer y estudiar este folleto
1. Leer y contestar una por una las preguntas.
2. Observar y analizar los dibujos.
3. Ir comentando las respuestas en conjunto.
4. Leer luego los contenidos, revisando si nuestras respuestas fueron correctas.

CPS/minsa

1 ¿qué son los vectores? (ver portada)

2 ¿qué enfermedades conocés que puedan ser transmitidas por vectores?

escribe aquí 1/ 2/

los vectores son esos pequeños animales (insectos o roedores) que transmiten enfermedades al hombre...

¿éste es un vector?

qué arrecho: dije "pequeño"..!

digamos moscas, cucarachas, pulgas, mosquitos, piojos, chinches, ratas y otras babosadas!

a la gran..! ¿y cómo es que transmiten las enfermedades? ¿por radio?

no hombre; los vectores pueden transmitir enfermedades de 2 maneras:

ESTOS FOLLETOS SE IMPRIMIAN EN LAS PÁGINAS DEL PERIODICO PARA QUE LA GENTE LOS RECORTARA Y DOBLARA EN FORMA DE FOLLETO, POR EL MISMO PRECIO. → NOTESE EL LENGUAJE NICA UTILIZADO...

a) llevando los microbios AFUERA del cuerpo, en las alas o patas...

por ejemplo, las moscas o cucarachas, ¿verdad?

precisamente: esos insectos contaminan los alimentos, y por eso nos enfermamos!

de diarrea y disentería. (diarrea con sangre)

b) llevando los microbios DENTRO de su cuerpo, como por ejemplo el zancudo...

¡Jodido! Me agarrás bolo, ahora que no puedo matarte

(al picar a la persona, el zancudo le transmite el paludismo)

Hay otro zancudo que transmite otra enfermedad: la lepra de montaña, o leishmaniasis.

¿y las garrapatas?

también son vectores

las moscas pueden transmitir la fiebre tifoidea. Hay otras enfermedades transmisibles que no existen en Nicaragua. Lo que sí existen son los vectores, por eso debemos eliminarlos.

¿y a las pulgas y los piojos, también nos van a eliminar?

piojo

pulga

Además de los folletos para la Campaña de Salud, en Nicaragua los Sandinistas me editaron dos o tres libros, el de Economía entre ellos.

el tayacán

1

Durante 10 semanas vamos a publicar de a poco esta obra de RIUS

economía para ignorantes (en economía)

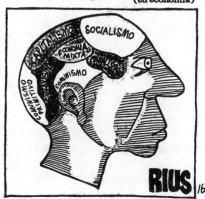

RIUS

169

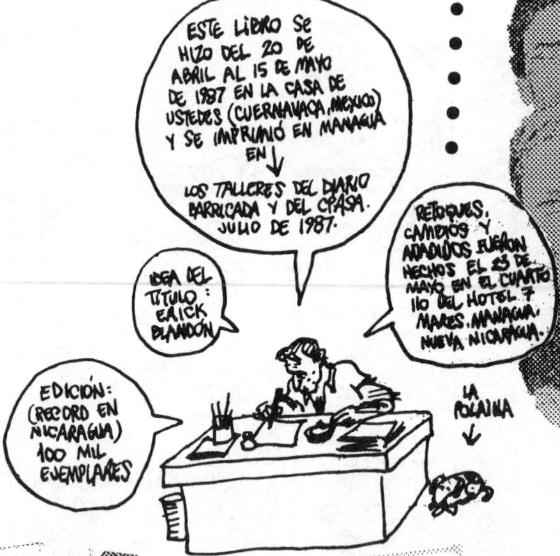
ESTE LIBRO SE HIZO DEL 20 DE ABRIL AL 15 DE MAYO DE 1987 EN LA CASA DE USTEDES (CUERNAVACA, MEXICO) Y SE IMPRIMIÓ EN MANAGUA EN
LOS TALLERES DEL DIARIO BARRICADA Y DEL CPASA. JULIO DE 1987.
RETOQUES, CAMBIOS Y AÑADIDOS FUERON HECHOS EL 23 DE MAYO EN EL CUARTO 110 DEL HOTEL 7 MARES. MANAGUA, NUEVA NICARAGUA.
IDEA DEL TITULO: ERICK BLANDÓN
EDICIÓN: (RECORD EN NICARAGUA) 100 MIL EJEMPLARES
LA POLAINA

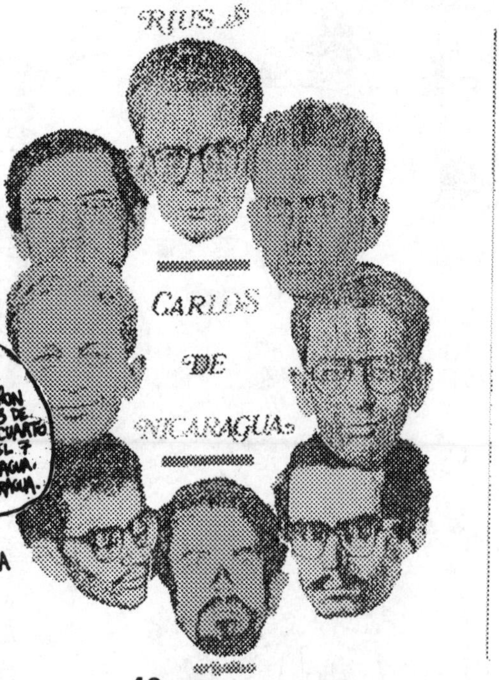
RIUS
CARLOS DE NICARAGUA

49 Carlos de Nicaragua

50 Los cómics naturistas

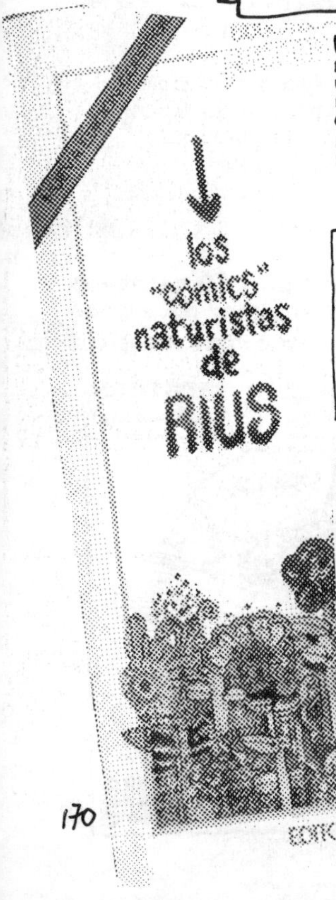
los "cómics" naturistas de RIUS
EDITORIAL POSADA

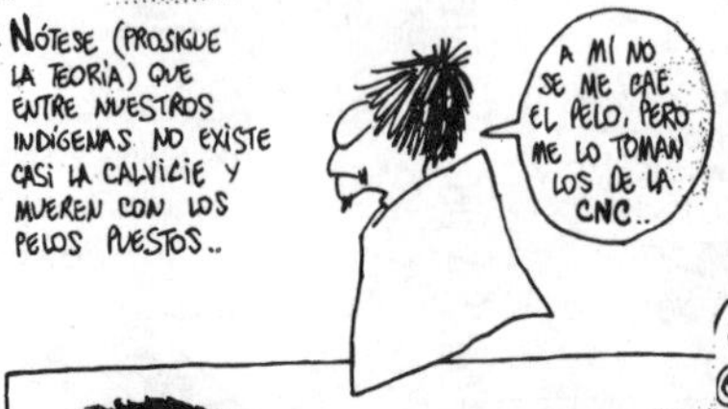
NÓTESE (PROSIGUE LA TEORÍA) QUE ENTRE NUESTROS INDÍGENAS NO EXISTE CASI LA CALVICIE Y MUEREN CON LOS PELOS PUESTOS..
A MÍ NO SE ME CAE EL PELO, PERO ME LO TOMAN LOS DE LA CNC..

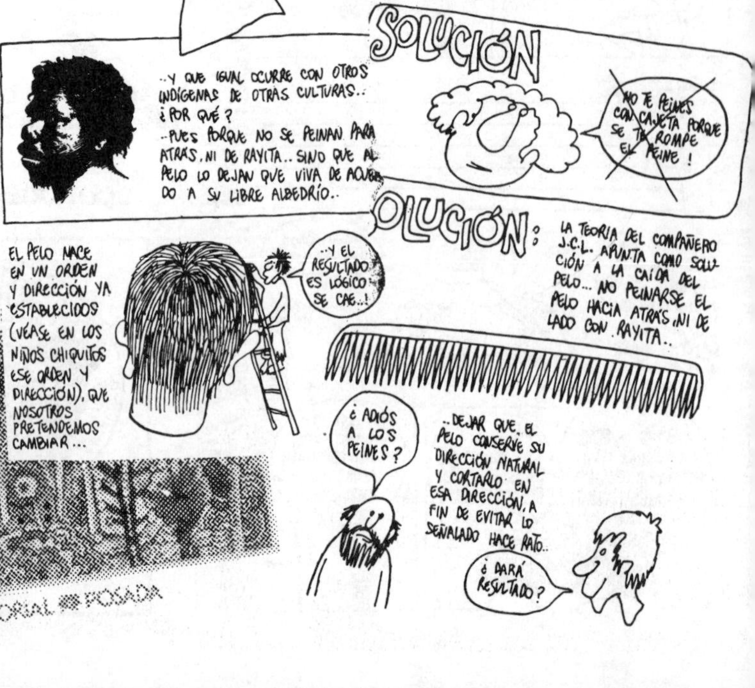
..Y QUE IGUAL OCURRE CON OTROS INDÍGENAS DE OTRAS CULTURAS.. ¿POR QUÉ?
..PUES PORQUE NO SE PEINAN PARA ATRÁS, NI DE RAYITA.. SINO QUE AL PELO LO DEJAN QUE VIVA DE ACUERDO A SU LIBRE ALBEDRÍO..
SOLUCIÓN
NO TE PEINES CON CAJETA PORQUE SE TE ROMPE EL PEINE!
EL PELO NACE EN UN ORDEN Y DIRECCIÓN YA ESTABLECIDOS (VÉASE EN LOS NIÑOS CHIQUITOS ESE ORDEN Y DIRECCIÓN), QUE NOSOTROS PRETENDEMOS CAMBIAR...
..Y EL RESULTADO ES LÓGICO: SE CAE..!
SOLUCIÓN:
LA TEORÍA DEL COMPAÑERO J.C.L. APUNTA COMO SOLUCIÓN A LA CAÍDA DEL PELO... NO PEINARSE EL PELO HACIA ATRÁS, NI DE LADO CON RAYITA..
¿ADIÓS A LOS PEINES?
..DEJAR QUE EL PELO CONSERVE SU DIRECCIÓN NATURAL Y CORTARLO EN ESA DIRECCIÓN, A FIN DE EVITAR LO SEÑALADO HACE RATO..
¿DARÁ RESULTADO?

R ius

UN SIGLO DE CARICATURA EN MÉXICO

(CREO QUE EL TÍTULO LO DICE TODO...)

51
Un siglo de caricatura en México

CON UNA IDEA

GUATEMALA: la mala cara de la caricatura..

53 Y 1954. LOS CARICATURISTAS ...AWOS PARTICIPARON ACTIVAMENTE, ...STADOS POR LA EMBAJADA DE LOS ...OS UNIDOS, EN LA CAMPAÑA DIFAMA-...CONTRA EL GOBIERNO REFORMISTA ...COBO ARBENZ DE GUATEMALA. ...A CARICATURA APLICADA LES ERA ...BIEN PAGADA POR LA EMBAJADA. EL ...SITO ERA QUE FUERA CONTRA GUATEMALA.

MANOS EXTRAÑAS

NUEVA ERA

LIBERTAD y PAZ

CONSUMATUM EST

171

RIUS

ESTE HOGAR ERA CATÓLICO

UN LIBRO QUE NUNCA SE HIZO. LO EMPECÉ A PLANEAR, CONTANDO CON LA AYUDA DE RAÚL MACÍN.. PERO UN DÍA ME DIJERON QUE SE HABÍA MUERTO, Y LO DEJÉ. AÑOS MÁS TARDE, ME ENCONTRÉ VIVO AL BUEN RAÚL -AFORTUNADAMENTE- Y EL LIBRO SIGUE PENDIENTE...

RAZON E HISTORIA DEL PROTESTANTISMO

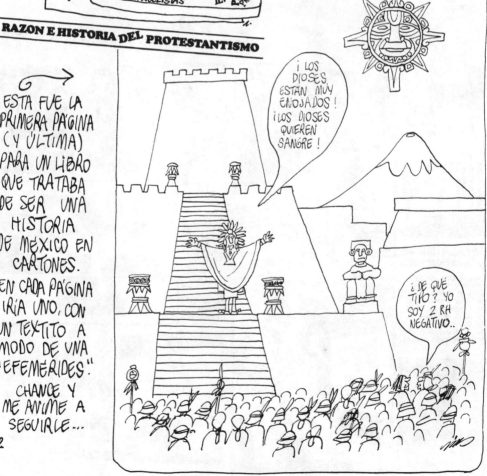

ESTA FUE LA PRIMERA PÁGINA (Y ÚLTIMA) PARA UN LIBRO QUE TRATABA DE SER UNA HISTORIA DE MÉXICO EN CARTONES.

EN CADA PÁGINA IRÍA UNO, CON UN TEXTITO A MODO DE UNA "EFEMÉRIDES".

CHANCE Y ME ANIME A SEGUIRLE...

¡LOS DIOSES ESTÁN MUY ENOJADOS! ¡LOS DIOSES QUIEREN SANGRE!

¿DE QUÉ TIPO? YO SOY 2 RH NEGATIVO..

172

COMO LÓGICO RESULTADO DE MI PASIÓN POR EL JAZZ, ACABÉ POR HACERLE UN LIBRO, MUY CRITICADO POR UN CRÍTICO DE JAZZ QUE LO JUZGÓ "INCOMPLETO." SEGURAMENTE QUE NO LEYÓ COMPLETO EL TÍTULO DEL LIBRO, COMO SE DA DERBEZ EN CUANDO ENTRE LOS CRÍTICOS...

52   Guía incompleta del Jazz

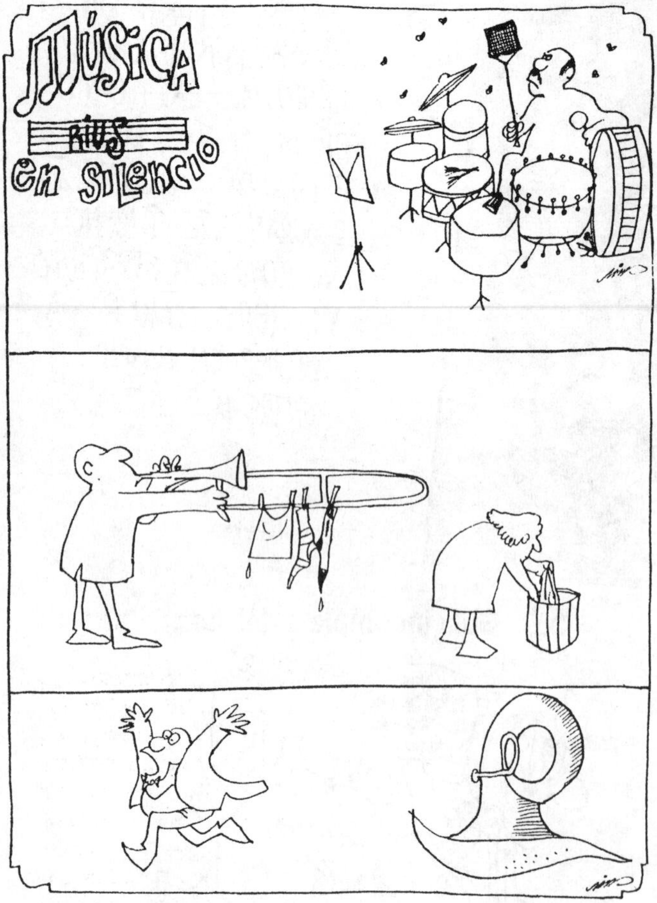
MÚSICA
RIUS
EN SILENCIO

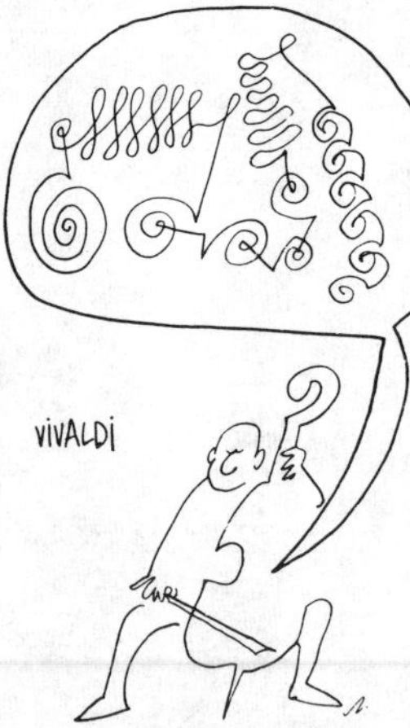
VIVALDI

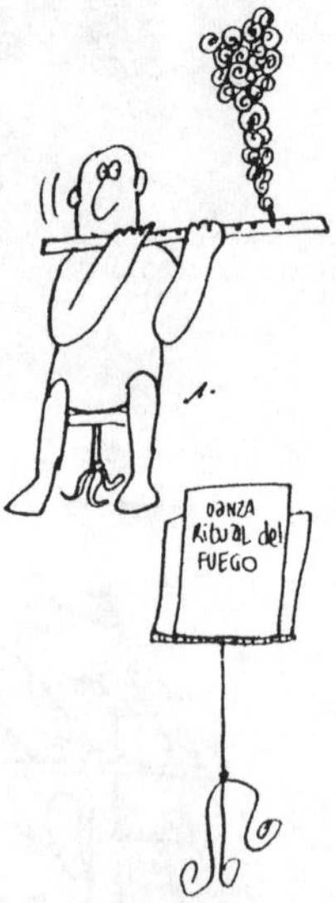
De Falla
DANZA Ritual del FUEGO

CONFIDENCIAS

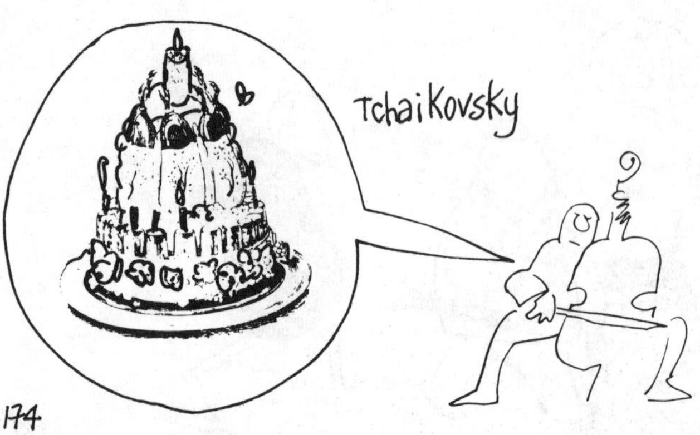
Tchaikovsky

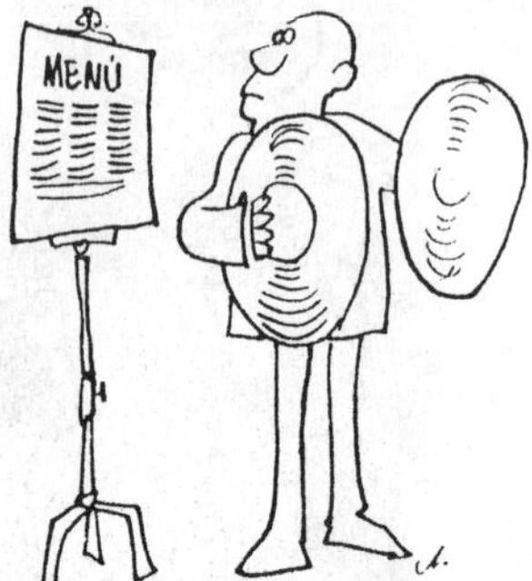
MENÚ

53 Santoral de la caricatura

SE LLAMA "PUNTO DE VISTA"...

EDUARDO DEL RIO (RIUS) NACIÓ EN ZAMORA, MICH. EN 1934. ESTUDIÓ PARA CURA, Y DESTRIPÓ. SE INICIÓ EN 1954 EN LA REVISTA Ja-Ja.
A PETICIÓN DE SU FAMILIA Y UNA SEÑORA LLAMADA FALSA MODESTIA, SE INCLUYEN SUS MONOS. PERDÓN.

este librajito no se volvió a editar. Fue la lista (con pelos y señales biográficos) de los que yo consideraba eran, en ese tiempo, los 100 mejores moneros de humor "blanco" del mundo. Por la modestia correlativa que me caracteriza, no me incluí entre los 100, sobre todo porque NO soy tan bueno como los 100 elegidos.

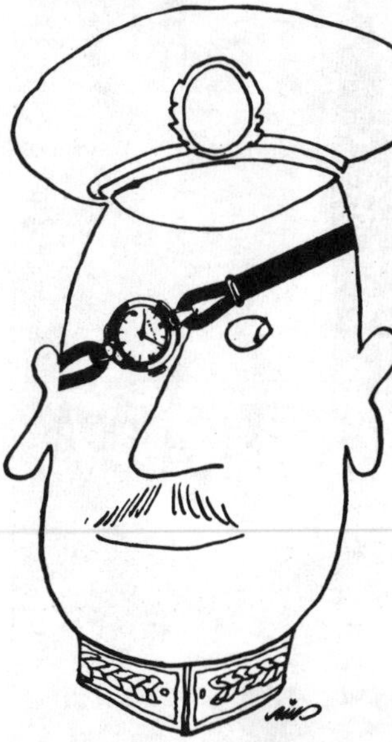

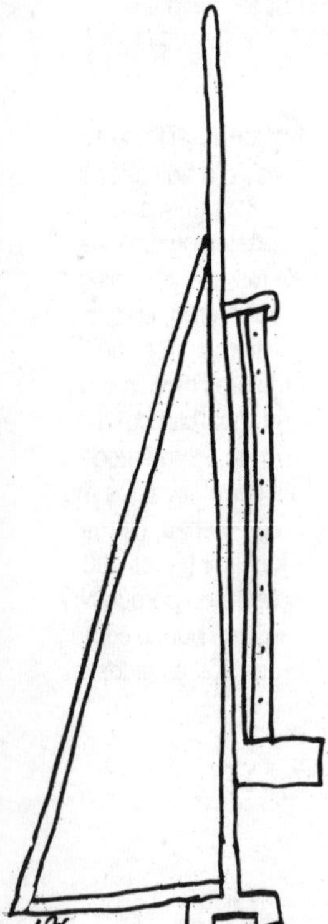

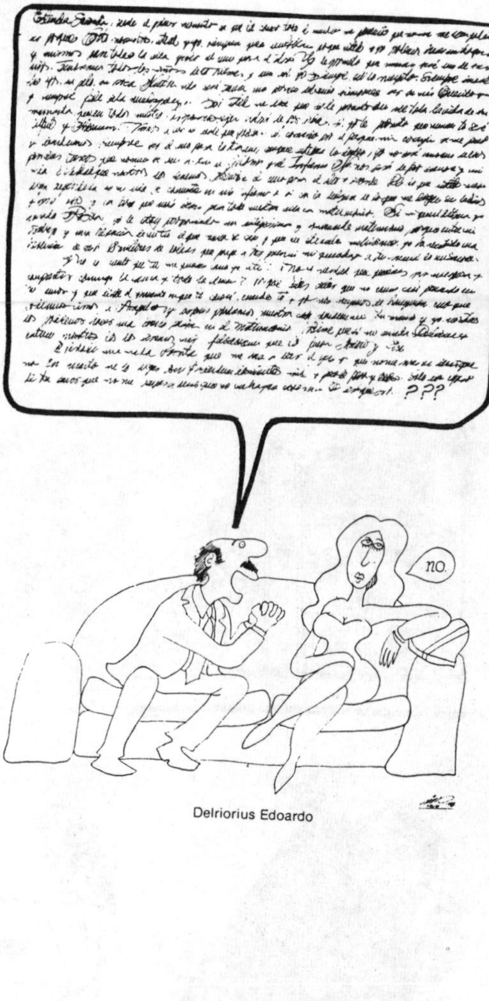
no.

Delriorius Edoardo

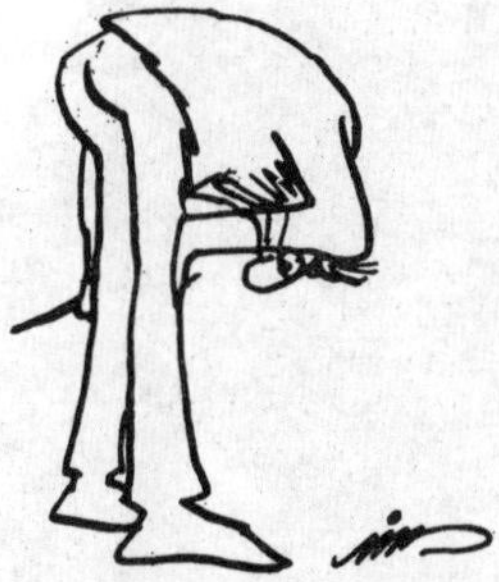

El universal →

PROYECTO PARA EL MONUMENTO A LA REVOLUCIÓN MEXICANA.

LA RECIENTE DESAPARICIÓN DEL SERVICIO DE <u>PULLMAN</u> EN CASI TODAS LAS LÍNEAS FERROCARRILERAS DEL PAÍS Y EL PÉSIMO SERVICIO QUE ESTÁN PRESTANDO LOS FNM, HACEN SOSPECHAR...

¿QUÉ TE HACE SOSPECHAR, CUATEZÓN?

¡QUE QUIEREN PRIVATIZAR LOS FERROCARRILES, MARCELINO!

823

NO AL TREN

LA TÁCTICA PARECE CLARA: VOLVER UN DESASTRE TODA PARAESTATAL PARA JUSTIFICAR SU PRIVATIZACIÓN (teléfonos, bancos, siderurgia...)

¿Y ORA DÓNDE VAMOS A ROBAR, LICENCIADO?

¡DIOS PROVEERÁ..! DONDE EL PARTIDO NOS DESTINE, COLEGA...

TRAS LOS SUPREMOS DEDAZOS EN GUANAJUATO Y SAN LUIS POTOSÍ, LA SIGUIENTE PARAESTATAL EN PELIGRO DE PRIVATIZACIÓN (POR OBSOLETA) SERÍA EL PRI... PERO..¿ALGÚN CIRCO NORTEAMERICANO SE INTERESARÍA POR TAN DECADENTE INSTITUCIÓN? SEPA...

DEL DIARIO "EL UNIVERSAL" ME LLAMARON TRES VECES A COLABORAR. DOS VECES ME CORRIERON, Y A LA TERCERA, ME SALÍ ANTES QUE ME SACARAN...

PUES MI DETERGENTE MATA HASTA LOS MICROBIOS...

POS EL MÍO MATA HASTA LOS PECES DEL RÍO, ¿QUIHUBO?

177

Ojos que no ven

Por Rius

TODOS
EN EL
PUSIMOS
NUESTRAS
MANOS...

← sobre la Cumbre de las Américas.

178

Vía ancha al progreso

Por Rius

ALGÚN GENIO DEL "PROGRESO" TUVO LA BRILLANTE IDEA DE CONSTRUIR UN FERROCARRIL ESCÉNICO QUE ATRAVIESE CON 17 TÚNELES LAS MONTAÑAS DE TEPOZTLÁN PARA UNIR MÉXICO CON CUAUTLA Y ANEXAS

LAS OBRAS YA SE INICIARON, PESE A QUE LA ZONA ES PARQUE NACIONAL, SANTUARIO ARQUEOLÓGICO Y PARTE DEL CORREDOR ECOLÓGICO RECIÉN CREADO (Y CUNA DE LOS MANANTIALES QUE PROVEEN DE AGUA A LA ZONA).

¡Y ASÍ DEBE SER! SI QUEREMOS MODERNIZAR AL PAÍS, NO DEBEMOS DEJAR QUE SE INTERPONGAN NI ÁRBOLES, NI PIRÁMIDES, NI TRADICIONES VIEJAS, NI TONTERÍAS RELIGIOSAS O ECOLÓGICAS. ADEMÁS, LOS INDIOS DE ESOS PUEBLOS SE BENEFICIARÁN VENDIENDO A LOS PASAJEROS Y TURISTAS TACOS DE NOPALES Y QUESADILLAS DE HONGOS... ¿QUÉ MÁS QUIEREN?

Resumen compendiado y epitomizado de la Historia de México, que hice para propaganda del PMT de Heberto. Luego se lo robaron y apareció (hecho por quién sabe quién) en playeras, y ya para el libro de los 500 años, lo retomé y mejoré hasta quedar como está.

Sirve al menos para decir que la conquista de México es interminable y todavía no se acaba...

54
La interminable conquista de México

HACE UN CHINGO DE AÑOS LOS INDIOS ÉRAMOS BIEN CHINGONES; PERO LLEGÓ UN CHINGAMADRAL DE CHINGAOS GACHUPINES, Y LOS MUY HIJOS DE LA CHINGADA, A PUROS CHINGADAZOS NOS CHINGARON TODITOS. ¿NO SON CHINGADERAS?

Y LO PIOR ES QUE NOS SIGUEN CHINGANDO LOS CHINGAOS PAISANOS!

¿QUE QUÉ PAIS LES VOY A LEGAR A MIS HIJOS..?

¡YO PIDO MANO! YO LES DEJARÍA SUIZA CON TODO Y BANCOS!

55
El otro Rius

1985

Colección del humor blanco que hice en 30 años. En este otro libro aparecen también muchos ejemplos de humor que han aparecido en distintas publicaciones. Estoy hablando de este libro, no del "otro". Si no quedó claro, lo siento, pero ya no intentaré volver a explicarlo.

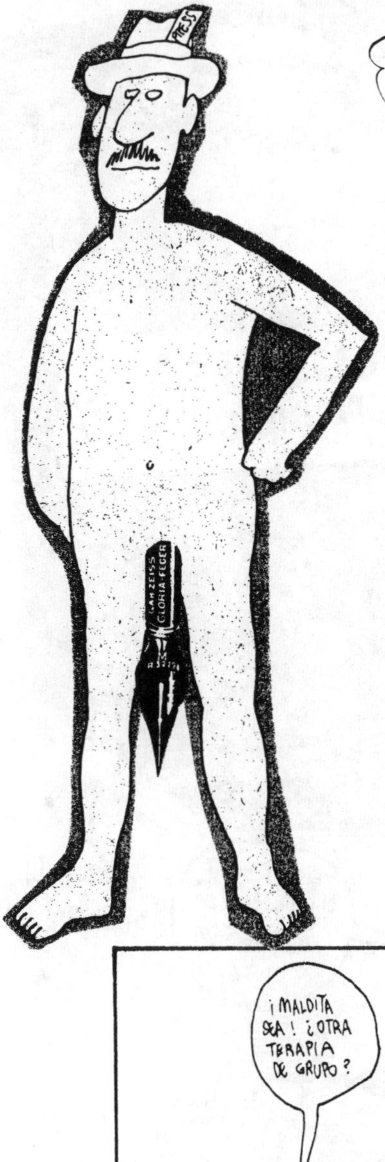
PRESS
GLORIA-FEGER

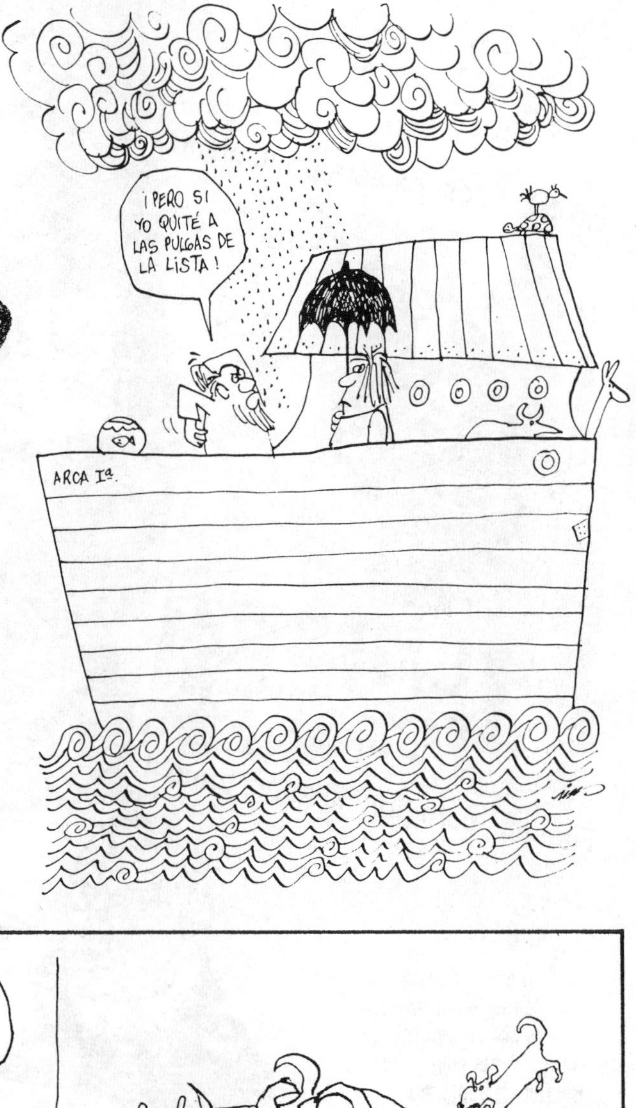
¡PERO SI YO QUITÉ A LAS PULGAS DE LA LISTA!
ARCA Iª.

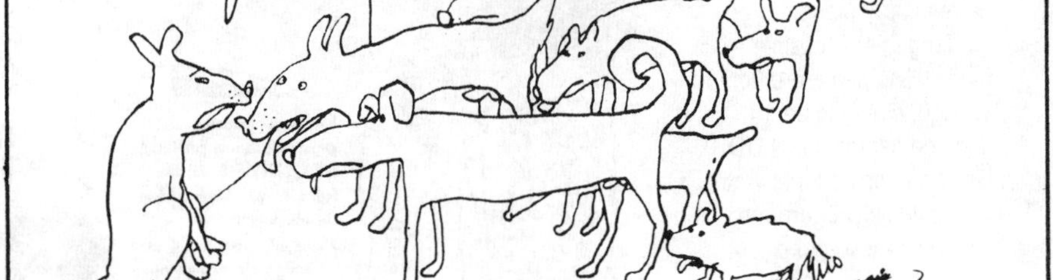
¡MALDITA SEA! ¿OTRA TERAPIA DE GRUPO?

56 57 Filosofía para principiantes

Filosofía para principiantes tomo II

Lo más difícil de tratar con humor es la filosofía. No sé por qué, quizá porque se trata sólo de <u>ideas</u>, <u>de pensamiento</u>, que resulta harto difícil de manejar... y de resumir y presentar en un "lenguaje" accesible a todos. Hice primero el tomo I y luego, con más de 10 años de diferencia, el DOS. Uno con una editorial y otro ya con Grijalbo, pero me costó un huevo del ojo...

"Entre Dios y el hombre no se necesitan intermediarios." lutero.

Nace el Protestantismo

Biblia en alemán, cuando sólo existía en latín.

LOS PAPAS SON LOS MAS RICOS DE EUROPA Y YO NO TENGO NI EN QUE CAERME MUERTO..

las protestas se generalizaron pidiendo REFORMAS en la Iglesia, que hizo oídos de mercader. Ante ello, Lutero y sus ya miles de seguidores en toda Europa, se separaron de Roma...

Y NACIÓ ASÍ EL PROTESTANTISMO.

John Calvino (1509 - 64)

182

Miguel Ángel

Cristina Mtz. del Campo

Arístide/ Cuba

Juan Ramírez

← OTRO CARTON DEL INACABADO LIBRO DE LABERINTOS.

* Jä-Já

184

El libro éste lo dediqué a Fidel Castro, cuando aún le tenía cierto respeto. De mucha utilidad para los que no entendían por qué estábamos vendidos (y seguimos) en cuerpo y alma a los gringos…

58 **La deuda y cómo NO pagarla**

185

Por cuestiones de espacio difíciles de explicar, aparece en esta página un dibujo utilizado por el Maestro Toledo como portada de un bloc de papel. No tiene pues nada que ver con Quetzalcoatl, de la misma manera con que el susodicho Quetzalcoatl NO tiene nada que ver con el PRI.

Gracias a su elaboración entendí todo el relajo de olmecas, toltecas y aztecas, que no acababa de entender.

Y como a muchos lectores les pasó lo mismo, el libro sigue reimprimiéndose afortunadamente.

el · diablo ·
que ·
prometió
dejar · el
mezcal.

59   Quetzalcoatl NO era del PRI

rius

QUETZALCOATL
NO ERA DEL PRI

grijalbo

186

LO QUE "OLVIDARON" LOS ESPAÑOLES EN SU AFAN DE CRISTIANIZAR A QUETZALCOATL (VOLVERLO CATÓLICO, MEJOR DICHO) ES QUE:

1 LA CRUZ YA EXISTÍA ANTES DE CRISTO

2 LUEGO, NO SE PUEDE CONSIDERAR A LA CRUZ COMO UNA EXCLUSIVA CRISTIANA

Y LA MÁS IMPORTANTE 3 PARA LOS INDÍGENAS, LA CRUZ ERA EL SÍMBOLO DE LOS 4 PUNTOS CARDINALES...

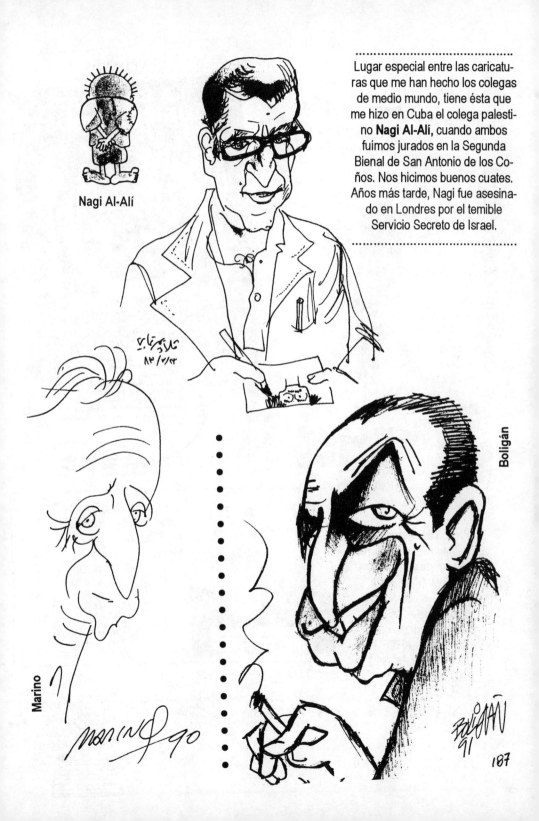

Nagi Al-Alí

Lugar especial entre las caricaturas que me han hecho los colegas de medio mundo, tiene ésta que me hizo en Cuba el colega palestino **Nagi Al-Alí,** cuando ambos fuímos jurados en la Segunda Bienal de San Antonio de los Coños. Nos hicimos buenos cuates. Años más tarde, Nagi fue asesinado en Londres por el temible Servicio Secreto de Israel.

Marino

Boligán

187

La droga que refresca 60 61
La basura que comemos

cola. fr. fig. y fam. Ser una cosa noto-
riamente incongruente con otra; no venir a cuento.

cola. f. **Bot.** Semilla de un árbol
ecuatorial, de la familia de las estercul-
iáceas, que por contener teína y teo-
bromina se utiliza en medicina como
excitante de las funciones digestivas y
nerviosas.

cola. fr., *queue;* it., *coda;* i., *tail;* a.,
Schwanz. = fr., *traîne;* it., *coda;* i., *train;*
Schleppe. (Del lat. *caudŭla,* dim. de
cauda cola.) f. Porción que en algunas
ropas talares se prolonga por la parte

Ambos dos libros están
dedicados a combatir la
globalizada y atroz forma
de comer (Y BEBER)
que han establecido las
trasnacionales de la
"alimentación sin nutri-
ción". A INFLARSE TO-
DOS POR EL MISMO
PRECIO...

• • • • • • • • • • • •

EL ÁCIDO FOSFÓRICO-QUE SE EMPLEA EN LA ELABORACIÓN DE TODOS LOS REFRESCOS, EN PARTE PORQUE TIENE LA ÚTIL CARACTERÍSTICA DE PROVOCAR LA SED, ES TAMBIÉN UN ALIADO DE LOS DENTISTAS...
(Y DE LOS MECÁNICOS: TIENE TANTO ÁCIDO LA COCA QUE LA USAN PARA AFLOJAR TORNILLOS Y TUERCAS.)

EL ÁCIDO FOSFÓRICO ACABA CON EL CALCIO DE LOS DIENTES.

TAMBIÉN SE USA PARA LIMPIAR LAS...

COMBINADO EL TAL ÁCIDO CON EL AZÚCAR-QUE CONTIENE OTRO ÁCIDO: EL LÁCTICO LA DESTRUCCIÓN DEL ESMALTE DE DIENTES Y MUELAS NO FALLA...

AZÚCAR Y CARIES VAN JUNTOS...

56

* del libro
LA BASURA
QUE COMEMOS.

AFORTUNADAMENTE PARA LOS PRESIONADOS GALLOS, YA ALGUIEN INVENTÓ LA FAMOSA INSEMINACIÓN ARTIFICIAL...

¡QUÉ DEGENERE! ¿...Y SIQUIERA MEJORARÁN LOS ORGASMOS?

LO DUDO: NO HAY COMO UN BUEN PISAYCORRE.

¡BASTA DE SENTIMENTALISMOS PROPIOS DE FREUD: EL NEGOCIO ES EL NEGOCIO!

¡SE ACABÓ LA BUENA VIDA PARA ESAS APROVECHADAS! AHORA SÍ VAN A TRABAJAR..

¡NOS VAN A PONER EN JAULAS DE CONCENTRACIÓN!

PRIVADAS DE SU GALLITO INGLÉS, LAS GALLINAS FUERON TODAS AMONTONADAS, ORA SÍ QUE PEOR QUE ANIMALES, EN BATERÍAS MECÁNICAS ELÉCTRICAS, DONDE NO VEN LA LUZ DEL SOL, NI EL CIELO AZUL, NI SIENTEN LA TIERRITA BAJO SUS PATAS (snif).

MALDITOS. NOS VAN A VOLVER MARIMACHOS O LESBIS..

¡QUÉ CACAREO SE TRAEN! EN CUANTO ESTÉN EN EDAD VAN A TENER SU CASA PROPIA, POLLITAS..

189

Едуардо Дел Рио (Мексико)
Eduardo Del Rio (Mexico)

La Vida de Cuadritos fue editada en Cuba por la editorial de los periodistas (si es que hay en Cuba), pero previamente le quitaron 8 páginas que consideraron no aptas de ser leídas en la Isla. También le cambiaron el título y me pagaron... en pesos cubanos. De regalías, nada, por tratarse de una práctica burguesa...

EN ESTOS 50 AÑOS HE TENIDO LA FORTUNA DE TRATAR Y CONOCER (O AL REVÉS) A MUCHÍSIMOS GRANDES MONEROS DE TODO EL MUNDO. A SABER:

JEAN EFFEL · BILL MAULDIN · SINÉ · OSKI · FONTANARROSA · KRILOV · JUAN ACEVEDO · QUINO · ZAPATA · HERVI · FITZPATRICK · RENAULT · PANCHO · STAINO · JIRI DANIEL · GHAGO · ZIRALDO · CRIST · FORTUNA · OLIE HARRINGTON · JAGUAR · TENCHO PINDAREV · HUGO DÍAZ · REP · KRETZCHMAR · BOFFINGER · MEZ CHUMY CHUMEZ · RAINER · EL PERICH · GILA · WOLINSKI ... HOFFMAN · LA HENNIGER · JUAN DAVID · MINGOTE · WRIGHT

EL ARTE IRRESPETUOSO

NAGI AL-ALI · RUFINO · UNGERER · CALARCA · ARES · KAL · VIRGILIO · ABILIO · OLIPHANT · LEVINE · LUIS GE · ROGER · ZINGERL · Y A DOCENAS DE GRINGOS Y JAPONESES ...191

En *La Jornada* he trabajado en dos ocasiones, siempre bajo la dirección –el periódico– de Carlos Payán. En la primera ocasión, elaboré diariamente una tira cómica titulada **Pares o nones**, supliendo a Pepe Palomo que dejó de hacer su fabuloso *Cuarto Reich*. En la segunda, pergeñé los lunes una parodia de periodiquito que se tituló *La Cornada*. No duré mucho tiempo en las dos ocasiones, porque el periódico tiene la mala costumbre de no pagar las colaboraciones, cuando se trata de gente que no es socio de la cooperativa. En dos ocasiones elaboramos con Carlos Monsiváis y El Fisgón las ediciones relajientas del 28 de diciembre (día de los Inocentes), y en otras más hice cosas especiales para el Suplemento Cultural, sin que se hayan preocupado por pagarme. Así son en *La Jornada*, pues…

ALGUNOS CARTONES DE LA JORNADA.

LA PAZ ANTE TODO ■ Rius

(Este numero de LA CORNADA está dedicado a los colegas que elaboraron EL TATARA-NIETO DEL AHUIZOTE, que deberia ser realmente el Libro de Historia de México.)

La SEP ha convocado a maestros, pedagogos, investigadores y demás, a participar en un CONCURSO para renovar los libros de texto gratuitos. Aunque nuestro insigne director el Lic.e Ing.y Dr.Rius Frius no es nada de eso, ha decidido presentar su proyecto al Concurso, chance y pega. El espacio que tenemos es tan reducido, que su proyecto está redactado TELEGRAFI-CAMENTE, pero el original seria con todas las de la ley de la convocatoria y hasta sin faltas de ortografia. Queda con ustedes pues...

MI LIBRO DE HISTORIA TELEGRAFICA DE MEXICO

La Conquista

CÓMO LOS ORIGINALES IRÍAN CON MUY BUENOS DIBUJOS, NO COMO ESTOS.

A SUS CATOLICAS MAGESTADES:
INFORMOOS CONQUISTA MOZA GARRIDA FOGOSA E BILINGUE NOMBRE MARINA stop ASIMISMO CONQUISTA DISTRITO FEDERAL E ALREDEDORES stop MANDEN ESPEJOS BOLITAS DE VIDRIO Y ESTAMPITAS VIRGEN GUADALUPE PARA FIN APRESURAR CONQUISTA stop VUESTRO FIDELISIMO :

Hernando Cortes e hijos de la Malinche

La evangelización

MUY CATOLICAS MAGESTADES :
GRACIA DE DIOS MARIA SANTISIMA SENOR SANTIAGO E SANTA PUNTA DE LA SANTA ESPADA ESTE PAIS VOLVIOSE CATOLICO stop AYUDA DIVINA PROVIDENCIA BAUTIZAMOS 989 MIL DIFUNTOS 41 VIVOS UNA SEMANA stop MANDEN AGUA BENDITA E LATIGOS PODER CONVENCER MAS FACILIDAD NATIVOS BONDADES DEL CRISTIANISMO stop ENVIAMOS BENDICIONES E ORACIONES

Fray Totol de Talavera

La economía de la Colonia

AUGUSTO REY SU MAJESTAD :
AVISOOS EMBELESADO FUNDACION 729 CANTINAS 89 PANADERIAS 69 HOTELES DE PASO QUE ACA LLAMAN 137 RESTAURANTES O TASCAS 55 BODEGAS ABASTOS 13 ALHONDIGAS 75 MANCEBIAS stop TODO GLORIA E BONANZA SU MAJESTAD Y DIOS N.S. stop MANDEN MAS BUEYES E VACAS QUE ESTAMOS EN MINORIA stop MINERIA BOYANTE PERO INDIOS POCO AGUANTADORES stop DECIDIMOS SI S.M. APRUEBANLO IMPORTAR NEGROS PUES PAISANOS NIEGANSE TRABAJAR stop OS SALUDA E BESA VUESA MANO REGIA :

Virrey Iturrigaraicoechea

La Independencia

A QUIEN CORRESPONDA EN AUSENCIA REAL :
LAMENTO INFORMAR CURAS TEOLOGIA LIBERACION ALZARON PLEBE A GRITOS DE DOLORES stop CONSPIRACION INICIOSE ESQUINA ALLENDE E HIDALGO ABARCANDO YA CALLES ALDAMA MORELOS RAYON GALEANA CORREGIDORA BRAVO Y MATAMOROS stop MANDEN REFUERZOS Y EXCOMUNIONES stop SOLICITO AUTORICE OFRECER CORONA GUAPISIMO YTURBIDE CAMBIO CHAQUETAZO

Coronel Calleja. Guanajuato

Santa Anna

GENERAL POLK /WASHINGTON
RECHAZO PRECIO TAN BAJO TERRITORIO TEXAS stop PODEMOS LLEGAR MEJOR COTIZACION TERRITORIOS ARIZONA NUEVO MEXICO CALIFORNIA stop ARIZONA INCLUSO COTIZAMOS MAS BAJO CAUSA DESIERTO stop LAS VEGAS NO VENDO MEJOR LO APOSTAMOS stop LA MESILLA VA DE PILON stop AVISE CONFORMIDAD PRECIO PROPUESTO O ENTRAMOS COCOLAZOS stop AVISEN SI FIRMARIAN TLC

GRALISIMO. López de Santa Anna

194

La Invasión estadunidense

MR. GENERAL SANTA ANNA / THE PINOS :
SALIR YA RUMBO MECSICO ENVIOS COCA-COLAS GENERAL MOTORS GILLETTE HOT DOGS MACPATOS BURGERS FIRESTONE COLGATE DEL MONTE McCORMICK CAMEL & PECSI stop SALIR TOO SEVEN UP MARLBORO FORD MOTOR SCOTCH LUCKY STRIKE MGM FERGUSON FLORSHEIM ARROW CHRYSLER stop MORE PRODUCTOS FUTUROS PROXIMOU stop SI NO TENER MONEY NOSOTRROS ACEPTA PETROLEOS NO PROBLEM stop BYE BYE stop

Mr.Monroe Westinghouse/ Wall Street

Leyes de Reforma

SU PIISIMA SANTIDAD:
OS INFORMO QUE LA REFORMA NO ES UN PASEO stop TODO LO CONTRARIO ES UN SUBIDA CALVARIO stop DIABOLICOS GOBERNANTES DESPOJAN IGLESIA BIENES GANADOS SUDOR NUESTROS INDIOS stop MANDEN EXCOMUNIONES Y DE SER POS[I]BLE COMANDO SANTA INQUISICION stop del otro stop.

Mons. Guizar y Prigioni

La Intervención francesa.

SU ALTEZA DON NAPO-LEON TERCERO/Pagis, France
PRIMERA BATALLA GUERRA PASTELES PERDIDA CAUSA DISENTERIA TROPA POR EXCESO MOLE POBLANO stop ZACAPOAXTLAS ATACAN A CANOTE CALADO SIN CONSIDERACIONES stop MANDEN REFUERZOS CHANEL # 5 CONDONES Y VIUDAS CLICQUOT stop AU REVOIR MON CHERI

Mariscal Bazaine   Calz. Zaragoza s/n.

Benito Juare[z]

SR. CONSTANTINO ESCALANTE/Depto. de dibujo/LA ORQUESTA :
INFORMOLE ESTE CONDUCTO QUE DEBIDO SUS IRRESPETUOSAS CARICATURAS PRESIDENTE JUAREZ PERDIO USTED PREMIO NACIONAL PERIODISMO stop IGU[AL] INFORMOLE NUNCA RECIBIRA CHAYOTE NI PUESTO REAL AVIACION MEXICANA STOP

Marino Suncunegui/Comunicación Social Presidencia

La revolución maderist[a]

SR. FRANCISCO VILLA
RUEGOLE ESPERE INICIAR REVOLUCION PRECISAMENTE DIA 20 NOVIEMBRE NO ANTES stop RAZON ES PORFIRTIODIAZ OCUPADO CELEBRANDO ANIVERSARIO PARTIDO REELECCIONISTA INSTITUCIONAL stop EVITE PINO SUAREZ LLENA DE AMBULANTAJE stop AMENTO. INFORMARLE AQUILES SERDAN NO RECIBIO A TIEM[PO] MI TELEGRAMA PESIMO SERVICIO TELEGRAFOS stop SUFRAGIO EFECTIVO PARA ALMAS VOTANTES stop NO REELECCION NI CTM stop

Francisco I. MADERO/Calle Zapata/Parras, Coah.

La Devolución salinist[a]

(ESTE CAPITULO LO ELABORAREMOS HASTA SABER QUIENES DE LOS CUATES QUEDARON EN EL JURADO. EN CASO DE QUE CORRIPIO QUEDARA EN EL JURADO LOS TEXTOS ANTERIORES SERIAN LIGERAMENTE MODIFICADOS EN ARAS DEL ARTICULO TERCERO REFORMADO (NO AL ESTILO JUAREZ), LO MISMO EN CASO QUE PANISTAS IDEM. stop)/ Los anónimos autores. Siguen firmas y dem[ás]

■ **Nuestro director se auto-renuncia**

Incruento auto-golpe de estado en este diario

■ Una versión habla de retiro obligado por las circunstancias ■ Su secretaria bilingüe dice que ya estaba tirando aceite ■ "Que lo vieron asilándose en un asilo en vez de una embajada

Tps, Ans, Fle, Dpa, Xyz PPPAAS y Reuter)

Balderas 68. □ Este semanario se cimbró todo ante el golpe de estado comatoso que se propinó en plena mollera su rector, director, elevadorista y fundador el Doctor Rius Frius, al enterarse que estaba ya por cumplir 60 años de edad madura y 40 de intentar hacer monitos.

Agobiado por esa noticia, tomó uno de los martillos sobrantes de la perestroika y se auto-atestó un auto-golpe en lo alto de la crisma. Estaba a punto de tomar la hoz que acompaña al martillo con el fin de rebanarse la membrecía, cuando enfrió su musa calixta y logró evitarlo. ■ 666

Parte médico del golpe acomodado:

El pacienta presenta lesiones mentales y serio hematoma arriba de la cara, sa decir donde lla no se haya mucho pelo. También muestra debilidad para la vista, resultando de lentes graduados o al menos con hectificador de prapu. La enfermera captó alerta imposibilidad de impotencia en sus partes nobles y acutimen...

Última foto de nuestro ex-señor director

De riguroso incógnito para evitar que le solicitaran un autógrafo el Dr. Rius Frius cruza la arbolada calle de Artículo 123, acompañado del perro Braile, con rumbo desconocido. Más información en págs. exteriores ■

■ Desde un lugar de la mancha urbana, declara:

"Desleal competencia del gobierno en materia de humor"

■ Imposible competir con las declaraciones de los funcionarios ■ "Me retiro a escribir mis memorias antes que se me olviden"

La Gloria Inexcelsis □ Tepoztlán, Cerro del Chalchi.

EN EXCLUSIVAS DECLARACIONES, EL RETIRADO DOCTOR EN PULQUES DIJO A ESTA CORRESPONSAL:

"ME RINDO ANTE LA EVIDENCIA. NO PUEDO COMPETIR CONTRA EL GOBIERNO, QUE CADA VEZ NOS HACE REIR MÁS A LOS MEXICANOS. JAMÁS SE ME HUBIERA OCURRIDO DECIR —COMO BARBERENA— QUE NO EXISTE EL DEDAZO NI LOS TAPADOS." Y AÑADIÓ: "SÓLO A DON BORREGO PUDO OCURRÍRSELE EL CHISTE DE QUE LOS QUE MANDAN EN EL PRI SON LOS CAMPESINOS Y LOS OBREROS. ¿Y QUÉ HACER SINO REIRNOS A TODO VOLUMEN CUANDO CSG DICE QUE EL PRI YA NO ES PARTE DEL GOBIERNO? IMPOSIBLE INVENTAR MEJORES HUMORADAS. LOS MONEROS ESTAMOS EN FRANCA DESVENTAJA ANTE EL GOBIERNO, Y YO PROTESTO..." ■ 69

■ No se sabe si Rius le pegó a Frius o si Frius enfrió a Rius de una hostia

→ EL CASO ES QUE CON ESTE NÚMERO RIUS FRIUS SE DESPIDE DEL PERIODISMO ANTES DE QUE EL PERIODISMO LO RETIRE DE LA CIRCULACIÓN. GRACIAS POR TODO.

← MOMENTO DEL AUTOGOLPE

Sensacional secuencia del autogolpe

YA ME SUENA A HUECO

■ Declara un testigo ocular:

"Seguro le fallan los oclayos: estaba platicando con un San Bernardo y en alemán"
■ 666

■ Clinton, Prigione, los 2 Fideles, Borrego Estrada, Patrocinio, los Tapados y otros, lamentan la muerte de La Cornada.

■ La Cornada asegura a sus lectores que Clinton, Prigione, los 2 Fideles, Borrego Estrada, Patrocinio, los Tapados y otros, seguirán haciéndonos reir, aunque a veces sea de coraje.

□ El autor se lamenta de que las condiciones climatológicas de su organismo organismo lo obligan a dejar ésta chamba, y lo hayan obligado a la elaboración de este número tan tributario a su ego. Perdón por hacerle al cuevas. (No volverá a ocurrir.)

Despedida no les doy...

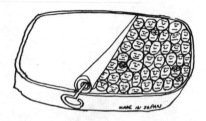

HE VIAJADO POR MEDIO MUNDO. Y CASI SIEMPRE GRATIS. FUI 3 VECES A JAPÓN. LA ÚLTIMA, INVITADO POR LA JAPAN FOUNDATION, UN MES.

A RESULTAS DEL VIAJE ELABORÉ UN LIBRO CON LAS IMPRESIONES DEL VIAJE, QUE, OFICIALMENTE NO LES GUSTÓ, Y EXTRAOFICIALMENTE, LES ENCANTÓ...

TRATAMOS DE EDITARLO EN JAPÓN, PERO LOS EDITORES SE RAJARON A LA MERA HORA, NO SÉ POR QUÉ...

EN MÉXICO NO HA VUELTO A SER REEDITADO.. ¡RECONTRA!

SI NO ME FIJARA EN TI, NI PATADAS VOLADORAS TE DARÍA..

SI, MI VIDA..

LIUS SAN →

¿No han cambrado las cosas para las mujeres..?

Sí abuelita: ahora trabajamos más...

196

Libro rehecho en 1990, a partir de viejas historietas, pero actualizado en sumo grado y cuando ya el autor le había entrado a la marihuana. Recomiendan su lectura en varias universidades, de lo que yo, francamente, no me hago responsable...

AUNQUE EN EL SOCIALISMO SE HA CREADO UNA **NUEVA CLASE** FORMADA POR FUNCIONARIOS BURÓCRATA-MILITARES QUE DISFRUTAN DE ALGUNOS PRIVILEGIOS, LA CORRUPCIÓN EN EL SOCIALISMO ES MÍNIMA, E INCOMPARABLE CON LA QUE SE GENERA EN EL CAPITALISMO.

la perestroika

según RIUS

66   La Perestroika según Rius

grijalbo

Cuando terminé de elaborar este libro, la URSS estaba ya en pleno derrumbe. Quise hacer una segunda parte, pero a punto de salir para la URSS me encontré que ya no existía ese país.

Es pues, un libro incompleto, pero bastante ilustrativo de por qué se cayó el Muro apachurrando a varios miles de viejos comunistas que todavía se creían los Informes del Politburó del PCUS...

¿ENTONCES EL SOCIALISMO NO ES UNA SOCIEDAD SIN CLASES?

¿POR QUÉ HAY PRIVILEGIADOS Y GENTE QUE VIVE MEJOR QUE OTRA?

PeResTRoSKiSMoS

* en la revista "RINO"

199

Los Reyes Magos

(según RIUS)

"...Y HE AQUÍ QUE UNOS MAGOS VINIERON DEL ORIENTE A JERU-SALEM, DICIENDO: ¿DÓNDE ESTÁ EL REY DE LOS JUDÍOS QUE HA NACIDO? PORQUE SU ESTRELLA HEMOS VISTO EN EL ORIENTE Y VENIMOS A ADORARLE..."

San Mateo Cap. 2 vers. 1-2

YO, POR LAS DUDAS, LO TRAIGO C.O.D.

(Y hablando de otras estupideces no bíblicas)

ESTUPIDEZ HUMANA

rius

a muchos les sorprendió que un diccionario de la estupidez fuera tan delgadito. En realidad, el tema da para hacer una enciclopedia de 19 tomos, pero nadie la compraría, más que para completar los metros de librero sin llenar. (Y eso si el color de los libros hacía juego con la sala.)

SIMONÍA / práctica condenada por la Iglesia, consistente en la venta de reliquias u objetos sagrados con fines comerciales. Precisamente por practicar alegremente la simonía dentro de la Iglesia, fue que Lutero se rebeló contra Roma y fundó el protestantismo. Pero la Iglesia no escarmienta y sigue practicando alegremente la condenada simonía.

YO ESTOY ESPERANDO UNA BARATA DE INDULGENCIAS...

¡Y NADA!

CALVARIO / aunque el nombre correcto del cerrito donde crucificaron a Jesús era el GÓLGOTA nadie dice ahora ¡Qué Gólgota para llegar a tiempo hasta acá! Así es la vida: un Calvario. snif.

CREO QUE LA REGAMOS.. ¿PA QUÉ DIABLOS LE SIRVEN ESTOS REGALOS A UN RECIÉN NACIDO..?

INCIENSO

CHIN: EL PRÓXIMO VIERNES ES VIERNES TRECE...

201

LA PRIMERA OVEJA NEGRA DE LOS DEL RÍO

Esto que les voy a contar merecería ser material para una novela policiaca del bigotón Paco Ignacio Taibo II. Un tío mío, hermano de mi mamá, por lo cual se llamaba NICOLÁS GARCÍA DEL RÍO, salió de Zamora, Michoacán, con toda la familia allá por el año 1915. Huían en parte de la Bola, y en parte iban en busca del sueño americano, para trabajar en las huertas de California recogiendo manzanas y naranjas. Fueron de los primeros indocumentados, pero con pasaporte y toda la cosa.

Nicolás debe haber tenido unos 20 años y pronto se cansó de las pizcas y se aventuró al norte de los USA. En 1917 se tuvieron noticias del tío por unas fotos que mandó desde Philadelphia...

Fue lo último que se supo de él. Mi mamá y toda la familia lo dieron por muerto, al no tener ya más noticias suyas. Es más, mi mamá murió sin saber del trágico fin del tío Nicolás. Muchos años después, en los 80's, un viejo amigo de la familia, el Ing. Efraín Buenrostro (a quien mi papá le había dado trabajo en Zamora, en su tienda), le comunicó a mi hermano mayor que había encontrado en Chicago (no sé cómo, así que ni me pregunten), datos de Nicolás.

Lo que don Efraín descubrió fue que el tío había muerto <u>en la silla eléctrica</u>, por andar "trabajando" como auxiliar de alguno de los famosos gángsters de aquella época. Mi hermano, ya fallecido, me dijo muy confidencialmente que había sido electrocutado en la prisión de Joliet, Illinois. Y que por ningún motivo se lo hiciera saber a la Jefa.

Joliet Prisons

- Photos
- Map
- Stateville
- Joliet Prison
- Executed
- Electric Chair
- Escapes

Hace dos años, invitado a participar en una Feria del Libro en Chicago, me di tiempo para ir al Chicago History Institute (o algo así) a ver si hallaba algo. Casi todo el día me lo pasé hurgando archivos y revisando viejos periódicos, en vano.

Habiendo conocido al Cónsul mexicano, le pedí me ayudara a investigarlo, cosa prometida, pero nunca cumplida.

Y sigo con la duda. He entrado en

- veinte mil páginas de la Joliet, que ya no existe como tal, en oficinas donde se guardan los datos, en empresas particulares que consiguen información de muertos y desaparecidos... y nada.

- Contacté en Internet a un investigador e historiador yanqui, que se ofreció a ayudarme... si le daba la fecha de su muerte. El problema es que, tanto don Efraín como mi hermano Antonio, ya murieron. Mi hermano no dejó entre sus papeleríos nada que sirviera para confirmar lo contado por don Efraín, así que...

- Pero bueno: al menos ya tengo la certeza de que yo no soy la primera oveja negra de la familia. Hemos tenido obispos y hasta un arzobispo en la familia Del Río, así que ya se está emparejando la cosa. Don Lázaro Cárdenas del Río, Nicolás García del Río... y Eduardo del Río García. ¡Vamos por el empate!

Your name:

EDUARDO DEL RIO

ICHI or negative number, if given (please include prefix)

Q /198 7. 129

Folder h *No hay duda que el tío Nicolás tenía su sentido del humor. En el reverso de la foto le escribió a su hermana Nieves con un chistorete al final: "en unión de Esperanza, Fe y Caridad". Esperanza era su prima, pero a Fe y Caridad las inventó de su cosecha.*

Image description

The Rogues Gallery, Joliet Prison Coll.

Was this photograph:

203

68

500 años fregados pero cristianos

(ALGO DE LO HECHO PARA RECORDAR DIGNAMENTE, LOS 500 AÑOS, APARTE DEL LIBRO, FUERON ESTOS MONOS:)

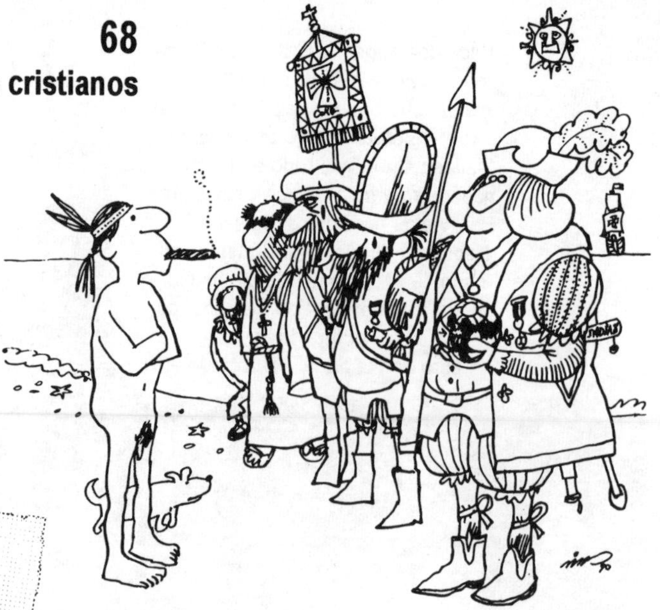

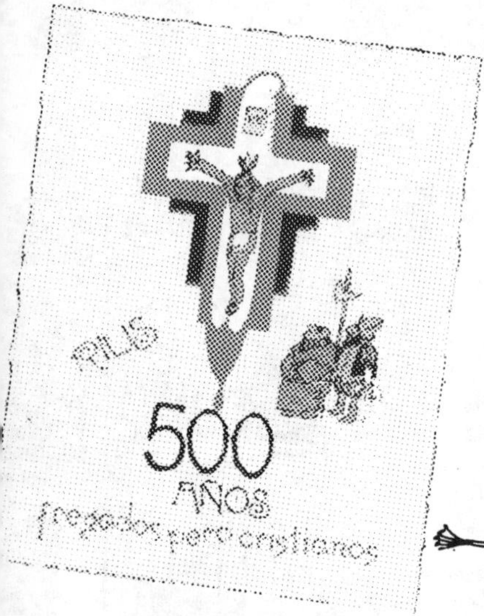
RIUS
500
AÑOS
fregados pero cristianos

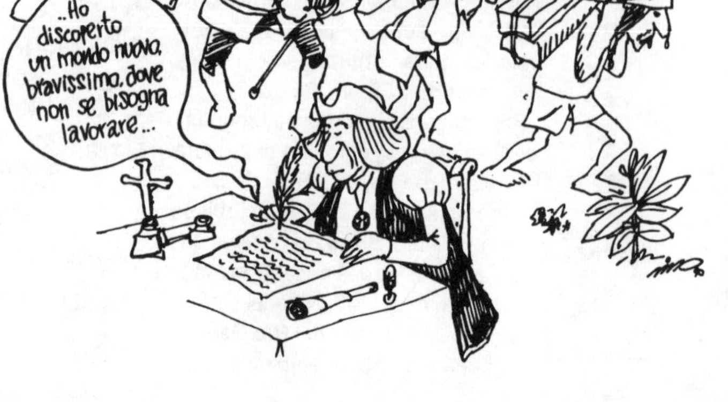
..Ho discoperto un mondo nuovo, bravissimo, dove non se bisogna lavorare...

Este estupendo (?) libro se publicó en 1992 para "celebrar" los 500 años de haber sido descubiertos y conquistados por la Madre Patria que los parió... Originalmente se titulaba "jodidos pero cristianos", pero en la editorial se persignaron y prefirieron una palabra menos popular.

Lo siento como uno de mis mejores trabajos, quizá porque le puse mucho cariño y bastante chile...

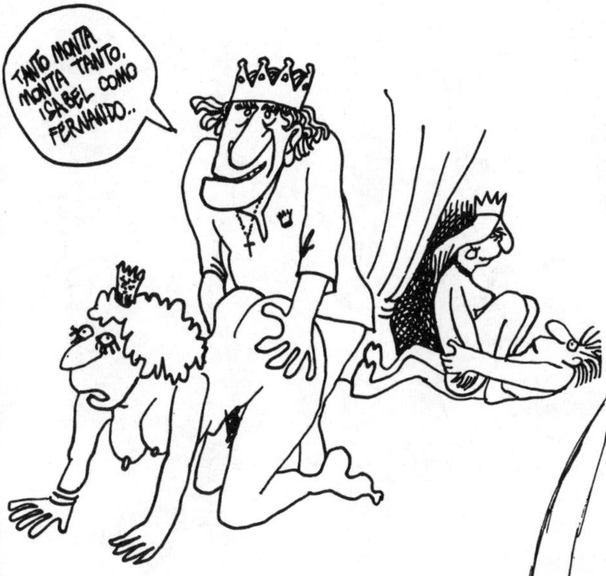
TANTO MONTA MONTA TANTO, ISABEL COMO FERNANDO..

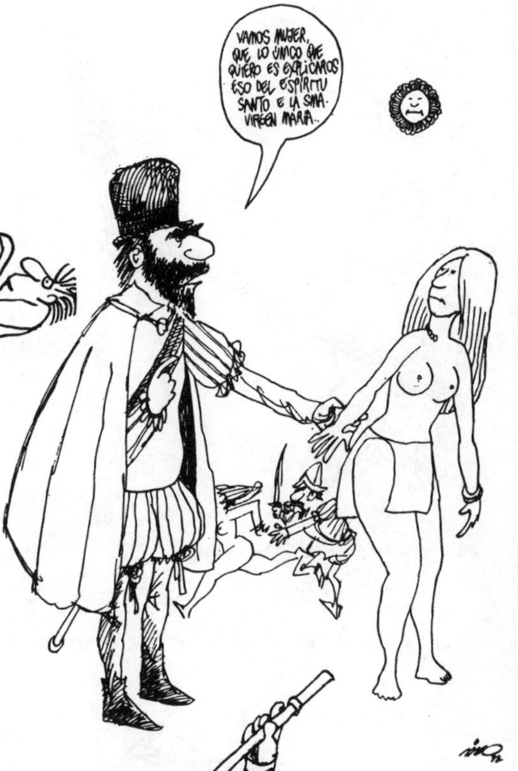
VAMOS MUJER, QUE LO ÚNICO QUE QUIERO ES EXPLICAROS ESO DEL ESPÍRITU SANTO E LA SMA. VIRGEN MARÍA..

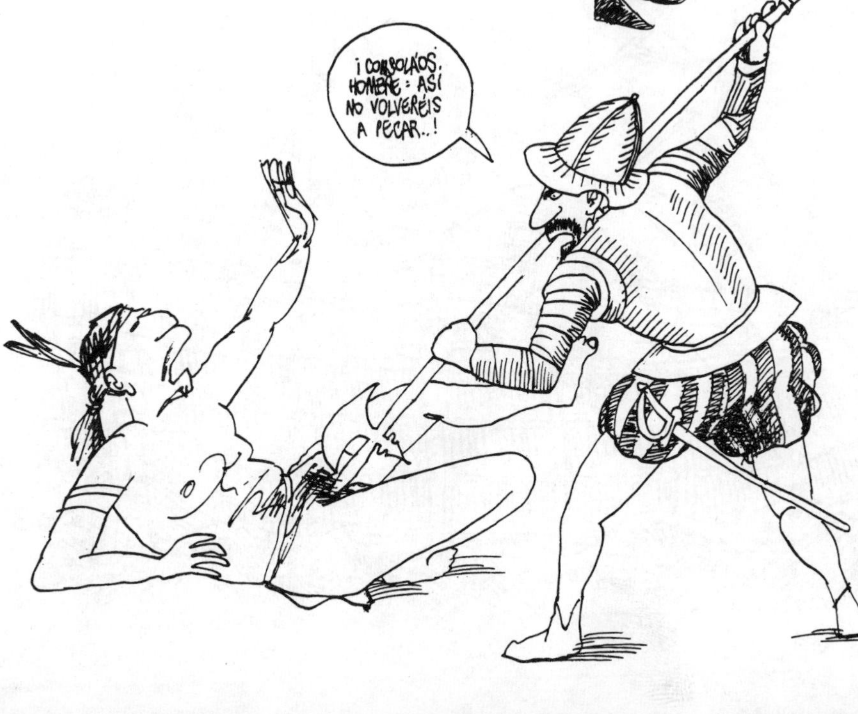
¡CONSOLÁOS, HOMBRE: ASÍ NO VOLVERÉIS A PECAR..!

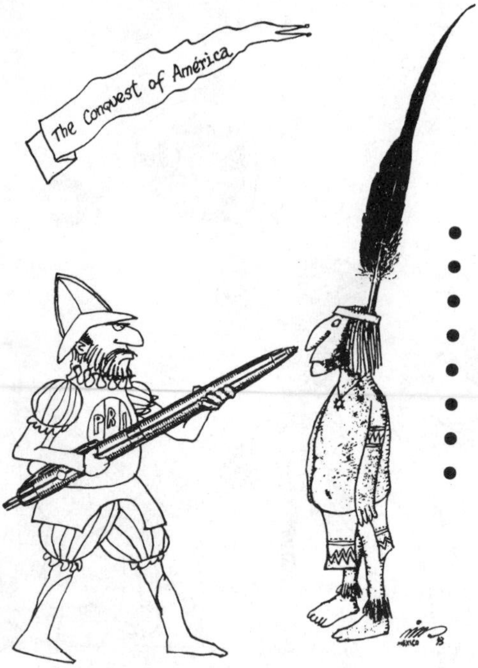
The Conquest of América
PRI

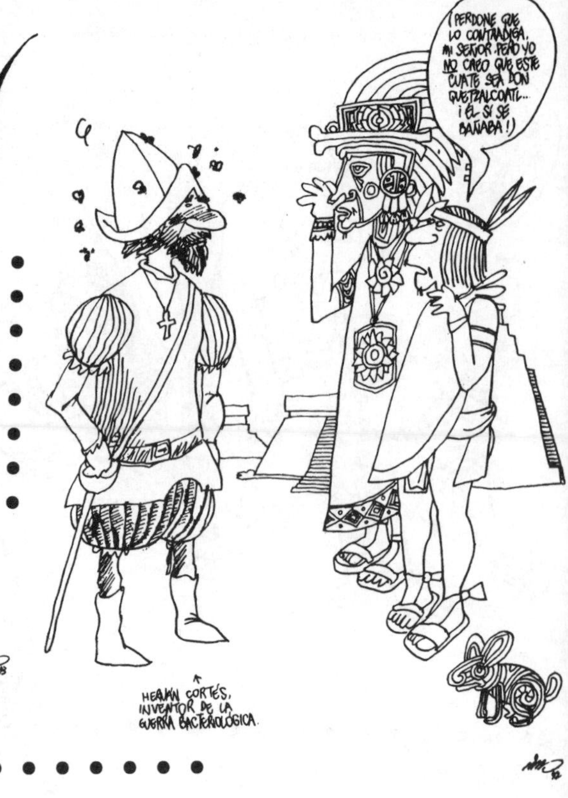
¡PERDONE QUE LO CONTRADIGA, MI SEÑOR. PERO YO NO CREO QUE ESTE CUATE SEA DON QUETZALCOATL... ¡ÉL SÍ SE BAÑABA!)
HERNÁN CORTÉS, INVENTOR DE LA GUERRA BACTERIOLÓGICA.

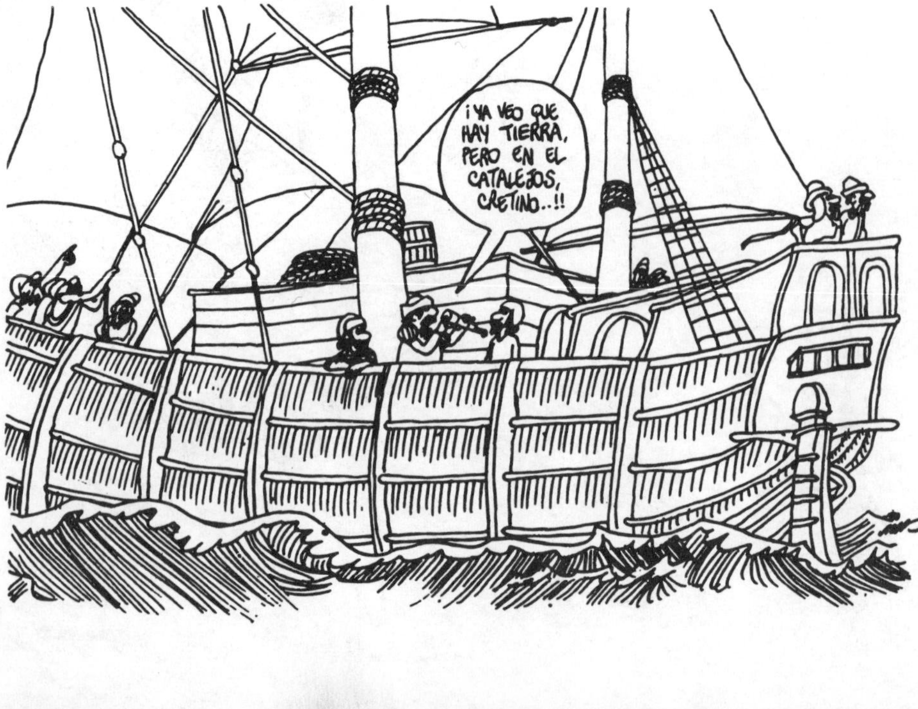
¡YA VEO QUE HAY TIERRA, PERO EN EL CATALEJOS, CRETINO..!!

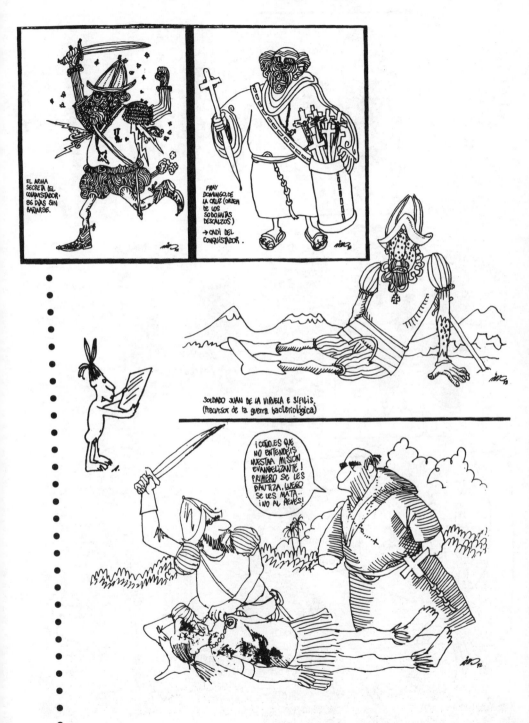

EL ARMA SECRETA DEL CONQUISTADOR: 86 DIAS SIN BAÑARSE.

FRAY DOMINGO DE LA CRUZ (ORDEN DE LOS SODOMITAS DESCALZOS) → CADI DEL CONQUISTADOR.

SOLDADO JUAN DE LA VIRUELA E SIFILIS. (Precursor de la guerra bacteriológica)

¡CÓÑO,ES QUE NO ENTENDÉIS NUESTRA MISIÓN EVANGELIZANTE! ¡PRIMERO SE LES BAUTIZA, LUEGO SE LES MATA... ¡NO AL REVÉS!

hace **500** años...

25 CTS
DON FADRIQUE DE TOLEDO
CORREOS ESPAÑA

DON CRISTOBAL COLÓN Y OTROS VALIENTES Y MUY CATÓLICOS ESPAÑOLES SALIERON EN BUSCA DE INDIA Y CHINA..

..PERO SE ENCONTRARON TIERRAS QUE NO ESTABAN EN LOS MAPAS OFICIALES..

FRANCISCO PIZARRO

..PERO QUE, AUNQUE ESTABAN HABITADAS POR MILLONES DE GENTES, NO TENÍAN DUEÑO CONOCIDO..

1 PTA
FRANCISCO PIZARRO

(ES DECIR, NO ERAN NI DE ESPAÑA, NI DE PORTUGAL, NI DEL VATICANO..)

O SEA, QUE NO ERAN DE NADIE (CONOCIDO), POR LO QUE DECIDIERON QUEDARSE CON ELLAS... PERO PAGÁNDOLAS.

..DICE EL SEÑOR CORTÉS QUE PAGARÁ CON ESPEJITOS Y CUENTAS DE VIDRIO.

QUÉ BIEN. DILE QUE SI FIRMAMOS UN TRATADO DE LIBRE COMERCIO

¡NO! ¡MUERA EL INVASOR! NO QUEREMOS INVERSIONES EXTRANJERAS

COMO ALGUNOS NATIVOS (ROJOS Y ATEOS) SE OPONÍAN, HUBO QUE AUMENTAR EL PAGO...

80 CTS
FRANCISCO DE ORELLANA
CORREOS

TEN FE: ESTA NO DUELE EN LO ABSOLUTO.

(* Publicado en Japón en ambos idiomas)

A CAMBIO DE LAS TIERRAS (TODAS) Y EL ORO (TODO) LOS INDIOS RECIBIRÍAN AYUDA MILITAR, TECNOLOGÍA MODERNA, ASESORÍA EDUCATIVA, Y SOBRE TODO.. ¡..LA VERDADERA RELIGIÓN DEL VERDADERO DIOS!

208

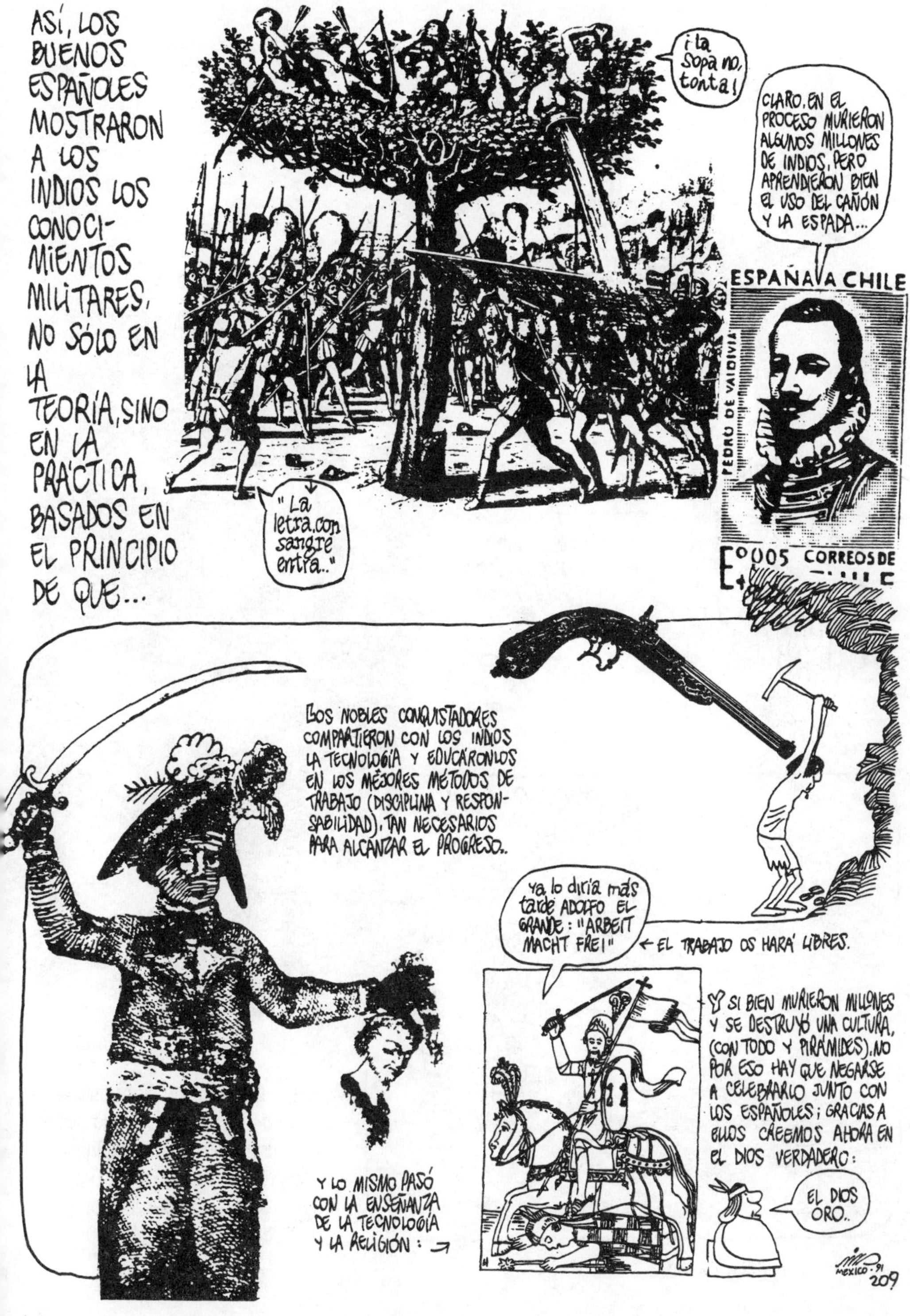
ASÍ, LOS BUENOS ESPAÑOLES MOSTRARON A LOS INDIOS LOS CONOCIMIENTOS MILITARES, NO SÓLO EN LA TEORÍA, SINO EN LA PRÁCTICA, BASADOS EN EL PRINCIPIO DE QUE...
"La letra con sangre entra.."
¡La sopa no, tonta!
CLARO, EN EL PROCESO MURIERON ALGUNOS MILLONES DE INDIOS, PERO APRENDIERON BIEN EL USO DEL CAÑÓN Y LA ESPADA...
ESPAÑA A CHILE
PEDRO DE VALDIVIA
E°0,05 CORREOS DE
LOS NOBLES CONQUISTADORES COMPARTIERON CON LOS INDIOS LA TECNOLOGÍA Y EDUCÁRONLOS EN LOS MEJORES MÉTODOS DE TRABAJO (DISCIPLINA Y RESPONSABILIDAD), TAN NECESARIOS PARA ALCANZAR EL PROGRESO..
Ya lo diría más tarde ADOLFO EL GRANDE: "ARBEIT MACHT FREI"
← EL TRABAJO OS HARÁ LIBRES.
Y LO MISMO PASÓ CON LA ENSEÑANZA DE LA TECNOLOGÍA Y LA RELIGIÓN: →
Y SI BIEN MURIERON MILLONES Y SE DESTRUYÓ UNA CULTURA, (CON TODO Y PIRÁMIDES), NO POR ESO HAY QUE NEGARSE A CELEBRARLO JUNTO CON LOS ESPAÑOLES; GRACIAS A ELLOS CREEMOS AHORA EN EL DIOS VERDADERO:
EL DIOS ORO..
MEXICO - 91

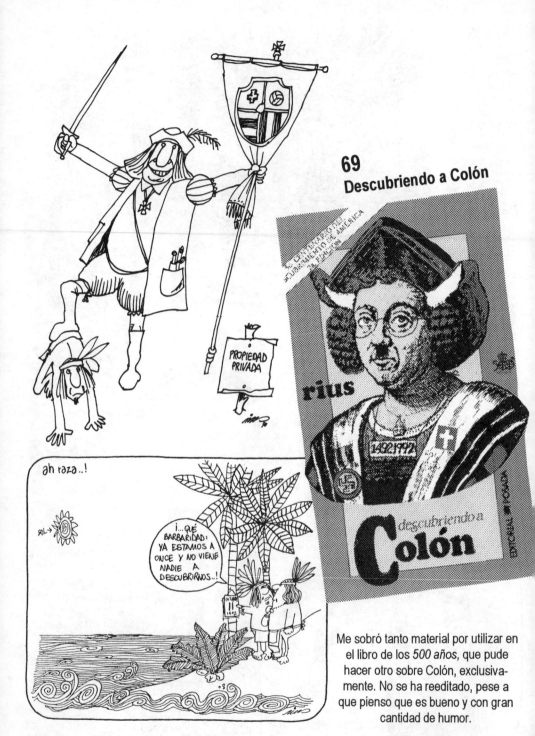

Me sobró tanto material por utilizar en el libro de los *500 años*, que pude hacer otro sobre Colón, exclusivamente. No se ha reeditado, pese a que pienso que es bueno y con gran cantidad de humor.

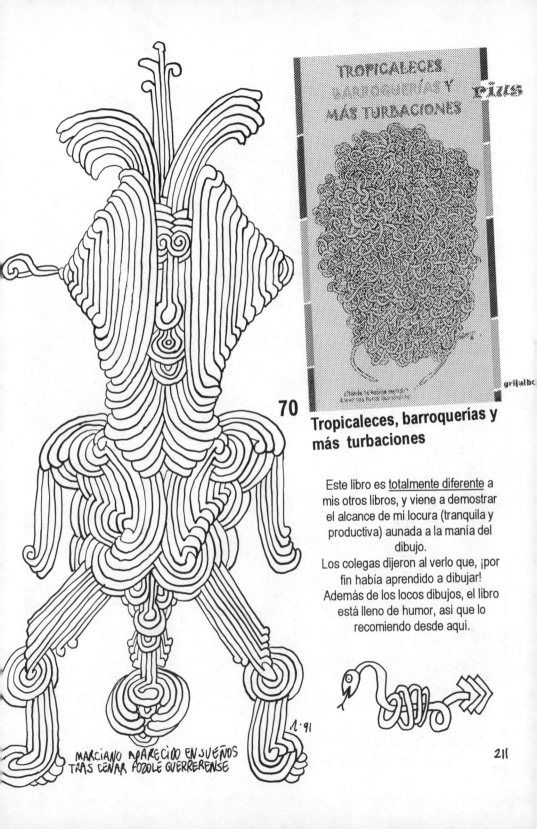

TROPICALECES
BARROQUERÍAS Y
MÁS TURBACIONES

pius

grijalbo

70

Tropicaleces, barroquerías y más turbaciones

Este libro es <u>totalmente diferente</u> a mis otros libros, y viene a demostrar el alcance de mi locura (tranquila y productiva) aunada a la manía del dibujo.
Los colegas dijeron al verlo que, ¡por fin había aprendido a dibujar!
Además de los locos dibujos, el libro está lleno de humor, así que lo recomiendo desde aquí.

1·91

MARCIANO APARECIDO EN SUEÑOS TRAS CENAR POZOLE GUERRERENSE

(OTRO TIPO DE HUMOR — Y OTRO TIPO DE DIBUJO — ES LO QUE SE
ASOMÓ EN TROPICALECES, BARROQUERÍAS Y MÁS... TURBACIONES...)

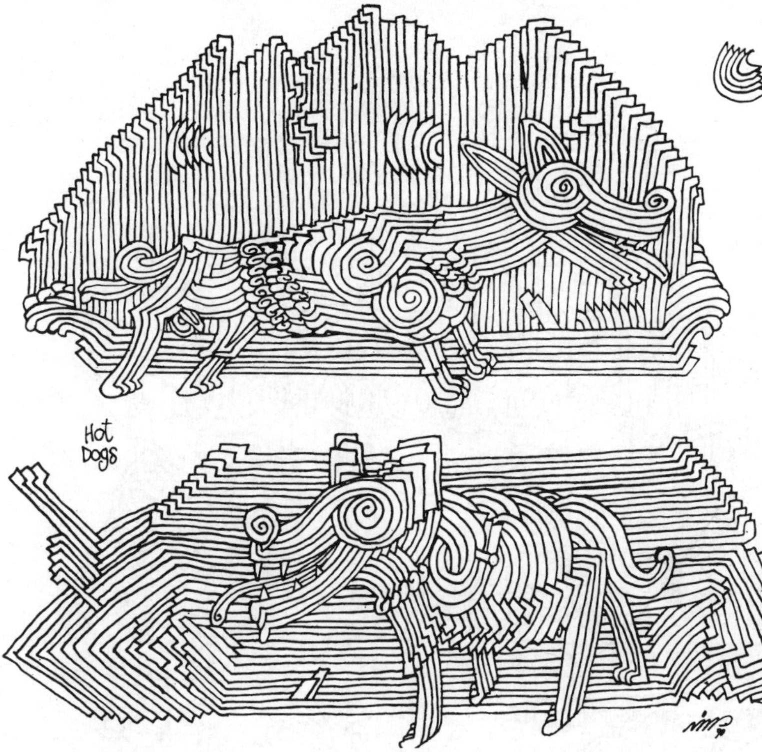
Hot
Dogs

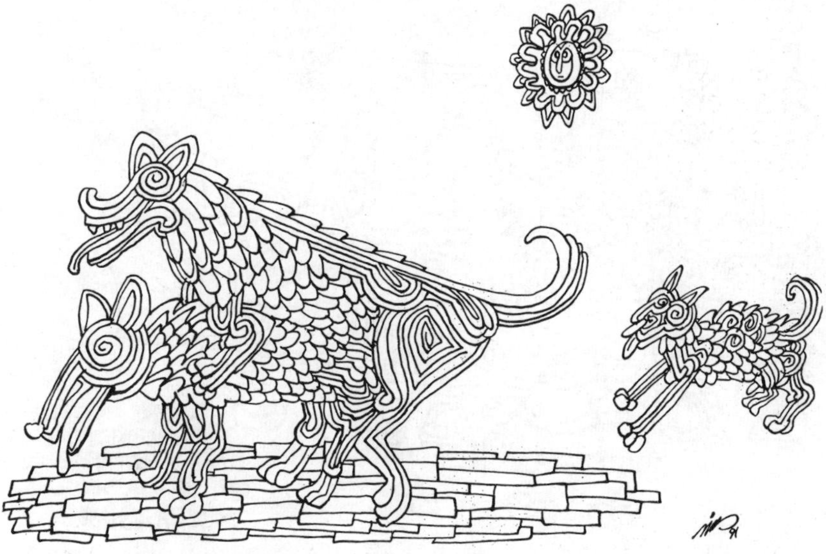

very hot-dogs.

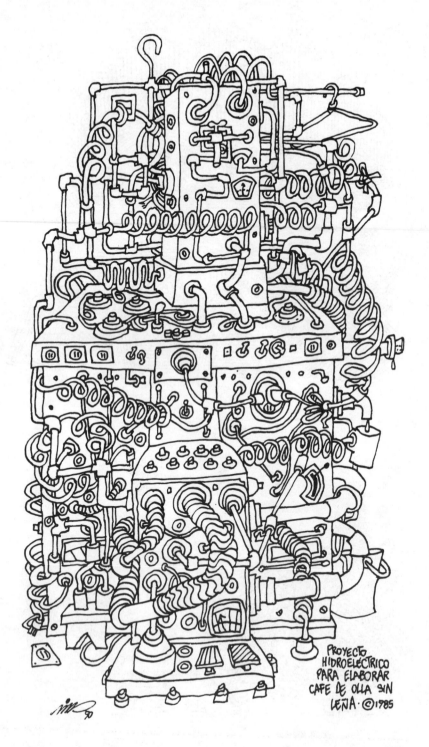

PROYECTO
HIDROELECTRICO
PARA ELABORAR
CAFE DE OLLA SIN
LEÑA · ©1985

214

Año 1, Número 2 · 1 al 15 de diciembre 1995

LA TIA DE VLADIVOSTOK

¡DESCUBRE AL DOBLE DEL GOBER!

Fabrica tus propios rumores

Los nuevos errores de diciembre

¿MI CUÑADA? YO SABIA QUE ESTABA EN EL HOGAR LAVANDO Y PLANCHANDO...

EL DICCIONARIO DE LA TIA

¡2 REVISTA REVERSIBLE Para que la agarre como quiera **N$ 5**

el estado hará cine para las familias...

PARA LA FAMILIA AZCÁRRAGA, LA FAMILIA ALEMÁN Y LA FAMILIA REVOLUCIONARIA.

← DE LA REVISTA DE PATRICIO, EN XALAPA.

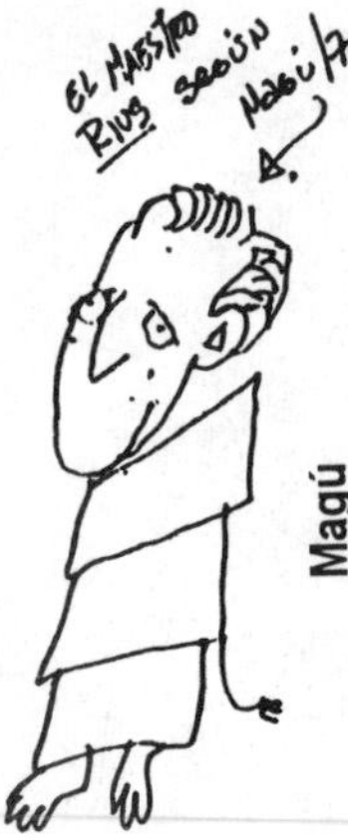
EL MAESTRO RIUS SEGÚN MAGUITO

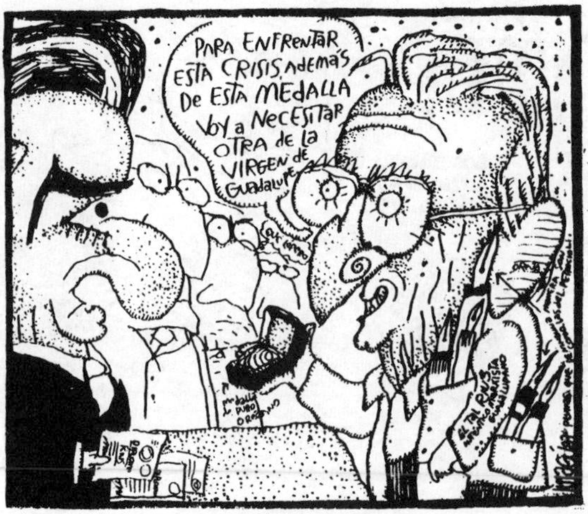
PARA ENFRENTAR ESTA CRISIS además DE ESTA MEDALLA voy a NECESITAR OTRA de la VIRGEN de Guadalupe

Magú

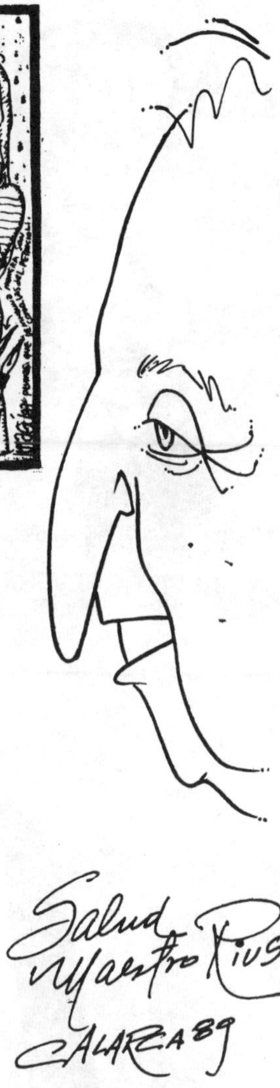
Salud Maestro Rius
CALARCA 89

Calarca / Colombia

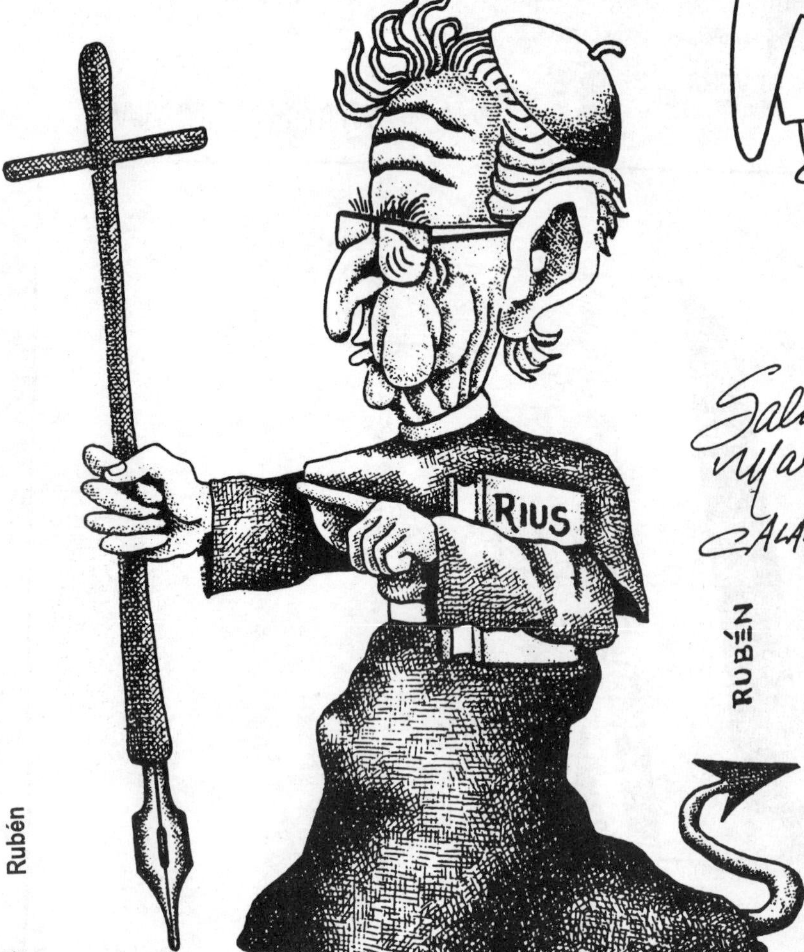
RIUS
RUBÉN

Rubén

el chahuistle

EL RIUS
EL FISGON
HELGUERA

La enfermedad de los nopales

UNA DUDA:

¿LOS CATOLICOS PUEDEN SER CRISTIANOS?

ORACIÓN para la semana Santa:

Señor: Te pedimos que vuelvas cristianos a los ganaderos, a los militares, a los curas, a los judiciales y a los banqueros. Y de paso haznos entender a Salinas que los sexenios sólo duran seis años.

Te rogamos Señor...

Uno de los hijos de Mendizábal de cuyo nombre no quiero acordarme (por jijo...) me buscó un día para ver si le volvía a hacer a *Posada* <u>una historieta</u>. Dije que no, pues a mi edad ya no se cuenta con la energía suficiente para meterse a esas broncas. Le propuse mejor hacer <u>entre varios moneros</u> una revista "como" *La Garrapata*... si hallaba a esos caricaturistas. Los encontré y formamos un equipo morrocotudo con el que se hizo *EL CHAHUISTLE*: Rafael Barajas (a) El Fisgón y Antonio Helguera, ambos de *La Jornada*. Siento que hicimos una de las mejores revistas de humor que se han dado en México. Lo malo es que el Mendizábal resultó un pillo y, antes de que nos siguiera robando, la dejamos en sus manos, para hacer *El Chamuco*.

el chahuistle

COMANDANTES: EL FISGON, EL RIUS, HELGUERA

20 de JUNIO de 1994

N$5

CON EL INVENCIBLE TRI
¿LLEGAREMOS A LA FINAL?

NUMERO DEDICADO AL F...

4

9

El Figgón

El Rius

Helguera

(MOMENTOS ANTES DE SALIR INVITADOS A LA CONVENCIÓN DE CHIAPAS)

LOS CULPABLES

Rafael Elfis Barajas/ Comisario Político de la cé-
lula "José de León Toral",comisionado por nuestro
glorioso Partido para dar línea en la publicación.

Chilango,cuarentón (ya mero),se dice casado,preten-
diente al Campeonato Seccional de *squash en bola*,
bigotón y usuario de pelo en pecho,sin bichos en la
panza gracias a la Dra.Pacheco,licenciado en siquia-
tría animal,pie plano del lado izquierdo,se ignora del
derecho,egresado de Arquitectura con honoris antes
de tiempo,desfacedor de entuertos y facedor de peores de los que desface,y algo más también difícil de
decir,pero pos así se va.

Eduardo *El Rius Frius* del Río /
Comisario Espiritual o Espirituoso,
asegún y Asesor Gerontológico

El único provinciano en el Comité Central pese a que
nació en Michoacán y se crió en La Merced,miembro
distinguido (por la calva) de la Tercera Edad,Profe
Emérito de la Université de la Vida -*Campus Popot-
la*-,sublime dibujante cuando le copia a Naranjo,
su'paisano,ex-miembro de las Juventudes Juveniles,
ex-enterrador,ex-pedito,ex-niño de Zamora,ex-presi-
dente de la Barra de Ahogados de *La Mundial*,y por
ultimo,ex-miembro activo.

Anthony *El Tony* Helguera/ Comisario Financiero
de la misma perniciosa Célula y Asesor Erótico en
Cuestiones Terrenales de nuestro Partido.

Chilango por desgracia,ya mero treintón,soltero pese
a todo,trotón mañanero,sin bigote todavía pese a su
fervoroso Salinismo (futa !),aprendiz de dibujante (él
quisiera dibujar como Trino),prófugo de La Esmeral-
da y regresado del Servicio Militar por no saber dar
el paso redoblado (nomás doblado) y monero estrella de *La Jornada* (junto con los demás). Vale, coño.

Patricio *El Pato* Ortiz / Comisario Esotérico de la
susodicha Célula y Asesor en Patadas Voladoras
del Partido porque dibuja con las patas,dicen.

Chilango,casado con Aida según presume,miembro
de las Juventudes Budistas Sección Tibetana en el
Exilio,viviendo en Jalapa donde disfruta el mango,el
huapango y el fandango. Aceptado recién en el Co-
miteco Central de *El Chahuistle* donde representa a
la Sección Infantil de nuestro glorioso Partido.

* Al equipo original se sumó, primero PATRICIO y luego JOSÉ HERNÁNDEZ,
quienes luego, en EL CHAMUCO. serían también co-directores. En ambas
revistas practiqué el humor <u>escrito</u>, en textos y secciones especiales.

NUEVO PAÍS, NUEVOS BILLETES

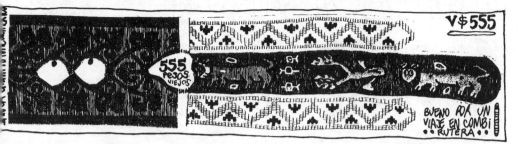

Las malas lenguas (muy bien pagadas, por cierto) afirman que ya vivimos en la Democracia. No sabíamos que fuera tan mala palabra, pero ahí muere para que nos acusen de subversivos. El caso es que ya anuncian nuevos billetes, acordes a la nueva (?) situación del país. Sinceramente, no nos gustan, pues no han tomado en cuenta varias cosas. Primero: ya sacaron a Cárdenas, imaginamos por qué. Segundo: no toman en cuenta la realidad real del país y no han planeado billetes de a melón... ¿O acaso el país no está lleno de millones de millonarios que necesitarían usarlos en la vida diaria? Tercero: no nos llamaron a los eximios artistas de *El Chahuistle* para elaborarlos. Falta de ignorancia, seguramente. Y para demostrar nuestra calecatencia, van estas muestras (gratis) de billetes.

En la elaboración de billetes hay que tomar en cuenta, además del dibujo, la *funcionalidad* de los mismos. Como ejemplo de lo anterior, presentamos en esta página dos muestras geniales. Arriba, el billete para cubrir el pago de las "rutas" urbanas que, como verán, no requiere más que entregarlo al chofer sin que éste se tenga que molestar en dar el cambio. El otro billete, prelavado y sanforizado por si se usa en el lavado de dinero, incluye lla propinal Además, por si fuera poco, contiene *rascadera*. O sea, si le rasca y le sale premio, ya la hizo, como Zedillo, cuya efigie adorna el nuevo billete.

← ANVERSO   REVERSA →

219

EN MI PRIMER VIAJE A LOS USA TUVE EL GUSTO DE CONOCER Y SALUDAR A **CHARLIE SCHULZ** QUE APENAS EMPEZABA CON PEANUTS. NO SE SI LE HUBIERA GUSTADO LA PARODIA QUE HICE EN EL CHAMUCO...

siluetitas /

La ciudadanía está muy agradecida con las autoridades por la divertida demostración de libertades democráticas llevada a cabo en días pasados. ¿Por qué quitaron lo de las siluetas si estaba bién chido? EL CHAMUCO propone que en vez de quitarle sólo a Fox, se les ponga a <u>todos</u>...

Fox quedaría así:

Cuauhtémoc, fiel a la imagen paterna, podría llevar una silueta así...

Con Labastida basta ponerle la silueta de Zedillo... o la del Ratón de Dublin... (más de lo mismo.)

Para identificar la carísima Cámara de Senadores bastaría con una silueta como ésta:

Y para votar por los Sres. Diputados, que bailan al son que les tocan, se propone esta silueta :

Para identificar a los Gobernadores que hay que elegir:

y esta silueta final para los Presidentes Municipales...

Total: si finalmente el pueblo es el que paga el pato, hay que darle gusto, digo...

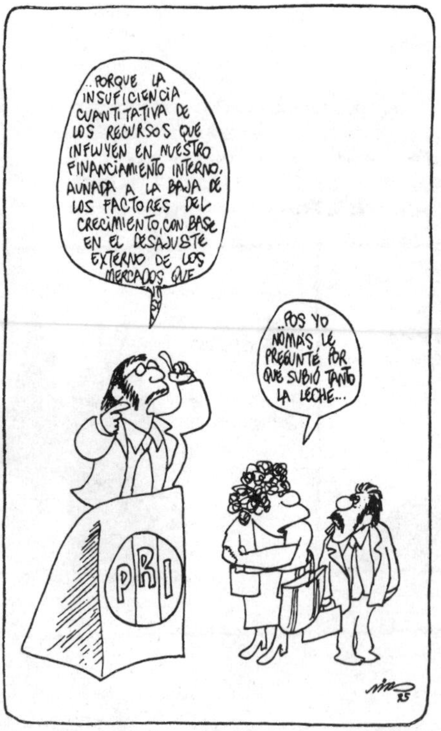
...PORQUE LA INSUFICIENCIA CUANTITATIVA DE LOS RECURSOS QUE INFLUYEN EN NUESTRO FINANCIAMIENTO INTERNO, AUNADA A LA BAJA DE LOS FACTORES DEL CRECIMIENTO, CON BASE EN EL DESAJUSTE EXTERNO DE LOS MERCADOS QUE
...POS YO NOMÁS LE PREGUNTÉ POR QUÉ SUBIÓ TANTO LA LECHE...
PRI

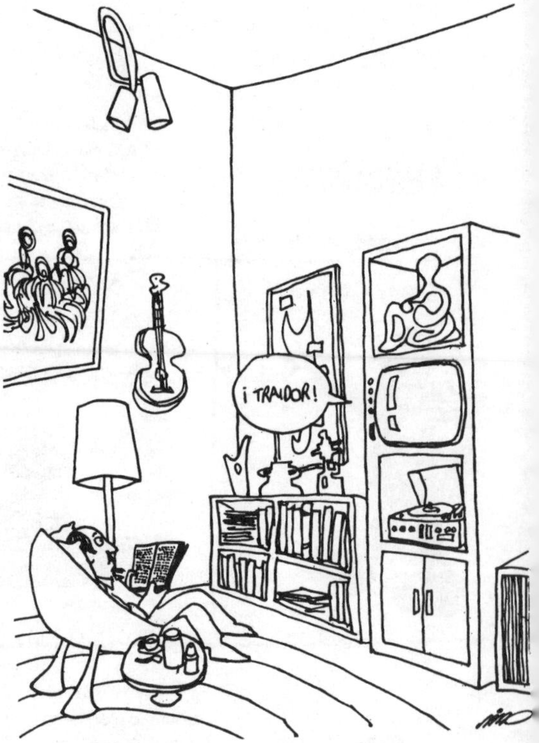
¡TRAIDOR!

RIUS

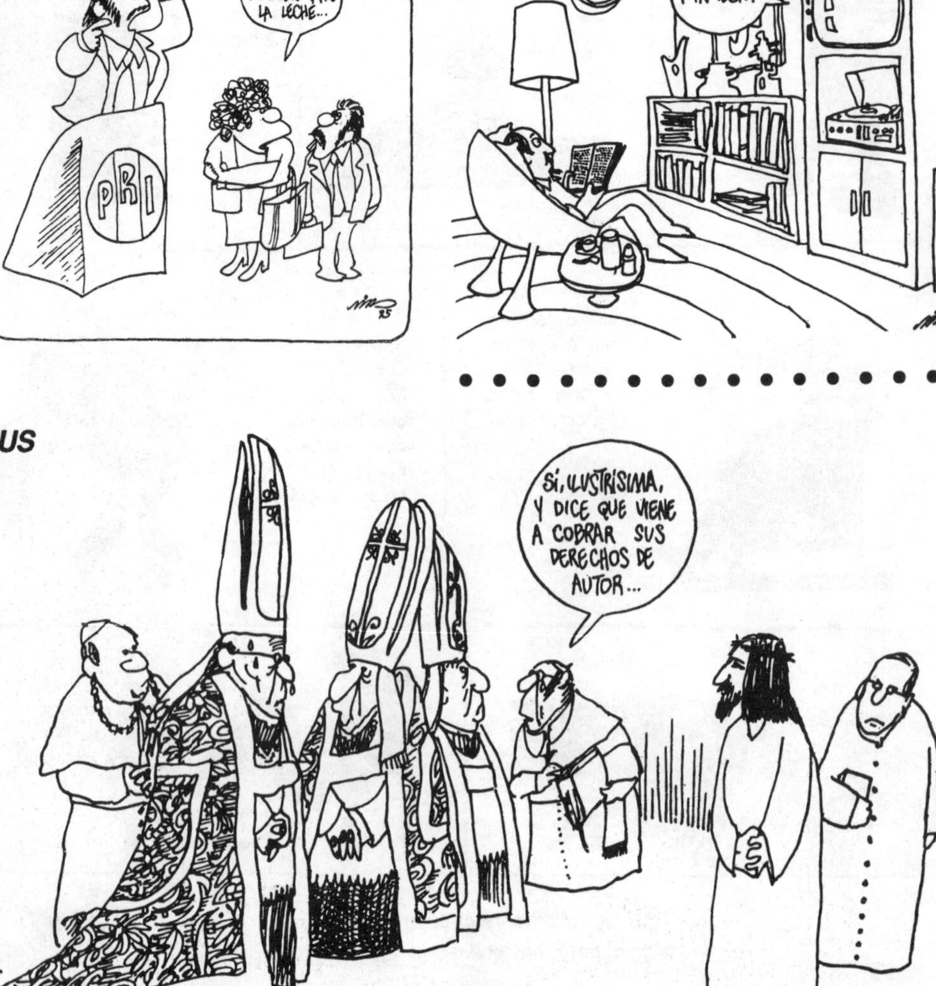
SÍ, ILUSTRÍSIMA, Y DICE QUE VIENE A COBRAR SUS DERECHOS DE AUTOR...

TRAS LA AMARGA EXPERIENCIA CON LA FAM MENDIZABAL, NOS FUIMOS A GRIJALBO A FUNDAR OTRA REVISTA, QUE SUPERO AL CHAHVISTLE GRACIAS A LA INCORPORACIÓN DE UN GRAN MONERO LLAMADO JOSÉ HERNÁNDEZ, PEPITOR PARA NOSOTROS. (ESTA PORTADA ES DE SU MANO Y COMPUTADORA) ¡EXCELENTE!

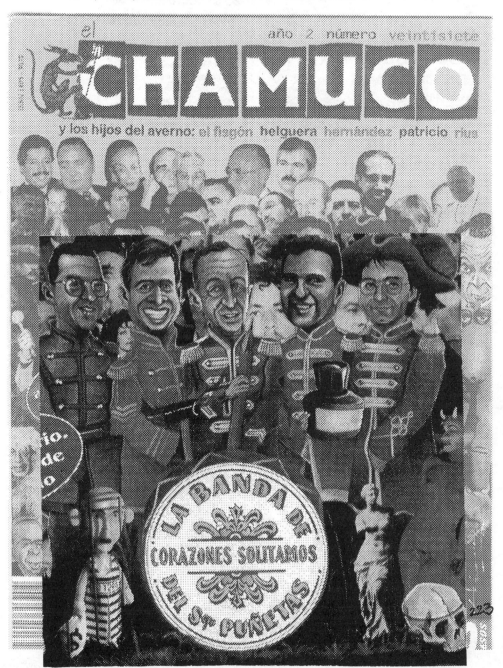

NO HAGAN OLAS: TODOS LOS CRÍMENES DEL PRI SE SEGUIRÁN INVESTIGANDO.
(así le dijeron a Rius)

NOMÁS NO COMAN ANSIAS: LA LISTA ES LARGUITA..

30 de octubre de 1928
MATANZA DE HUITZILAC, MOR.

Como Obregón se quiere reelegir con el apoyo del turco Calles, mandan matar a la oposición. En la carretera a Cuernavaca, el Gral. Serrano y 13 acompañantes son asesinados por militares. Calles promete que se hará justicia...y hasta la fecha se está esperando que se haga.

¡CALLES..E !

20 de septiembre de 1929
ASESINATO DE GERMÁN DEL CAMPO
(y otros vasconcelistas)

Pistoleros al mando de Gonzalo N. Santos balacean un mitin vasconcelista y matan a 3 de ellos: Germán del Campo es el más conocido. El gobierno dice que castigará a los culpables, pero ni Portes Gil ni el folklórico Gonzalo N. Santos son castigados.

YO FUI EL PRIMER PRD.

VASCONCELOS

12 de febrero de 1930
MATANZA DE TOPILEJO

Más de 10 cadáveres de vasconcelistas aparecen en la carretera a Cuernavaca, estrangulados y baleados por tropas al mando de Maximino Ávila Camacho. El asunto ni siquiera se investiga, junto con más de 100 asesinatos de vasconcelistas. Es presidente don Pascual Ortiz Rubio, que, como su nombre lo indica, se hace pato.

CARAY: CÓMO LES GUSTA LA CARRETERA A CUERNAVACA: HUITZILAC, TOPILEJO..

EL AJUSCO

30 de diciembre de 1931
MATANZA DE COYOACÁN

En un entrentamiento entre católicos y "camisas rojas" mandados por Carlos Madrazo (papá del Madrazo que desgobierna Tabasco), matan a 5 católicos. El asunto se sigue investigando, aunque no muy seriamente, suponemos.

¡ LOS BUENOS SOMOS NOSOTROS !

22A

2 de enero de 1946
MASACRE DE LEÓN, GTO.

Elecciones en Guanajuato, que parecen perder los del PRI, por lo que Camacho decide ametrallar (igual que a los obreros de Materiales de Guerra en 1940: 11 muertos) a los manifestantes de León. Mueren 27 y nunca se ha aclarado el crimen.

¡ LOS CULPABLES ESTÁN TAN PERO TAN ARRIBA, QUE NI SE VEN LICENCIADO..!

... de 1962
ASESINATO DE RUBÉN JARAMILLO

El Ejército mata a Rubén Jaramillo y su familia en las ruinas de Xochicalco, Mor., se supone que por órdenes de López Mateos. Nunca se ha hecho justicia, igual que cuando Alemán mató a más de 200 henriquistas el 7 de julio de 1952. Se sigue investigando...

YO NO SÉ NADA: YO ANDABA DE VIAJE.

2 de octubre de 1968
MASACRE DE TLATELOLCO

SILENCIO: SE SIGUE INVESTIGANDO...

10 de junio de 1971
EL HALCONAZO

Más de 100 matones entrenados por el Ejército atacan en San Cosme, D.F: una pacífica manifestación, matando a más de 30 estudiantes. Echeverría, presidente ya, ordena una investigación, "caiga quien caiga", investigación que hasta la fecha no ha tenido éxito.

LOS HALCONES NO EXISTEN

REATAN: "SOMOS NIÑOS DEL CATECISMO" REATAN: "SOMOS ... DEL CAE"

mayo de 1985
ASESINATO DE MANUEL BUENDÍA

El combativo periodista Manuel Buendía cae asesinado por agentes gubernamentales al servicio de Miguel de La Madrid Hurtado, quien promete ·as usual· investigar a fondo el asunto, y curiosamente la investigación no ha llegado al Fondo (de Cultura Económica) todavía...

(Buendía lo hubiera investigado a todo dar..)

2 de julio de 1988
ASESINATO DE OVANDO Y GIL
(Y 300 PERREDISTAS)

Asesores ambos abogados de Cuauhtemoc Cárdenas durante su campaña electoral de 1988, su crimen sigue sin resolverse, aunque todo mundo sabe de dónde vinieron las órdenes para matarlos, junto con más de 200 cardenistas (y perredistas luego).

se sigue investigando !

24 de mayo de 1993
ASESINATO DEL CARDENAL POSADAS

Parece que le encargaron la investigación al Espíritu Santo

(o a Prigione)

225

23 de marzo de 1994
ASESINATO DE COLOSIO

LO ÚNICO QUE SE SABE ES QUE
HUBO DOS DISPAROS...

28 de septiembre de 1994
ASESINATO DE RUIZ MASSIEU

Al asesino del priista lo agarraron vivo, y al presunto autor intelectual lo metieron a Almoloya, lo que no ha convencido a nadie, pues ven al hermano incómodo como un sustituto del otro, por concertacesiones que no ignora Zedillo, suponemos...

mejor que le pregunten a chapa Bezanilla..

19 de junio de 1995
ASESINATO de POLO USCANGA y CÍA.

SI ME DENUNCIAS, TE DENUNCIO...

El asesinato del magistrado Polo Uscanga, muy relacionado con el caso de la Ruta 100, fue seguido con otras muertes. Ninguna de ellas fue aclarada por el regente Óscar Villarreal, pero esperamos que sí se haga con Cuauhtémoc, si no se raja a la mera hora.

28 de junio de 1995
MATANZA DE AGUAS BLANCAS

¡NINGUN AGUAS BLANCAS! YO LAS VI ROJAS..

(SIGUE LIBRE FIGUEROA..)

OCTUBRE de 1997
OPERATIVO COL-BUENOS AIRES

¡BUENOS AIRES, LOS DEL AJUSCO!

La ejecución tipo Chicago de los jóvenes ¿inocentes? de la col. Buenos Aires produjo una serie de culpables de haberlos matado, pero No del culpable de haberles ordenado que lo hicieran. Claro, tan reciente es el caso, que se sigue investigando, aunque no con mucho entusiasmo que digamos.

22 de diciembre de 1997
MASACRE DE CHENALHÓ

Cayó Chuayfet, pero está en libertad, lo mismo que Zedillo. SE ESTÁ INVESTIGANDO, no se apuren. Este es un estado de Derecho.

¿LOS ASESINOS? BÚSQUENLOS POR ALLÁ..

ALLÁ POR 1970, CUANDO HACÍAMOS LA SEGUNDA ÉPOCA DE LA GARRAPATA, UN DÍA NOS CAYÓ UN MUCHACHO CALVO PREMATURO SÚPER TÍMIDO, DE NOMBRE CHECO VALDÉS, BUEN DIBUJANTE, CON UN FOLDER DE MONOS...

HELIO FLORES

ESTÁN BIEN TUS DIBUJOS... ¿QUÉ INSTRUMENTO TOCAS?

¿JUAT?

HELIO, QUE SIEMPRE HA SIDO MUY OCURRENTE, LO BAUTIZÓ LUEGO LUEGO COMO "CHECO VALDÉS Y SU COMBO.."

PORQUE LE SONABA A PIANISTA DE LA SONORA SANTANERA O DE IRAKERE...

CHECO SE INCORPORÓ (CON TODO Y COMBO) A LA REVISTA, Y LUEGO DE SU DESAPARICIÓN HICIMOS JUNTOS OTRA REVISTA -INFANTIL- DE NOMBRE CUCURUCHO, QUE ÉL DIRIGÍA...

Y DESPUÉS, CHECO Y CUCURUCHO DESAPARECIERON...

...PASARON LOS AÑOS... Y LOS

.Y CHECO SE CONVIRTIÓ EN UN EXCELENTE DISEÑADOR, Y MEJOR MAESTRO DE COMUNICACIÓN...

¡Y DE REPENTE REAPARECIÓ EN UNA CELDA DEL PENAL DE CERRO HUECO!

ACUSADO DE REBELIÓN, ACOPIO DE ARMAS, INCITACIÓN A LA VIOLENCIA, DEL ASESINATO DE COLOSIO, SOCIO DEL GÜERO PALMA, DE

¡Y ÉSAS SON CHINGADERAS! (PORQUE CHECO ES TOTALMENTE INOCENTE.)

¡EXIGIMOS LA LIBERTAD DE CHECO VALDÉS! (Y QUE SE QUEDEN CON SU COMBO..)

ESTUVIMOS MUELE Y MUELE, POR TODOS LOS MEDIOS A NUESTRO ALCANCE, HASTA QUE LOGRAMOS LIBERAR A CHECO DE LAS GARRAS DE LA INJUSTICIA BUROCRÁTICA DEL RÉGIMEN ZEDILLISTA. CHECO Y SU COMBO SIGUEN EN LA UAM DANDO CLASES...

227

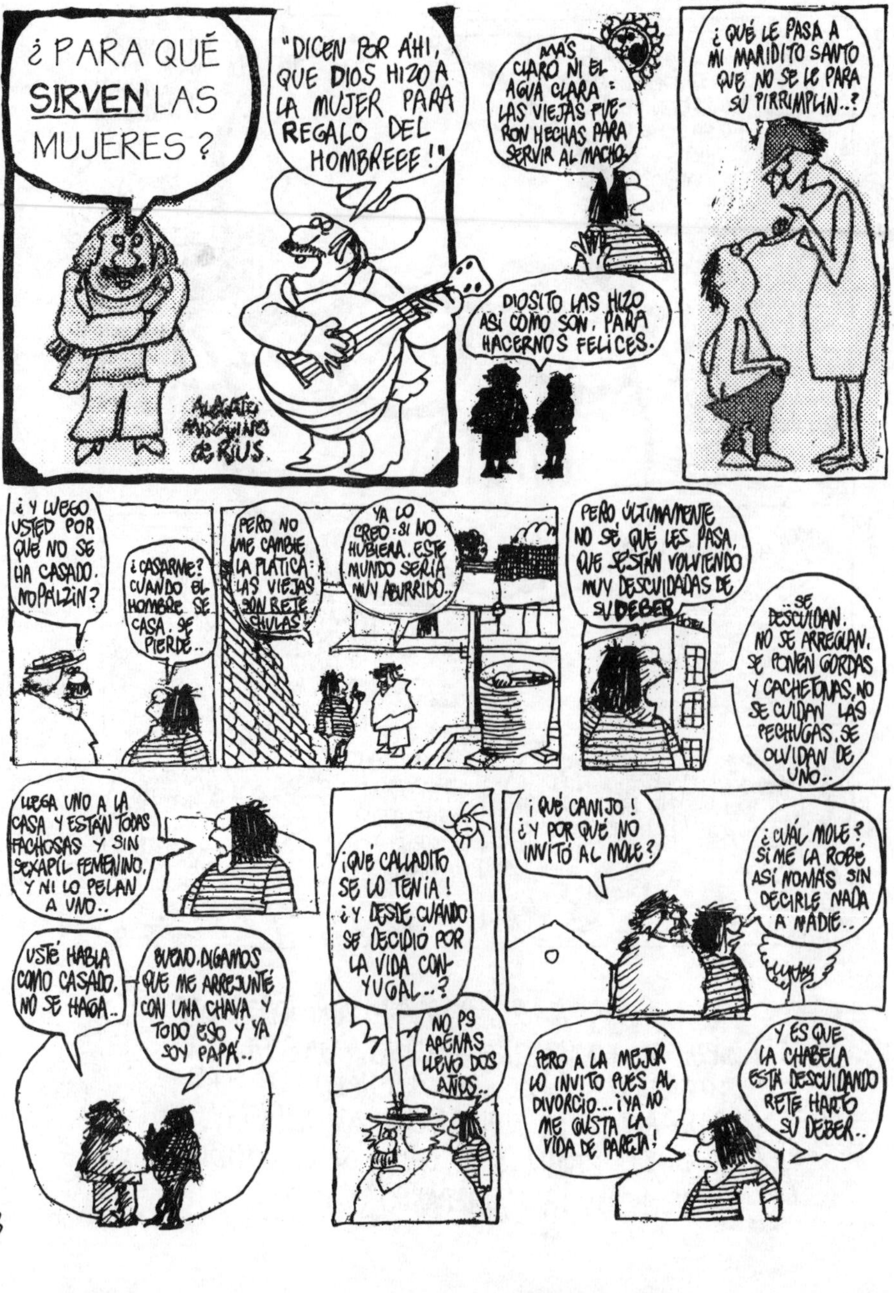
¿PARA QUÉ SIRVEN LAS MUJERES?
"DICEN POR AHÍ, QUE DIOS HIZO A LA MUJER PARA REGALO DEL HOMBREEE!"
ALEGATO MASCULINO DE RIUS
MÁS CLARO NI EL AGUA CLARA: LAS VIEJAS FUERON HECHAS PARA SERVIR AL MACHO.
DIOSITO LAS HIZO ASÍ COMO SON, PARA HACERNOS FELICES.
¿QUÉ LE PASA A MI MARIDITO SANTO QUE NO SE LE PARA SU PIRRIMPLIN..?
¿Y LUEGO USTED POR QUÉ NO SE HA CASADO, NO PALZIN?
¿CASARME? CUANDO EL HOMBRE SE CASA, SE PIERDE..
PERO NO ME CAMBIE LA PLÁTICA: LAS VIEJAS SON RETE CHULAS!
YA LO CREO: SI NO HUBIERA, ESTE MUNDO SERÍA MUY ABURRIDO..
PERO ÚLTIMAMENTE NO SÉ QUÉ LES PASA, QUE S'ESTÁN VOLVIENDO MUY DESCUIDADAS DE SU DEBER
..SE DESCUIDAN, NO SE ARREGLAN, SE PONEN GORDAS Y CACHETONAS, NO SE CUIDAN LAS PECHUGAS, SE OLVIDAN DE UNO..
LLEGA UNO A LA CASA Y ESTÁN TODAS FACHOSAS Y SIN SEXAPIL FEMENINO, Y NI LO PELAN A UNO..
USTÉ HABLA COMO CASADO, NO SE HAGA..
BUENO, DIGAMOS QUE ME ARREJUNTÉ CON UNA CHAVA Y TODO ESO Y YA SOY PAPÁ..
¡QUÉ CALLADITO SE LO TENÍA! ¿Y DESDE CUÁNDO SE DECIDIÓ POR LA VIDA CONYUGAL..?
NO PS APENAS LLEVO DOS AÑOS..
¡QUÉ CANIJO! ¿Y POR QUÉ NO INVITÓ AL MOLE?
¿CUÁL MOLE? SI ME LA ROBÉ ASÍ NOMÁS SIN DECIRLE NADA A NADIE..
PERO A LA MEJOR LO INVITO PUES AL DIVORCIO... ¡YA NO ME GUSTA LA VIDA DE PAREJA!
Y ES QUE LA CHABELA ESTÁ DESCUIDANDO RETE HARTO SU DEBER..

..BOLEAR LOS ZAPATOS, REMENDAR EL PANTALÓN, QUITAR TELARAÑAS, RECOGER JUGUETES, PRENDER EL BÓILER, BAÑAR AL PERRO, SACAR A PASEAR AL BEBÉ, COMPRARLE CIGARROS AL MARIDO, RECIBIR A SUS CUATES, ARREGLAR LA PLANCHA, CORTAR EL PASTO Y ABONAR LAS MACETAS.. IR A COMPRAR EL PERIÓDICO..

VIGILAR LOS PROGRAMAS. DE LA TELERA PARA QUE LOS NIÑOS NO VEAN MUCHA PORQUERÍA, VISITAR A LOS SUEGROS LOS DOMINGOS, ORGANIZAR LA FIESTA DE CUMPLEAÑOS DE SU VIEJO, PONER LA MESA, IR AL SUPERMERCADO...

CHIN..

..HERVIR EL AGUA, ADMINISTRAR LA LANA, PREPARAR LAS TORTAS PARA LA ESCUELA, LLEVAR A LOS NIÑOS AL CINE, TOMAR LOS RECADOS, CONTRATAR UN PLOMERO Y UN ELECTRICISTA, DARLE SU ALPISTE A LOS CANARIOS...

..ARREGLAR LA ROPA, LIMPIAR LOS BAÑOS, MANDAR ARREGLAR LA TELE, CAMBIAR YA LAS CORTINAS, AFINAR EL COCHE, LLEVAR A LOS NIÑOS CON LA SUEGRA, CON EL PEDIATRA, A QUE LES TOMEN FOTOS, A SU TALLER DE KARATE, AL MUSEO; IR AL SALÓN DE BELLEZA..

Y SI LE QUEDA TIEMPO : CUIDAR SU ASPECTO, NO ENGORDAR DEMASIADO, ARREGLARSE LAS UÑAS, CALCULAR BIEN ESOS DÍAS, LEER ALGÚN LIBRO, SABER SER DISCRETA, LUCIR GUAPA Y SEXY, CUIDARSE EL CABELLO, DEPILARSE LAS PIERNAS, ARREGLAR SU ROPA, SABER HACER EL AMOR.

PORQUE, CUANDO LLEGUE EN LA TARDE SU VIEJO DE LA CALLE, TIENE QUE ESTAR LISTA Y DE BUEN HUMOR, Y MUY BONITA PARA RECIBIRLO... ¿CÓMO LA VE, NOPALTZIN?

¡PINCHE VIEJITO: YA ME ECHÓ A PERDER EL DÍA..!

Pienso que *El chamuco* será recordado como la mejor y más brava revista de humor de todos los tiempos mexicanos.

Me siento feliz de haberla hecho y de haber tenido junto a tan buenérrimos Cuates moneros, o sea los ex-simios Helguera, José Hernández, El Fisgón y Patricio.

$ 2 (iva incluido)

CORREOS

GATITOS PARA LA FAM · HANK ROAN.

COPA
"José de León Toral"
OTORGADA POR EL
H. PARTIDO REVOLUCIONARIO INSTITUCIONAL
AL CIUDADANO
MARIO ABURTO MARTÍNEZ.

TIJUANA MCMXCIV

XXXIIIV aniversario REFORMA AGRARIA

CORREOS MEXICO

CARRILLO·L.E.A.

$ 8.80

Programa Pro-Campo
(de golf)

RIUS

NO QUEREMOS SER OBJETOS SEXUALES

Asociación mexicana de Monjas en retiro AC

La Revolución Bolchevique acabó como una vil economía de mercado

..la Revolución China como una gigantesca Maquiladora de los USA..

..la Revolución Cubana terminó peor de lo que comenzó en 1959..

y la Revolución Mexicana como una vulgar maffia llamada PRI..

Por ello se suplica a todos aquellos que tengan pensado hacer Revoluciones en el próximo siglo que se avecina, se abstengan de hacerlo. Gracias. Atte.: La Humanidad

penúltimas NOTICIAS

el exceso de falta de pago obligó a nuestros fotógrafos a ponerse en huelga, por lo que los corresponsales tuvieron que dibujar las noticias.

SUSTITUYEN A BOLITA DE LA VEGA

CHIAPAS / EN VISTA DE QUE LA BOLITA DE LA VEGA COBRA MUY CARO Y ESTÁ QUEMADÍSIMA, EL ALTO MANDO DE LA CAMPAÑA CONTRA LOS INDIOS Y EL EZLN, HA CONTRATADO A OTRA PERIODISTA QUE A LA MEJOR ES LA HIJITA DE PAGÉS LLERGO.

ANUNCIA ZEDILLO MÁS RECORTES AL GASTO

LOS PINOS / SIGUIENDO LOS PASOS DE SU QUERIDO ANTECESOR EN EL CARGO, ZEDILLO SIGUE ORDENANDO RECORTES, DICIENDO QUE ASÍ LES IRÁ MEJOR A LOS MEXICANOS, SIN ACLARAR SI SÓLO A LOS DE LA LISTA DE *FORBES* O A LOS POBRES. TAMBIÉN HA PROPUESTO QUE LOS PINOS SE LLAMEN MEJOR 'LOS PINOCHOS' POR TANTA MENTIRA QUE DICEN, DICE.

MATÓ A SU PROFE EN HORAS DE CLASE

JONESBORO, USA / EL NIÑO BOBBY SMITH LE PEGÓ DE BATAZOS A SU PROFE DE BIOLOGÍA Y A TRES CONDISCÍPULOS SUYOS PORQUE LE IBAN A LOS YANQUIS DE NEW YORK Y NO A LOS DODGERS DE LOS ANGELES. DECLARÓ A LA POLICÍA QUE ADMIRA LA TELEVISIÓN YANQUI PORQUE TIENE MÁS SANGRE QUE UN TACO DE MORONGA.

PROHÍBEN EN GUANAJUATO "MIRADA DE MUJER"

SAN AJUATO / LA ASOCIACIÓN DE PADRES Y MADRES DE FAMILIAS BIEN A.C., HA PEDIDO SE PROHÍBA LA PROCAZ TELENOVELA AHORA QUE YA SE ACABÓ Y QUE NO HAY RIESGO DE QUE SE LA PUDIERAN PERDER. FOX ACEPTÓ.

ESCENIFICAN EN SEMANA SANTA LA RESURRECCIÓN DE LA CARNE

SEVILLA, SPAIN / ALUMNOS DE LA ESCUELA DE TEATRO DE ACÁ, MONTARON LA OBRA SOBRE LA RESURRECCIÓN DE LA CARNE, CON LA ACTUACIÓN DE LA MARÍA MAGDALENA Y JESÚS, CON GRAN ESCÁNDALO DE LA ALTA JERARQUÍA CATÓLICA.

DESCUBREN LAGUNA DONDE SE PESCAN PECES YA FRITOS
ESTADO DE MÉXICO / HABITÁNTES DE VARIAS POBLACIONES DEL
ESTADO DE MÉXICO HAN DESCUBIERTO QUE EN LA LAGUNA DE
JUJUYTEPEC LOS PESCADOS QUE HAN SACADO ÚLTIMAMENTE
YA ESTÁN FRITOS. LAS AUTORIDADES NO CREEN QUE ELLO SE
DEBA A LOS TIRADEROS DE BASURA NUCLEAR QUE HAY CERCA.

CLINTON ACUSADO DE ACOSO SEXUAL POR UN ÁNGEL.
WASHINGETON / EL ÁNGEL DE LA GUARDIA NACIONAL,
RALPHAELLY SE QUEJÓ ANTE SAN PEDRO QUE CLINTON LE
PROPUSO HACER EL AMOR, PERO NO CON LA POSTURA DEL
MISIONERO, SINO AL REVÉS. EL ÁNGEL, DESCONOCIENDO LO
QUE ERA "AL REVÉS", ACCEDIÓ A UNA DEMOSTRACIÓN, POR
LO QUE SE ENCUENTRA ARREPENTIDO Y DEMANDARÁ A W.C.

CONCURRIDO MITIN PRO MIKE-ALEMÁN

VERACRUJ / AQUÍ SE VE EL
PRIMER MITIN DEL CANDIDATO
DEL PRI-TELEVISA A LA
GERENCIA DEL ESTADO DE
VERACRUZ. LA CÁMARA
CAPTÓ ALGUNOS DE LOS
ACARREADOS QUE FUERON
VOLUNTARIAMENTE A OÍR
LOS DISCOS RAYADOS DEL
CANDIDATO PIRRURRIS, QUE
AHORA NO COBRÓ LA
ENTRADA AL MITIN..

CONCURRIDO MITIN PRO LUIS-PAZOS

VERACRUJ/ AQUÍ SE VE EL
PRIMER MITIN DEL CANDIDATO
DEL PAN-TELE AZTECA A LA
GERENCIA DEL ESTADO DE
VERACRUZ. LA CÁMARA
CAPTÓ ALGUNOS DE LOS
ACARREADOS QUE FUERON
VOLUNTARIAMENTE A OÍR
LOS DISCOS RAYADOS DEL
CANDIDATO PIRRURRIS QUE
AHORA NO COBRÓ LA
ENTRADA AL MITIN.

SE REGENERAN LOS MILLONARIOS DE CRISTO

TRAS SER ACUSADOS DE
SEDUCIR NIÑOS, LOS
LEGIONARIOS DE CRISTO
DEL P. MACIEL HAN
PROMETIDO DEJAR ESA
MALSANA COSTUMBRE Y
DEDICARSE MEJOR A
LAS MAMÁS DE LOS
NIÑOS A SU CARGO.

NOMBRA EL PAPA OTRO CARDENAL PARA MÉXICO

PARA PREVER QUE AL CHATO
RIVERA LE PUEDA PASAR
ALGO POR TANTAS
TONTERAS QUE DICE, EL
PAPA VA A NOMBRAR UN
CARDENAL SUSTITUTO QUE
NO USE GRAND MARQUIS.

TLATELOLCO 1968

El 2 de octubre de 1968, en la Plaza de las Tres Culturas, el grupo teatral Teatro de Masas ensàyaba la puesta en escena de los Entremeses Cervantinos, como parte de lo que serían las Olimpiadas Culturales.

Más de mil actores, vestidos algunos como soldados, efectuaban el último ensayo de la obra **Todo es posible en la paz**, rodeados de cientos de espectadores, la mayoría moradores de los edificios de la Unidad Nonoalco- Tlatelolco.

SI ACTÚAS BIEN.TE LLEVO A MI PRÓXIMA TELENOVELA..

Algunos de esos vecinos, en un momento dado creyeron que la actuación que estaban viendo, en la parte en que los soldados aparentemente agredían a los otros actores vestidos de civil, no era una obra de teatro, sino la realidad. Y bajo el influjo de esa impresión, y quizás algunos al calor de las copas, empezaron a disparar con balas de verdad hacia la multitud de actores.

Los actores vestidos de soldados, respondieron disparando sus fusiles, pero éstos sólo tenían balas de salva, lo que explica que sólo haya habido muertos entre los actores y no en los edificios de donde disparaban en serio.

¡NO SEAS CHILLÓN: NOMÁS JUE UN PIQUETITO!

ADEMÁS, TIENES QUE GRITAR ¡AY!, NO ¡UYUYUY!

..Y AL GRAL. TOLEDO LE DIERON UN TIRO..

PERO JUÉ DE SALVA...SEA LA PARTE..

La pronta intervención de militares que formaban el Batallón Olimpia logró que no se tuvieran que lamentar más que tres muertos entre los actores, más un espectador al que le cayó en la boca una bengala lanzada desde un helicóptero encargado de la iluminación del espectáculo, provocándole un ataque de asfixia.

¡GRACIAS, LICENCIADO! GRACIAS A USTE TUVIMOS OLIMPIADAS..

COLOSIO: LOMAS TAURINAS 94

¿POR QUÉ NO LEVANTA ESTA PINCHE CAMPAÑA?

PUES PORQUE USTED ES EL CANDIDATO DE SALINAS, LICENCIADO...

Los encargados de la campaña de Colosio planearon entonces lo que podría ser una manifestación de simpatía hacia el candidato priista: UN ATENTADO que lo presentara como víctima a los ojos del pueblo.

La idea era que lo hirieran levemente en un callo de parte de pistoleros pagados por el PAN o el PRD y con eso la campaña se iría para arriba y adelante. Genial idea!!!

CHIN: LO QUE NO ME ACLARARON ES SI LE DISPARO AL PIE IZQUIERDO O AL DERECHO..

Colosio, por su parte, contrató a otro pistolero para que liquidara al Dr. Zedillo, su jefe de campaña (en ese mismo acto), pues lo consideraba más salinista que el Pelón.

El pistolero -muy chafa- contratado para el atentado, fue estorbado por alguien, y el tiro que iba destinado al callo, fue a dar al estómago de Colosio, mientras que el otro pistolero confundió a Colosio con Zedillo, ignorando que Zedillo ya sabía lo que le habían organizado y ni siquiera se asomó por Tijuana.

¡CHIHUAHUA! YA NO SE PUEDE CONFIAR EN NADIE...

¡LA PISTOLA DIO UN GIRO COMO DE 90°..!

Del otro pistolero no se ha vuelto a saber nada: al parecer se apellidaba Muñoz Rocha.

FIESTAS INFANTILES (pag 263)

SECCION MANGARILLA
Si funciona...
y funciona muy bien.

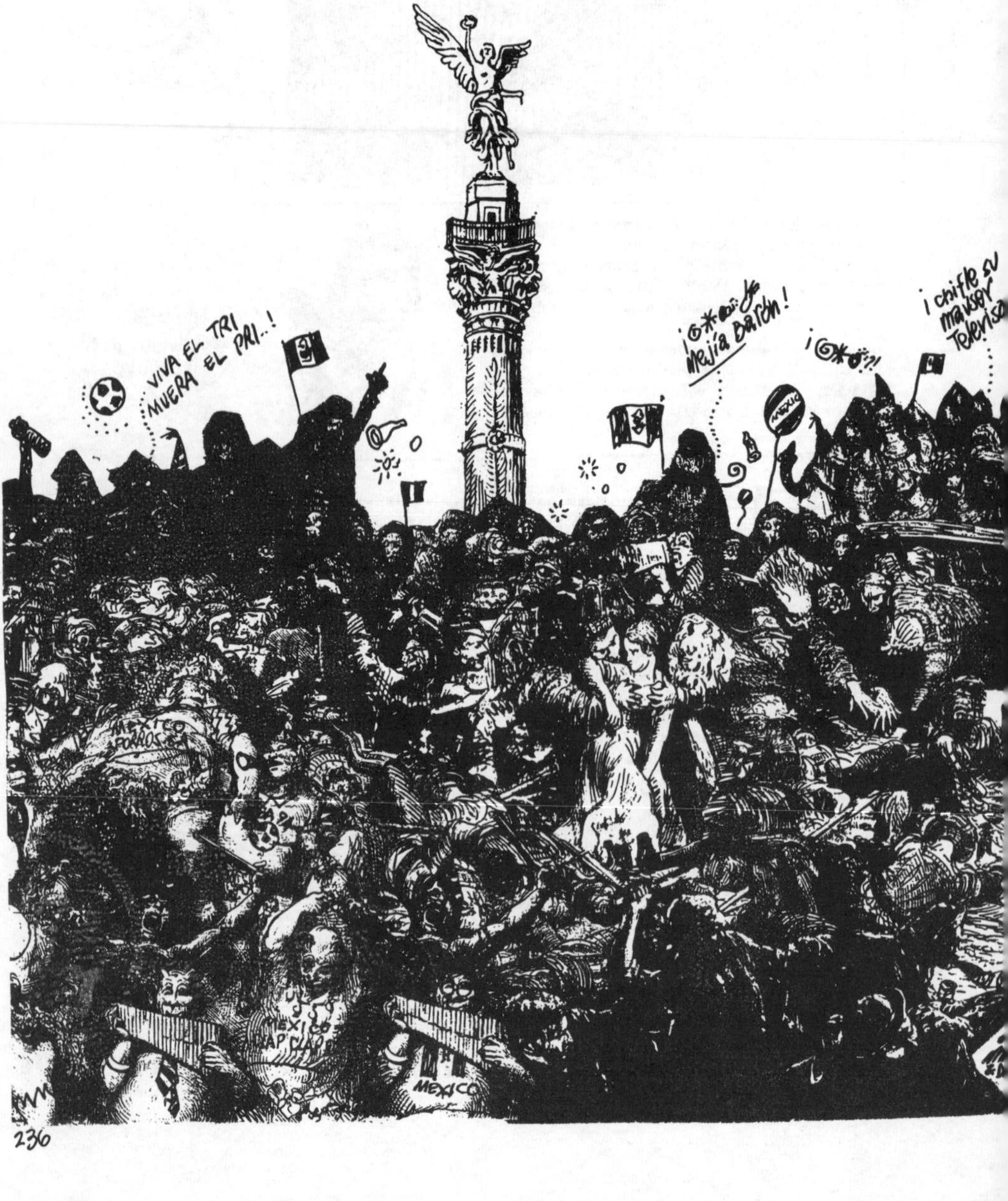
VIVA EL TRI
MUERA EL PRI..!
Mejía Barón!
¡chifle su mauser Televisa

(CARTÓN
INÉDITO)

(HASTA
ORITA)

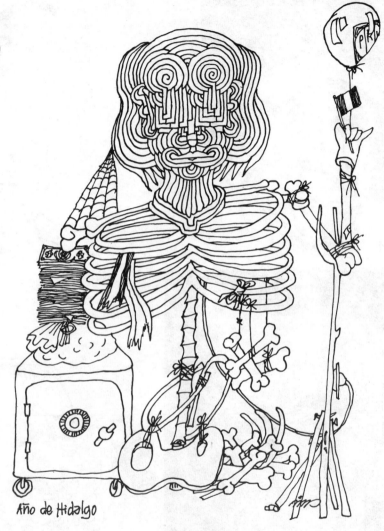

Año de Hidalgo

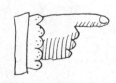
237

Sergio Navarro

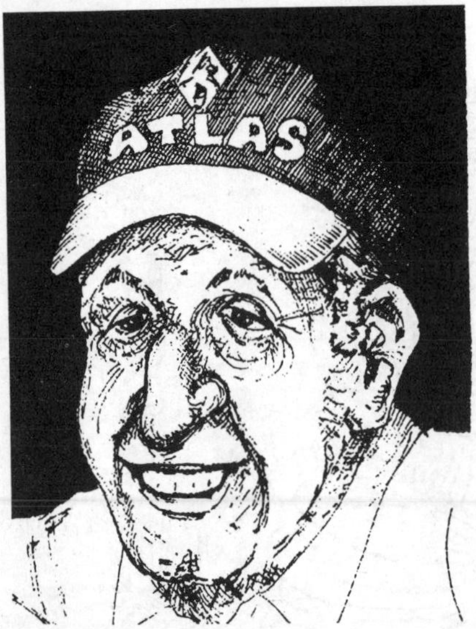

ATLAS

Tafolla

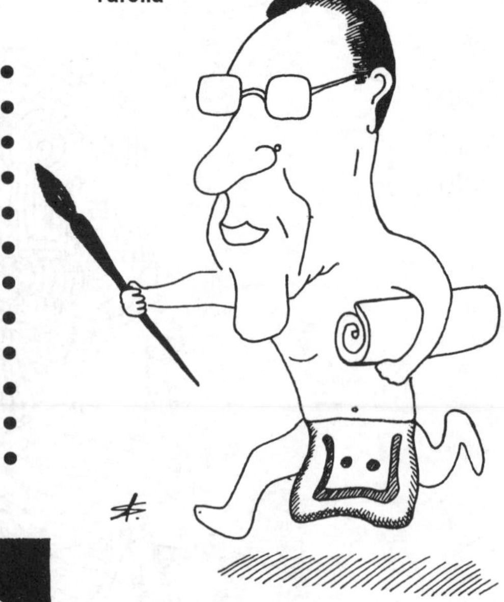

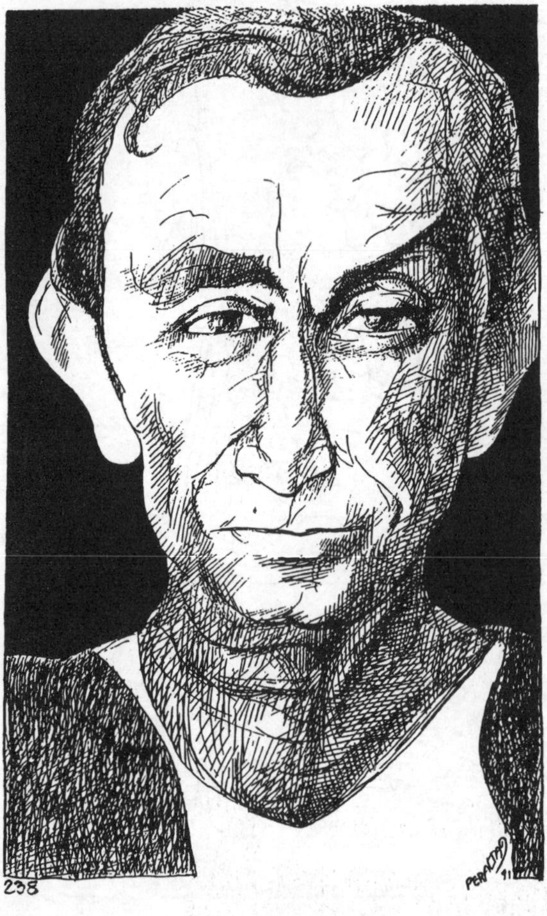

Peralta

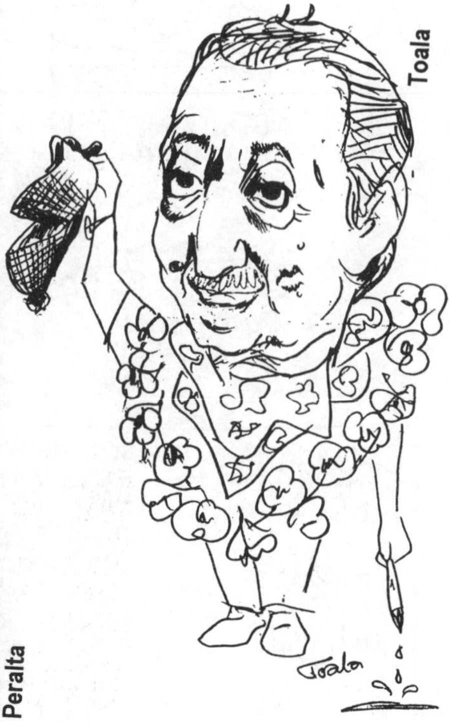

Toala

"Rius", ignorante antitaurino

MANUEL MONTES DE OCA

Basta ya! Ahora resulta que "Rius" se incorpora a ese hermosísimo ramillete de hermanitas de la caridad, cuya finalidad existencial estriba en atacar inmisericordemente, todo lo que representa la "fiesta brava". Pero lamentable es en verdad, observar cómo el caricaturista aborda el tema, sin conocer absolutamente nada de toros, porque nunca ha querido saber nada de ellos. No estar enterado a profundidad y a conciencia de lo que es ciertamente la fiesta de los toros, lo margina en su ignorancia y lo imposibilita a opinar sobre el tema. No es suficiente leer y fusilarse unos cuantos libritos antitaurinos, para atreverse a escribir sobre toros.

pobre caricaturista, pero el pasquín publicado está plagado de mentiras, falsedades históricas y graves calumnias a los ganaderos, empresarios, toreros, apoderados y en general a toda la gente involucrada en nuestra fiesta nacional.

Alberto Balderas no murió a consecuencia de una cornada en la femoral, como dice el lápiz. Ni el ruedo se llama "campo de juego". Ni el público está siempre a favor del torero, sobre todo en estas épocas en que el público y las autoridades exigen el trapío. Tampoco los toros son criaturas indefensas, basta analizar las extensas listas de heridos y muertos en el ruedo a través de la historia del toreo.

derados o ganaderos les insertan algodón y estopa para dificultar la respiración de las reses. Esta calumnia también es risible, porque si algo es imprescindible, es que el toro pueda rendir en todos los momentos de la lidia, la vida es suficiente para proporcionar una buena faena. El toro se aboñarfa de inmediato, de tener estopa en las vías respiratorias. Además la estopa es imposible de introducir por las vías nasales del toro. ¡Fantasías y más fantasías de fantástico lápiz! Tantos comics, le han trastornado el intelecto.

Toda esta maraña monstruosa de calumnias, inventos, falacias, exageraciones, lesiona con su ignorancia su...

71 Toros sí, toreros no

NADA PERDERÍA EL PAÍS SI SE SUPRIMEN LAS CORRIDAS DE TOROS: AL CONTRARIO, SALDRÍA GANANDO EN DIGNIDAD, CULTURA, EDUCACIÓN Y PRESTIGIO...!

Este libro fue y sigue siendo muy atacado por los empresarios taurinos, vía sus achichincles-cronistas taurinos, que quieren seguir mamando de los toros. Espero me entiendan... Ha sido el primer libro antitaurino publicado en América. Y desde luego que soy un *ignorante taurino*, no faltaba más...

Un librito muy superficial

Por Rafael Solana

El simpático dibujante Rius (Eduardo del Río), que se especializa en tratar temas serios en forma vulgar y mandangosa, ha entregado a la prestigiosa casa editorial de don Juan Grijalbo un librito de poco más de cien páginas, de esos que tienen muchas estampas y poco texto, y que generalmente dirige a recién alfabetizados, aunque también pueden ser hojeados por analfabetas, que se divierten con los monitos sin necesidad de

BRIGITTE BARDOT...

hincarle el diente al texto, que suele estar en mínimas proporciones con las caricaturas o viñetas que amenizan la publicación. Se llama "Toros sí, toreros no", y tiene pie de imprenta de 1991 (el tiro es de cinco mil ejemplares).

En esta diatriba contra la fiesta de toros, una más de las muchas que ella ha sufrido incólume, una más torpe e ineptas que otras, además de dar el artista una confesión de su casi absoluto desconocimiento del espectáculo, al que sólo dice haber asistido una única vez, hace más de cincuenta años, acumula y repite con regodeo todas las tonterías y las necesidades que se han dicho o escrito en un siglo, para emparejarse con la actriz francesa Brigitte Bardot, con el periodista italiano Carlos Coccioli, y con otros desconocedores y detractores del toreo. Cita también a un distinguido hombre de nuestra historia patria, el do... ...lisario Domínguez ...ó en febrero...

¿O LE APORTA AL PUEBLO ALGO POSITIVO EL PRESENCIAR LA TORTURA DE UN ANIMAL?

(A MENOS QUE NUESTRAS AUTORIDADES EDUCATIVAS CONSIDEREN QUE LAS CORRIDAS SON UNA MANIFESTACIÓN CULTURAL DIGNA DE SER VISTA POR NIÑOS Y NIÑAS PARA SU FORMACIÓN INTELECTUAL Y MORAL...)

No falta quien me considera algo así como "el apóstol del naturismo y la comida vegetariana" en México. Sí reconozco que, cuando empecé a meterme con la mala alimentación del mexicano, en la ciudad de México había <u>un solo restaurante vegetariano, y ninguna tienda naturista</u>.

Y hoy nada más recorran todas las estaciones del Metro, o asómense a casi todas las ciudades importantes del país...

Ha nacido y crecido una gran industria naturista y muchísimas personas se han vuelto vegetarianas... (Aunque también se han multiplicado los charlatanes y vivales de lo esotérico y naturista. Espero pues que no se les ocurra hacerme una estatua por andar haciéndolo...)

teLe ViSA

CAN TIN FLAS

Hubo un tiempo que hice
mucha caricatura perso-
nal, pero confieso que,
por lo general, no se me
da muy bien el género.

TAMAYO

• • • • • • • • •

A DON SERGIO MAY, VOLUNTARIO PROMOTOR
TURÍSTICO DEL EDO. DE MORELOS.

El cocinero vegetariano

Como una continuación de la *Panza* se asomó a las librerías este nuevo libro de nutrición, debidamente complementado con un recetario muy cotorro de comida vegetariana. A una amiga que estaba practicando con una de las recetas, se le quemó el guiso por estarse riendo con el libro. Recomiendo entonces que le encargue a otra persona el cuidado de la estufa, mientras sigue leyendo las recetas.

Las portadas de todos mis libros las he hecho yo, que conste. Aunque no creo que le dé envidia de ninguna a mi cuate Vicente Rojo.

Y POR OTRO LADO, RESULTA IMPOSIBLE ESTAR CALCULANDO A LA HORA DE COMER CUÁNTAS PROTEÍNAS, CALORÍAS O GRAMOS DE CARBOHIDRATOS ESTÁ UNO CONSUMIENDO.

si me paso, que Diosito me perdone..

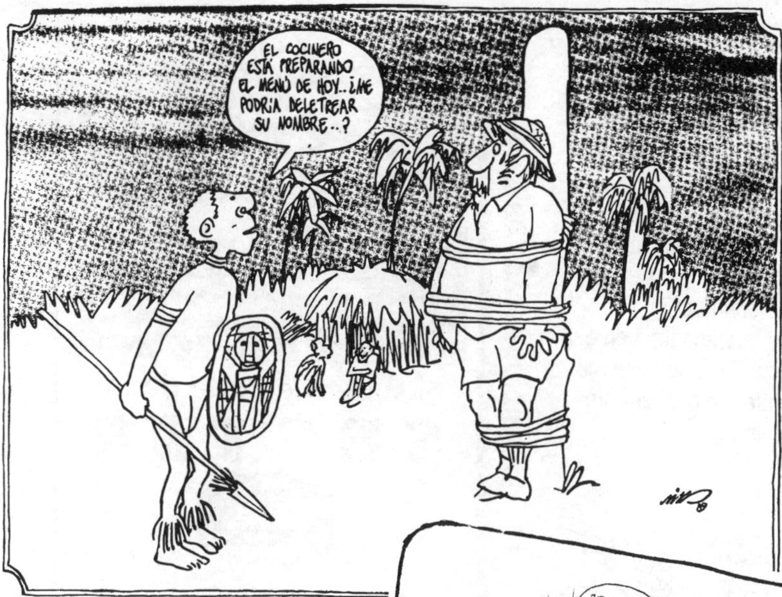
EL COCINERO ESTÁ PREPARANDO EL MENÚ DE HOY.. ¿ME PODRÍA DELETREAR SU NOMBRE..?

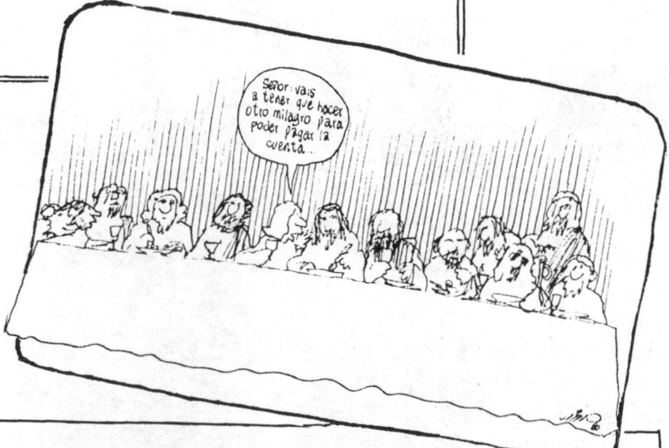
Señor: vais a tener que hacer otro milagro para poder pagar la cuenta...

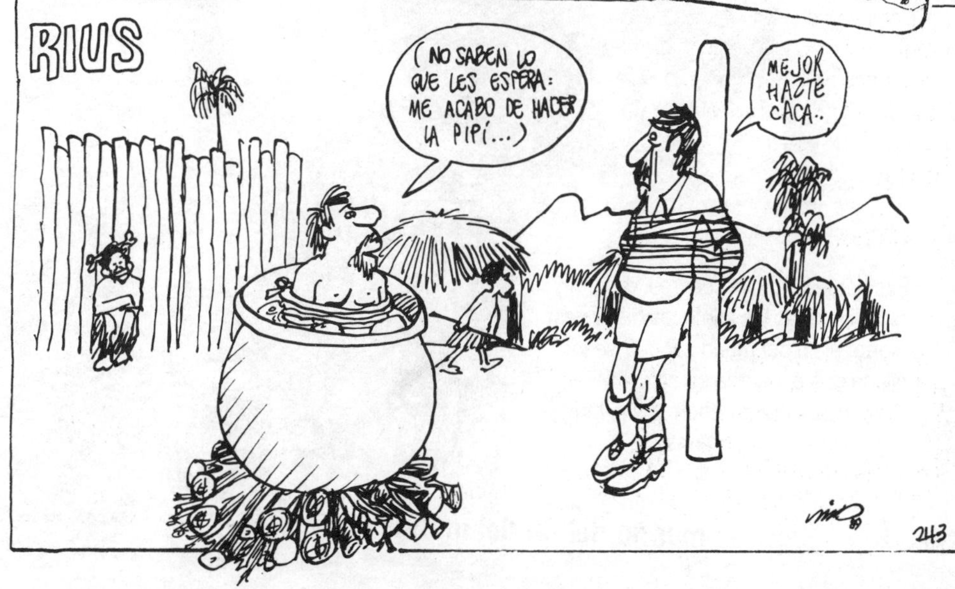
RIUS
(NO SABEN LO QUE LES ESPERA: ME ACABO DE HACER LA PIPÍ...)
MEJOR HAZTE CACA..

i ya me había echado de enemiga a
la Iglesia Católica, con este libro aumenté la lista con todas las sectas
analizadas con rigor en él.
Muchas amigas que andaban en esa
farsa de Siddha Yoga, todavía me
ven feo cuando me encuentran.
Ni modo...

r i u s

el supermercado de las

S E C T A S

grijalbo

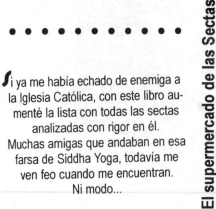

TODAVÍA
SE PUEDE
SALVAR LA
TIERRA..

SÍ, DEJÁNDOLA
SIN GENTE..!

Excelente libro que resume, reseña y
recopila todas las idioteces humanas
sobre el fin del mundo, y que se les
olvida que el mundo se está acaban-
do por otra clase de idioteces, también humanas.

**EL
MUNDO
DEL
«FIN»
DEL
MUNDO**

¿ Y USTED ANDA EN TODO ESO DE LAS SECTAS? PORQUE NO ME GUSTARÍA QUE SE METIERAN CON LA MÍA..!

NO, NO, NO -- CON EL SEÑOR DE LOS CIELOS, PARA NADA..!

¡ EL SEÑOR DE LOS CIELOS !! ÉSA DEBE SER DE NARCOS .. SERÁ LA PUERTA DEL CIELO ! LA DE GUADALAJARA..

POS CREO QUE SÍ LA ANDAN CHECANDO .. PERO USTÉ NO ES DE ÉSOS ¿ VERDAD?

NO, NO, NO = YO SIGO SIEMPRE FIEL AL VATICANO .. PERO MI SUEGRA SE METIÓ CON LOS TESTÍCULOS..

¿ CON LOS QUE ... DE QUIÉN ?

(el Cambujo quiso decir..)

los testigos de Jehová

NOMÁS QUE ESA SECTA NO ES DEL NIU EICH.

LOS TESTIGOS DE JEHOVÁ NO ESTÁN CONSIDERADOS COMO SECTA DE LA NUEVA ONDA, PUES SU FUNDACIÓN EN ESTADOS UNIDOS DATA DEL AÑO.. 1884

PERO COMO ES UNA DE LAS SECTAS MÁS CONOCIDAS Y QUIZÁS LA QUE LE HA QUITADO MÁS CLIENTELA AL VATICANO, VAMOS A ESTUDIARLA AUNQUE SEA BREVEMENTE →

* TODAS (O CASI TODAS) LAS SECTAS AQUÍ RESEÑADAS, SUFRIERON UN INFARTO CON ESTE LIBRO.. Y MUCHAS AMIGAS METIDAS EN SIDDHA YOGA, TODAVÍA NO ME PERDONAN LA DESCOBIJADA A SU GURUMAYI...

245

Con el Sub hemos firmado un acuerdo: ni yo le digo cómo hacer la guerrilla, ni él se mete con mis monos. Al contrario…

246

Cartón hecho durante la entrevista

OCTUBRE 1999

PARA EL AUN MAESTRO RIUS

DE SU ALUMNO (SUB) APLICADO

CON ADMIRACIÓN Y RESPETO

SubComandos

Magú

RIUS and MAGU

A MI NO ME ENGAÑAS, YO SÉ QUE COBRAS CHAYOTE POR CRITICAR A LA IZQUIERDA

¿PAGAN POR ESO? hacerlo Dicho, COMPADRE, SIEMPRE LA HE CRITICADO DE GRATIS ¿A DÓNDE PASO A COBRAR?

Luis Carreño

con mi afecto para E del R. de LUIS CARREÑO 91.

El Fisgón

Helguera

248

76 Kama Nostra

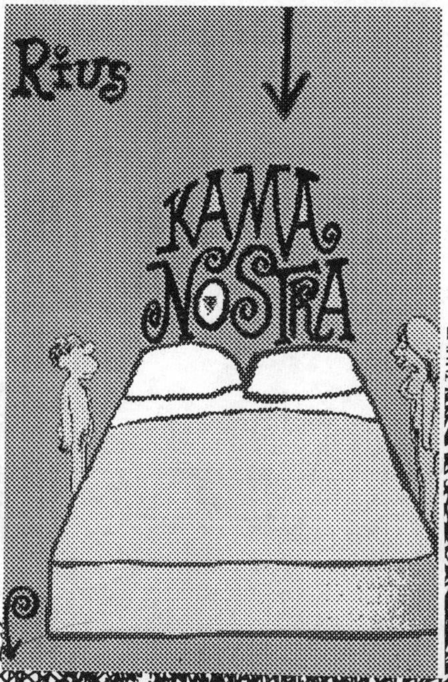

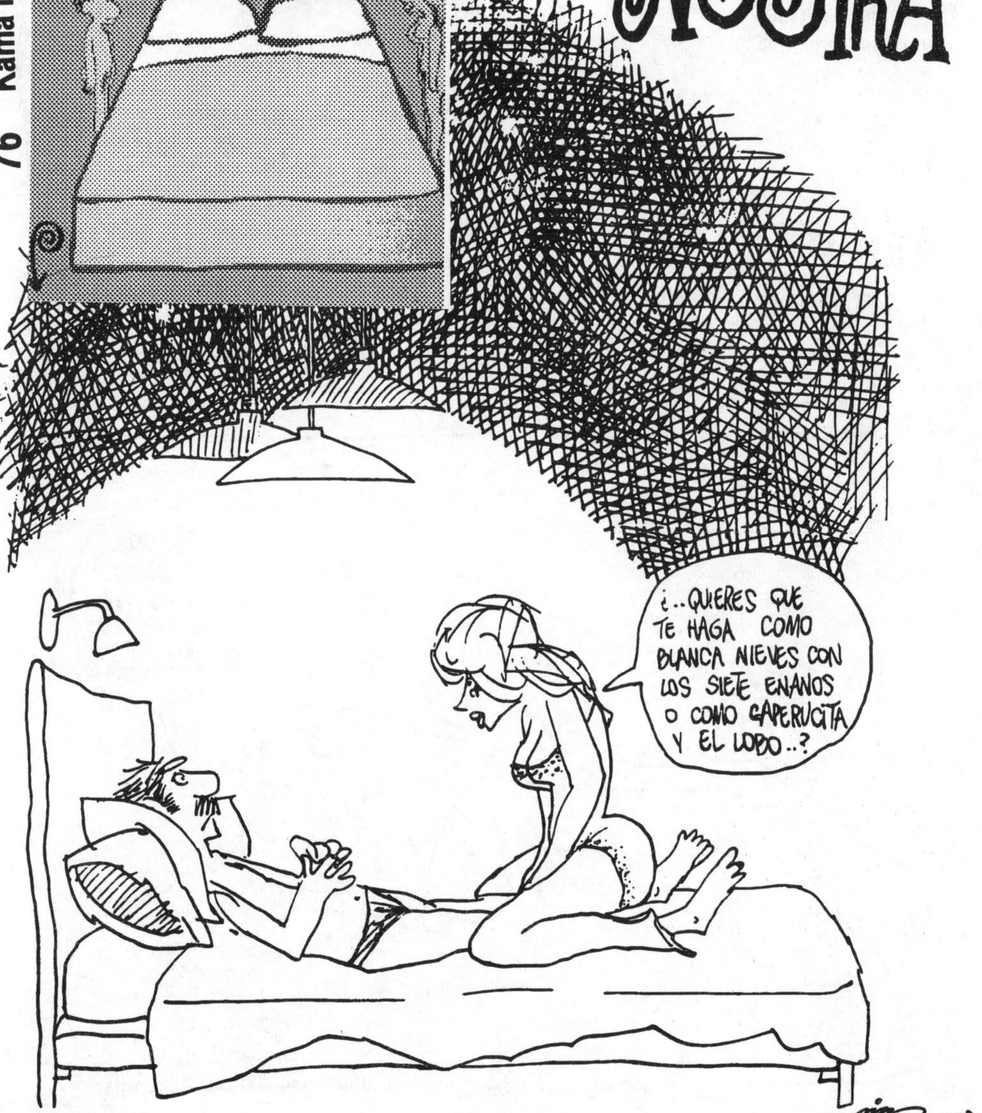

Este librito traté de publicarlo en Alemania, pero siendo allá tan bravo el tono de su humor erótico, me dijeron que "a la mejor alguna editorial infantil se pudiera interesar..." En eso del erotismo-porno los alemanes están gruexos...

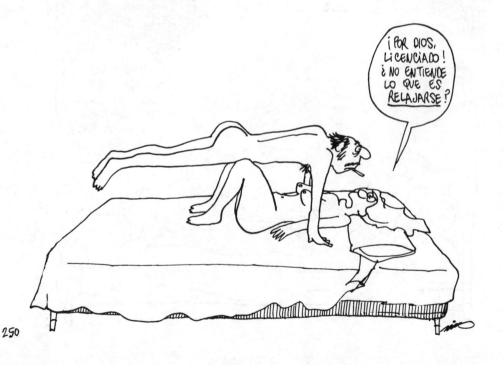

250

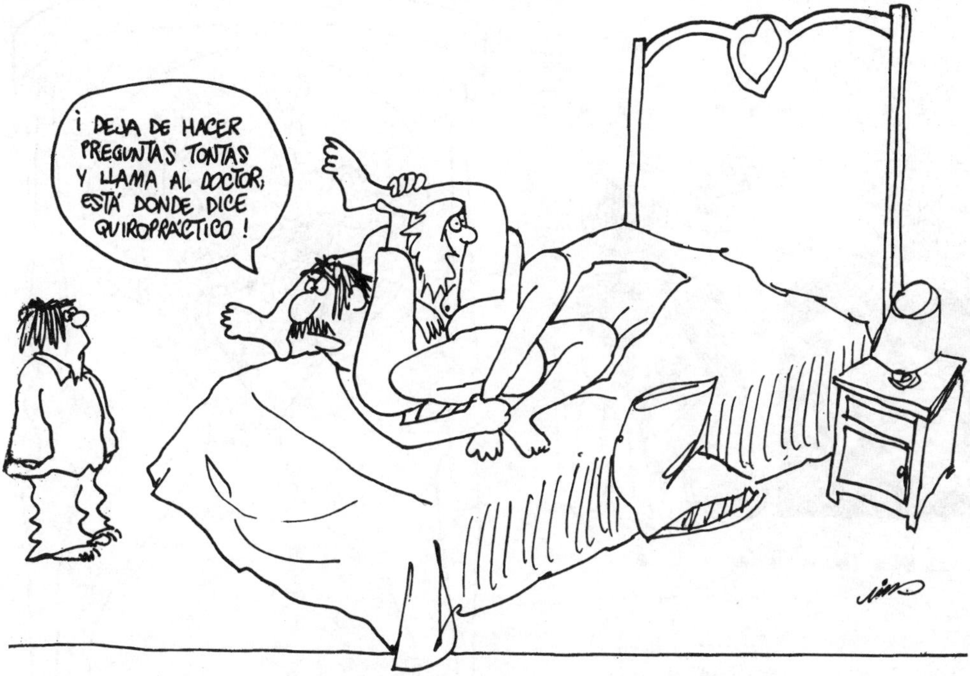
¡ DEJA DE HACER PREGUNTAS TONTAS Y LLAMA AL DOCTOR; ESTÁ DONDE DICE QUIROPRÁCTICO !

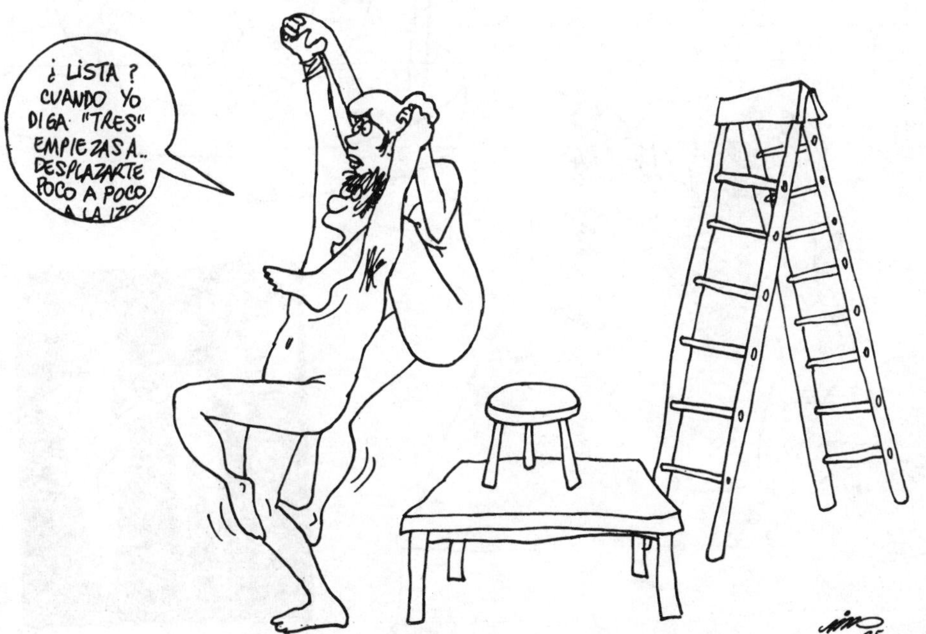
¿ LISTA ? CUANDO YO DIGA "TRES" EMPIEZAS A.. DESPLAZARTE POCO A POCO A LA IZQ

DON JUAN

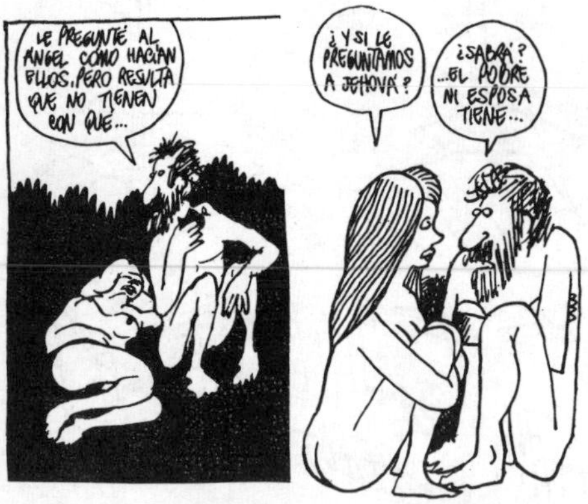
LE PREGUNTÉ AL ÁNGEL CÓMO HACÍAN ELLOS, PERO RESULTA QUE NO TIENEN CON QUÉ...
¿Y SI LE PREGUNTAMOS A JEHOVÁ?
¿SABRÁ? ...EL POBRE MI ESPOSA TIENE...

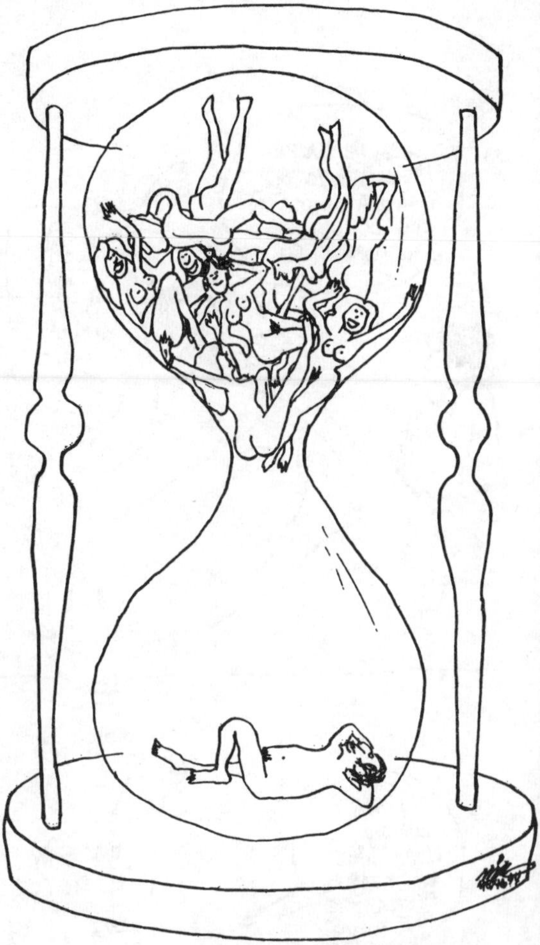

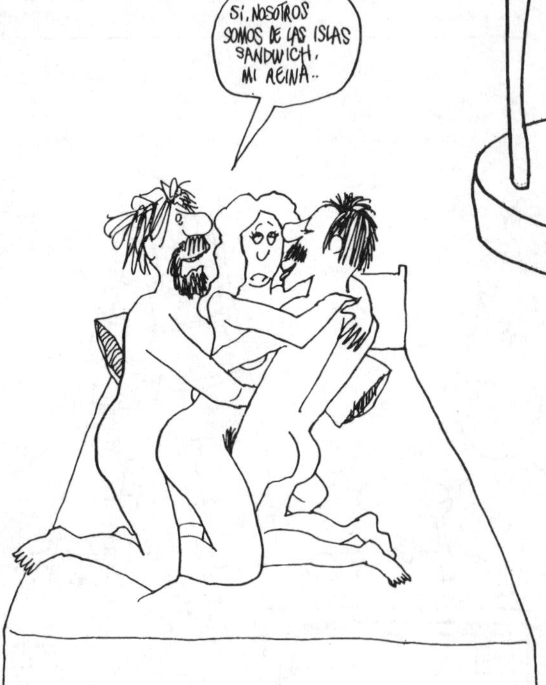
SÍ, NOSOTROS SOMOS DE LAS ISLAS SANDWICH, MI REINA..

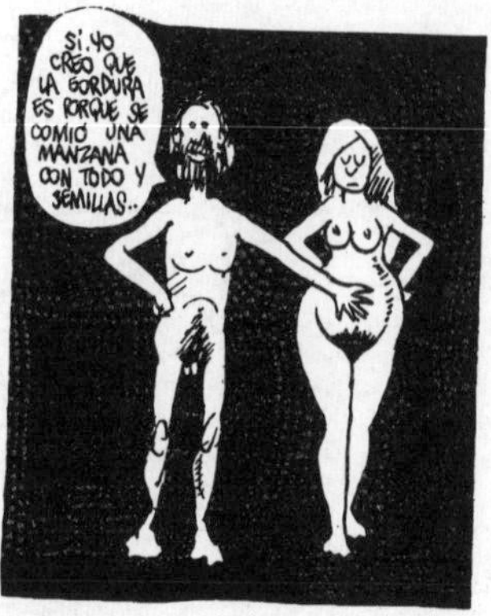
SÍ, YO CREO QUE LA GORDURA ES PORQUE SE COMIÓ UNA MANZANA CON TODO Y SEMILLAS..

✳ CUATRO INÉDITOS

¿CÓMO QUE EL NEOLIBERALISMO ES COMO LA BOMBA DE NEUTRONES..?

SÍ PUES: SÓLO MATA A LA GENTE..

SI INSISTES EN NO DECIRNOS TODO, NOS VAS A OBLIGAR A RECURRIR A LA VIOLENCIA, PENDEJO..

Por eso los confunden: mis discípulos viajan en burro, no en Grand Marquis...

INRI

¿cómo demostrar la mexicanidad?

DOMINAR EL INGLÉS, HABER CELEBRADO UNA VEZ AL MENOS LA INDEPENDENCIA EN LAS VEGAS Y SER EGRESADO DEL TECNOLÓGICO DE MONTERREY..

I ♥ USA

DUO DE DOS

La piel es mansa,
o nos parece mansa,
y hasta podemos decir
que está dormida.
 Pero tú y yo
nos propusimos una tarde
sentirla y·despertarla,
hacerla arder
a fuerza de caricias,
besos y otras artes
incluídas en Cantares
de ~~los~~ Cantares,Kama-Sutras
y añejas tradiciones.
 Derrotamos así
la mansedumbre de la piel
y ahora yo me atrevo
a despertar tu cuerpo
para cantar
con las urgidas voces
del deseo,un dúo
de amor contento
y satisfecho.

5-V-90.

254

DOS POBRES
EJEMPLOS
(creo)
DE MIS DOTES
POÉTICAS.

LA ACUARISTA

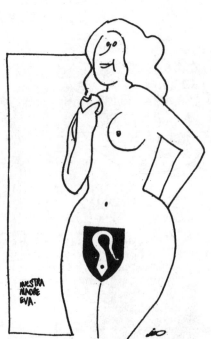

NUESTRA
MADRE
EVA.

Adiós

Cuando pasen los años y los días
de los años, y las horas
de los días, y todo lo
demás que pasa normalmente,
excepto la ciruela pasa,
¿qué pasará contigo, señora tempestuosa?

Cuando pase todo eso formado
de tiempo, de recuerdos y nostalgias,
y el tiempo haya cavado un foso
entre tu alma y la mía,
y yo solo sea un hombre que amó
tratando de amar más allá del amor,
un pobre hombre cansado de buscar
y rebuscar por los jardines de don Eros,
doña Venus y la empresa
Kama Sutra Incorporated,
¿qué será de ti, señora tempestuosa?

Podrás pensar, me imagino,
que todo lo que fue nuestro,
por un mínimo instante, terminó llevado por el viento,
y pasó al archivo de besos
and caricias and prospectos de éxtasis,
(o éxtasis logrados), sin dejar ni una huella
ni una herida, ni un rasguño.

Y pasará contigo, me imagino,
que ~~que~~ no tendrás nada que decir en plan de queja,
reproche, inquisitoria o vil mentada,
pues lo nuestro, fugaz y alabastrino,
se mantuvo en el plan de lo presente,
urgente y emergente,
sin pretender encadenarse al tiempo,
ni someterse al ritmo acostumbrado
por las rutinas que llaman conyugales.

Adiós, susurro de salida,
agradeciendo y gracias, musito en despedida.
Adiós y gracias por tu compañía, tus piernas
cuello, boca y comisuras,
en besables lugares ubicadas.
Y cuando pasen más años y más
días
estarás donde tienes que estar,
señora tempestad, recordando las fiestas empiernadas
que nos llevaron al ratito
feliz (espero), cachondo (espero) y
bastante gratamente recordable.
Espero.

52 sonrisas   **77**

Dos extraños "libritos de escritorio" que hice para otra editorial. No sé si los reeditaron. Aquí van varios ejemplos del contenido.

Cualquiera puede ser genio. Lo único malo es que hay que levantarse temprano a trabajar.

52 maneras de reír   **78**

Dominó para principiantes   **79**

Con el libro del dominó, dudo mucho que alguien aprenda a jugarlo, excepto a hacer trampas...

Algunas esposas no viven *con* sus maridos, sino *contra* sus maridos.

El arte principal de ser padres, consiste en tomar un trago cuando los niños no te ven.

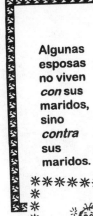

La diferencia entre un otorrinolaringólogo y un ornitorrinco, es que, si el ornitorrinco se enferma de la garganta, lo llevan con un otorrinolaringólogo, pero si éste se enferma, tiene que consultar a un otorrinolaringólogo.

Si en las *Bodas de Canaán*, Jesús hubiera convertido el vino en agua, creo que no habría tantos borrachos.

LA IGLESIA
y otros cuentos

RIUS

RIUS:
LA + IGLESIA
DE LOS
AGACHADOS

LOS DOMINICOS DE SANTA MINERVA, POR EJEMPLO, SON LOS AFORTUNADOS POSEEDORES DE:

¡LAS CENIZAS DE ABRAHAM!

Y

¡UNAS GOTAS DE LECHE DE LA VIRGEN MARÍA!!!

PERO NO ES NADA: LOS PADRES SERVITAS DE LA IGLESIA DE SAN MATEO, EN ROMA, ATESORAN..

¡LOS CUENTOS DE MOISÉS Y LOS PAÑALES DEL NIÑO JESÚS!!

Y EN LA IGLESIA DE SAN JUAN DE LETRÁN - DE ROMA - VENÉRASE LA VARA DE AARÓN Y LA COLUMNA SOBRE LA QUE CANTÓ EL GALLO DE SAN PEDRO.

El primer libro sobre vuestra Santa (?) Madre (¡!) Iglesia fue una simple recopilación de varios números de *Agachados*, que NO cuento como libro. Más tarde lo corregí y aumenté y se volvió

La Iglesia y otros cuentos, que le ha quitado un poquitín de clientela a la Madre esa.

MENU
JESUITA AL VAPOR

CON FAMA DE IZQUIERDISTA, PAULO VI SIN EMBARGO TENIA SERIOS PROBLEMAS DE COMPRENSIÓN DE LAS CUESTIONES SEXUALES...

JESÚS ERA CÉLIBE: LUEGO, TODO CATÓLICO DEBE SERLO Y USAR SU COSITA SOLO PARA PROCREAR...

RETIRÓ PUES DEL CONCILIO EL TEMA DEL CONTROL DE LA NATALIDAD Y TOMÓ EN SUS MANOS LA DECISIÓN (PREVIA CONSULTA CON EL ESPÍRITU SANTO. AMÉN)

EN OTRAS PALABRAS, EL PAPA VETÓ EL TEMA...

EL AUTORITARISMO PAPAL LE IMPIDIÓ VER LA TONTERÍA QUE ESTABA POR COMETER → SI YA SE HABÍA PERMITIDO UN MÉTODO ANTICONCEPTIVO, ¿POR QUÉ NO PERMITIR OTROS? ASÍ QUE DECRETÓ:

EVITAR LA CONCEPCIÓN ES UN PECADO MORTAL. ANTO

¡LA FREGAMOS Y COMPAÑÍA! OTRA VEZ UN SOLO HOMBRE DECIDÍA QUE DEBÍAN HACER EN SU VIDA PRIVADA MILLONES DE SERES HUMANOS...

BUENO, CON NO HACERLE CASO SE ARREGLA TODO...

AMÉN

• • • • • • • • • • • • • • •

rius (rojo)

PURÉ DE PAPAS

Historia secreta del Papado Vaticano

CERRADA POR LIQUIDACIÓN

¡milagro!

Puré de Papas

82

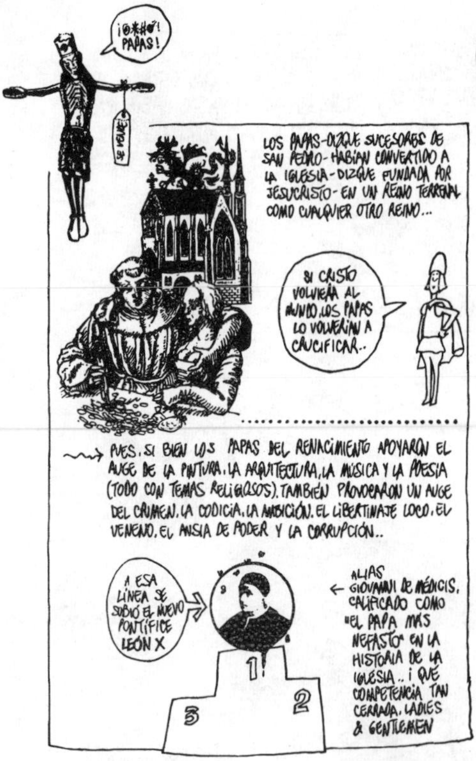
¡@*#@! PAPAS!
SE VENDE
LOS PAPAS-DIZQUE SUCESORES DE SAN PEDRO-HABIAN CONVERTIDO A LA IGLESIA-DIZQUE FUNDADA POR JESUCRISTO-EN UN REINO TERRENAL COMO CUALQUIER OTRO REINO...
SI CRISTO VOLVIERA AL MUNDO, LOS PAPAS LO VOLVERÍAN A CRUCIFICAR..
PUES, SI BIEN LOS PAPAS DEL RENACIMIENTO APOYARON EL AUGE DE LA PINTURA, LA ARQUITECTURA, LA MÚSICA Y LA POESIA (TODO CON TEMAS RELIGIOSOS). TAMBIÉN PROVOCARON UN AUGE DEL CRIMEN, LA CODICIA, LA AMBICIÓN, EL LIBERTINAJE LOCO, EL VENENO, EL ANSIA DE PODER Y LA CORRUPCIÓN..
A ESA LINEA SE SUBIÓ EL NUEVO PONTÍFICE LEÓN X
ALIAS GIOVANNI DE MÉDICIS, CALIFICADO COMO "EL PAPA MAS NEFASTO" EN LA HISTORIA DE LA IGLESIA.. ¡QUÉ COMPETENCIA TAN CERRADA, LADIES & GENTLEMEN
1
2
3

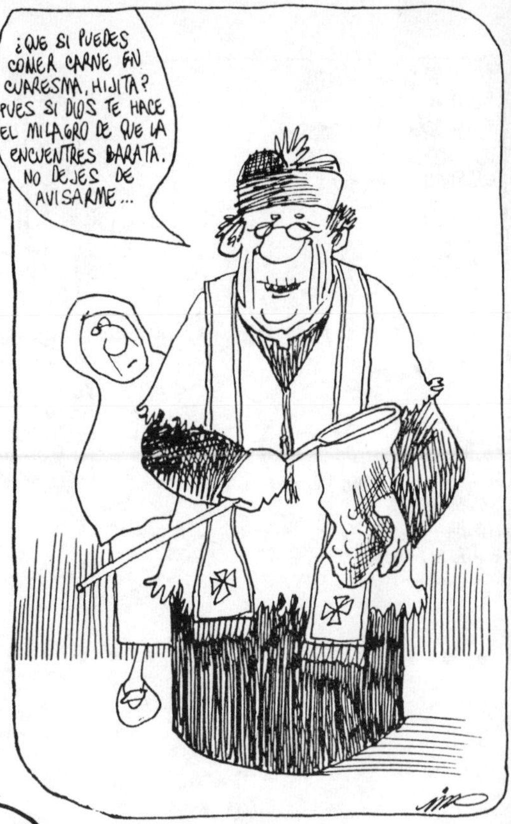
¿QUE SI PUEDES COMER CARNE EN CUARESMA, HIJITA? PUES SI DIOS TE HACE EL MILAGRO DE QUE LA ENCUENTRES BARATA. NO DEJES DE AVISARME...

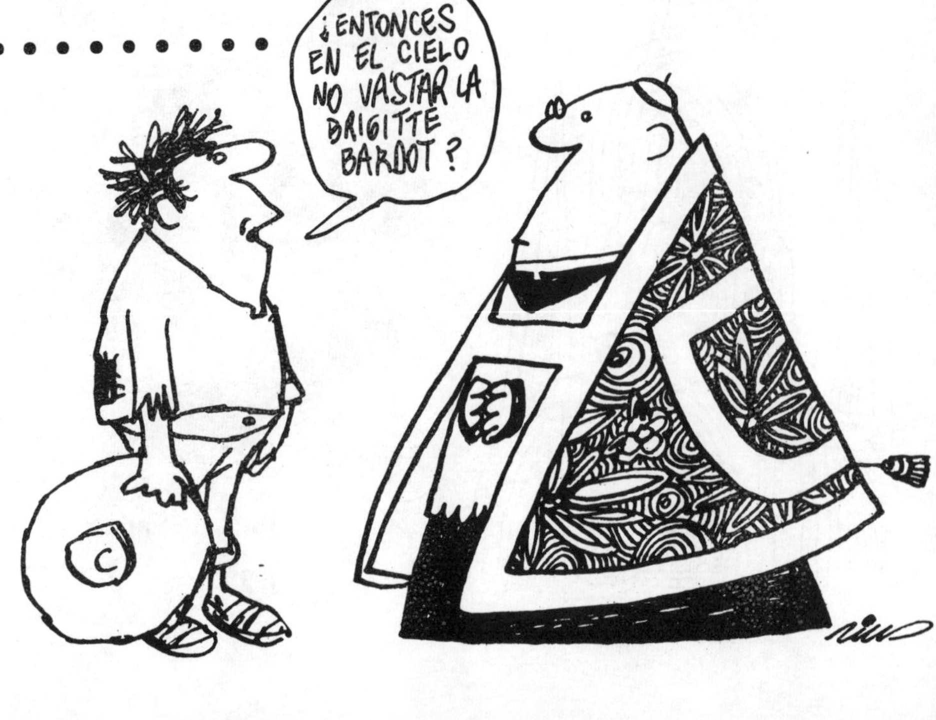
¿ENTONCES EN EL CIELO NO VA'STAR LA BRIGITTE BARDOT?
C

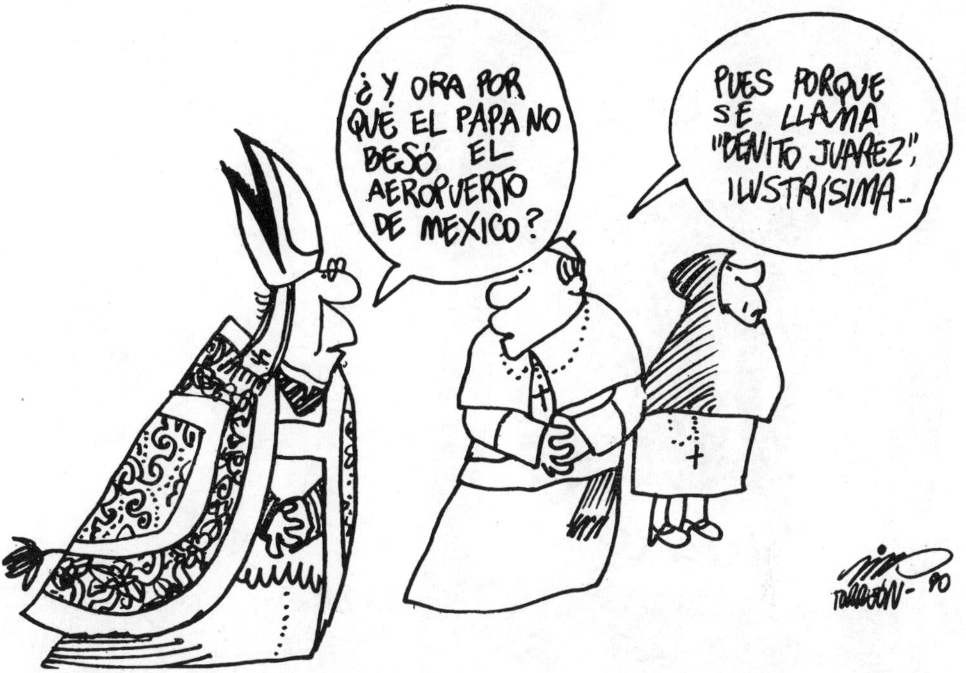
¿Y ORA POR QUÉ EL PAPA NO BESÓ EL AEROPUERTO DE MEXICO?
PUES PORQUE SE LLAMA "BENITO JUAREZ", ILUSTRÍSIMA..

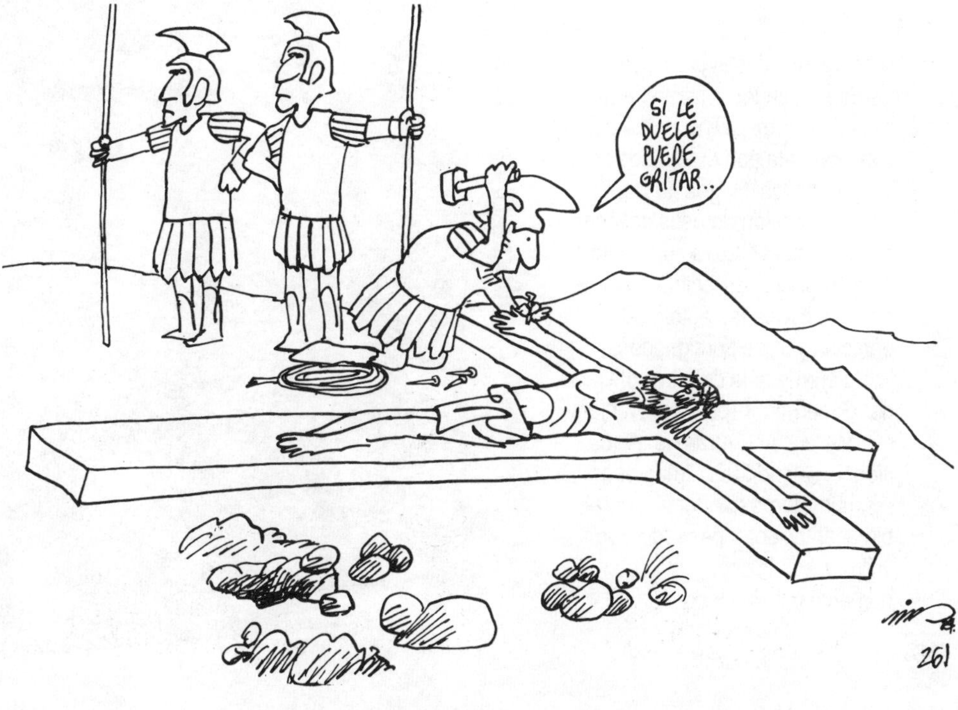
SI LE DUELE PUEDE GRITAR..

rius

LA BIBLIA

esa linda tontería

grijalbo

La Biblia, esa linda tontería

83 84

rius

Con perdón de Doré...
(y de la Biblia)

Con perdón de Doré... y de la Biblia

Un libro medio irreverente (para los que creen todavía que la Biblia es un libro "divino"), que se complementa con el agotado libro basado en los dibujos de Doré.

Una selección de esos *collages* que forman el libro, se presentó en el Festival Cervantino de Guanajuato, donde las autoridades panistas y otros persignados, impidieron que la comitiva oficial del Gobernador (panista) y adláteres, viera e inaugurara la exposición. En pleno 2003, imagínense.

Ambos libros han tenido increíble aceptación, a pesar de que vivimos en México, país pretendidamente católico y conservador...

UNA EXPOSICIÓN DE ESTOS COLLAGES SE EXPUSO EN EL CERVANTINO DE GUANAJUATO, CON GRAN DOLOR DE LAS BRAGUETAS PERSIGNADAS.

263

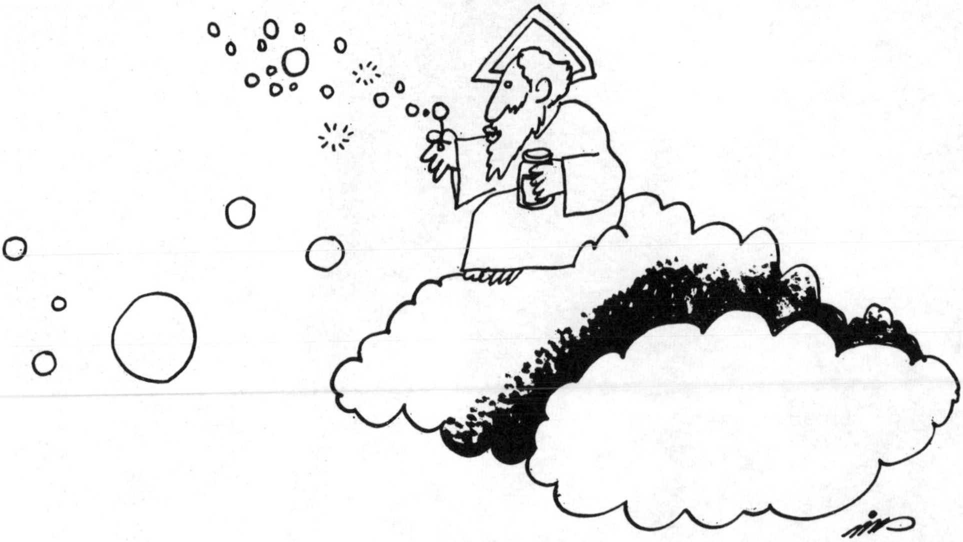

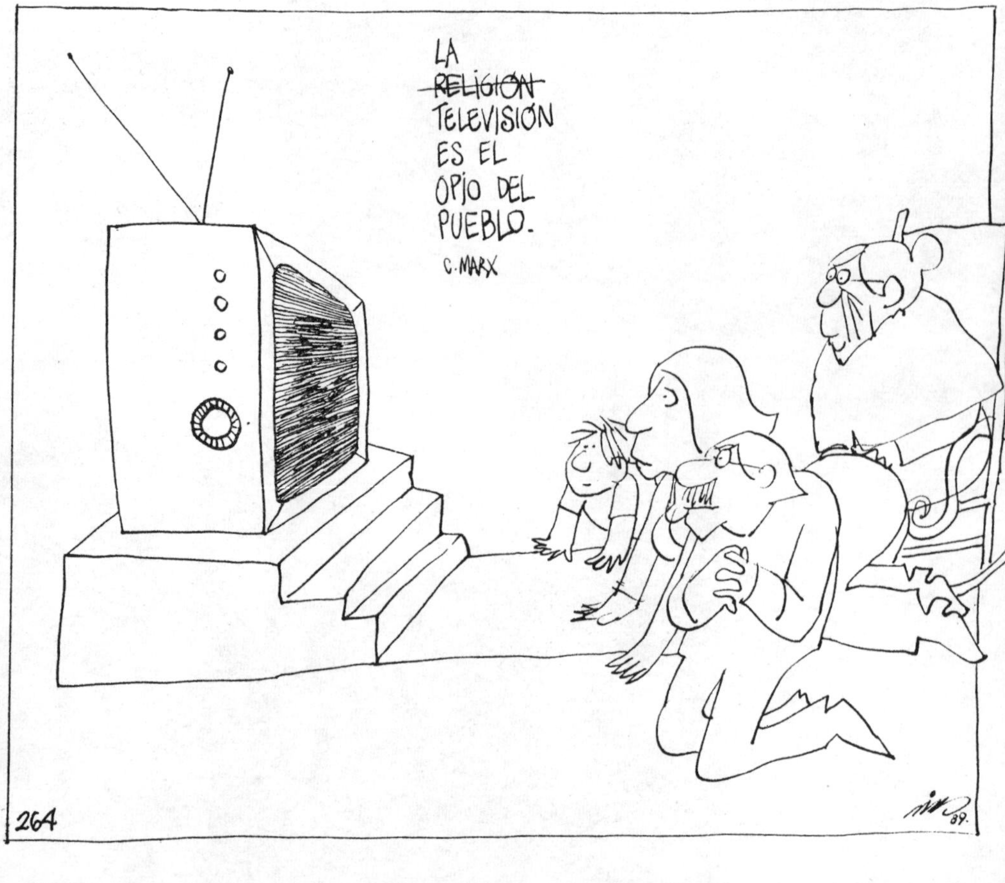
LA
~~RELIGIÓN~~
TELEVISIÓN
ES EL
OPIO DEL
PUEBLO.
C. MARX

Puré de papas en Colima

PERIODICOS LIBRES
RIUS JC PO SA DA

Rius/Ilustración de Ives Lequesne

José Hernández

Jis

265

SUPOSITORIOS Bíblicos

✡✡*✡*✡*✡*✡*

→ SE SUPONE (ES UN SUPOSITORIO, PUES) QUE LA BIBLIA FUE ESCRITA POR VARIOS JUDIOS A QUIENES JEHOVÁ LES SOPLÓ TEXTOS Y MÚSICA.

→ PERO, ¿QUÉ TAL SI SUPONEMOS QUE DON JEHOVÁ NO LE HUBIERA DICTADO A ESCRITORES JUDIOS, SINO A OTROS DE OTRAS NACIONALITIES?

✡✡*✡*✡*✡*✡*

ESOS SON NUESTROS SUPOSITORIOS BÍBLICOS DE HOY →

SUPOSI-TORIOS Bíblicos

según GARCÍA MÁRQUEZ

HIJOS DE LA GUAYABA: NOMÁS QUE PARE DE LLOVER LE TOMO EL DICTADO A JEHOVÁ, PORQUE EL CORONEL NO TIENE QUIEN LE ESCRIBA..

FAULKNER

FAULKNER

Y NO DESEARÁS SER IGUAL A TUS AMOS NI FORNICARÁS CON LA PATRONA, AUNQUE ELLA SE PONGA AL TIRO..

según OCTAVIO PAZ:

Y QUIERO ACLARAR QUE TODOS LOS DIVINOS MANDAMIENTOS TRAEN PILÓN: SI LOS CUMPLEN Y JUNTAN 8 MILLONES RECIBIRÁN UN VIDEO CASETTE CON MIS..

según HOMERO

DÉJENME ENTRAR Y POR JÚPITER LES JURO QUE TENDRÁN LA VIDA ETERNA: YO NO LOS ENGAÑO, SOY EL REPRESENTANTE DIVINO DE LOS DIOSES..

267

1997

RiuS

Los Panuchos **85**

LA PRIMERA EDICIÓN SALIÓ DOS AÑOS <u>ANTES</u> DE
LA IRRESISTIBLE ASCENCIÓN DE FOX A LOS PINOS.
PERO NI ASÍ LOGRÓ -EL LIBRO- HACERLE VER A
LA CIUDADANÍA LO QUE SE NOS VENÍA ENCIMA...
   PUDO MÁS -OTRAVEZ- LA FE CIEGA EN UN
MEROLICO Y LAS GANAS DE SACAR AL PRI...

SALINAS FAVORECIÓ EXTRAORDINARIAMENTE A LOS
EMPRESARIOS Y LES DIO -ADEMÁS- ACCESO AL
PODER POR LA VÍA DEL PAN...

¿que si los
empresarios
somos del PAN..?
Más bien el PAN
es de nosotros!

163

EL PRINCIPAL BENEFICIADO CON ESA MEDIDA FUE EL PAN...

PERO TAMBIÉN EL MÁS PERJUDICADO: TENER DIPUTADOS CON ESA FACILIDAD Y SIN HACER CAMPAÑA, NI ADQUIRIR COMPROMISOS CON LOS ELECTORES, LO VOLVIÓ VULNERABLE (COMO A TODA LA OPOSICIÓN)... Y CÓMPLICE DEL GOBIERNO.

ASÍ SE PIERDE AUTO-RIDAD MORAL... ¡NOS ESTÁN COMPRANDO!

VAMOS, NO ES IDEAL QUE NOS COMPREN, A QUE NOS ESTEMOS VENDIENDO...

¿SEGURO QUE NO?

HABRÍA QUE CONSULTAR A STO. TOMÁS DE AQUINO...

ESTO... ¿LE PODRÍAMOS DAR UNA PLURINOMINAL A UN TÍO MÍO QUE ESTÁ SIN CHAMBA?

EJELE: YA TE LA GANÉ PARA MI PRIMO...!

ESO Y LA NEGATIVA DE LA DIRECCIÓN A ADOPTAR COMO PROPIA LA DOCTRINA DE LA DEMOCRACIA CRISTIANA, DIVIDIÓ AL PAN. EN 1963 RENUNCIARON DESTACADOS PANUCHOS (Alejandro Avilés, Hugo Gutiérrez Vega, Rodríguez Lapuente, etc.) EL PARTIDO SE DEBILITÓ BASTANTEMENTE Y ESO SE VIO EN LAS ELECCIONES DE 1964, CON JOSÉ GLEZ-TORRES COMO CANDIDATO...

CASI 8½ MILLONES PARA DÍAZ ORDAZ...

...Y UN MILLÓN PARA GONZÁLEZ TORRES MOCHAS...

¡Y SÓLO 2 DIPUTACIONES!
(Y LA DE ARCELIA...)

1997

EL GOBIERNO SE NEGÓ A PERMITIR QUE SE REVISARAN LOS PAQUETES ELECTORALES Y EN CONSECUENCIA, A ANULAR LAS ELECCIONES...

...Y CON EL USUAL MADRUGUETE PRIISTA, SALINAS FUE DECLARADO PRESIDENTE ELECTO, ASISTIENDO A SU TOMA DE POSESIÓN NADA MENOS QUE FIDEL CASTRO...

(los paquetes se quemaron —curiosamente— en 1991.)

Y EL PAN NO DIJO NI MEDIA PALABRA DEL ASUNTO...

PORQUE YA, DESDE 1988, SE HABÍAN INICIADO LAS "PLÁTICAS" CON SALINAS...

SÍ: AL DÍA SIGUIENTE QUE TOMÓ POSESIÓN.

¿PLÁTICAS? ¡NEGOCIACIONES, DIGO YO!

EL ENCARGADO DE NEGOCIAR CON SALINAS FUE EL PRESIDENTE PANISTA LUIS H. ÁLVAREZ, CALIFICADO DE "TRAIDOR" POR LOS PROPIOS PANISTAS...

OH, SI NO LES GUSTA, QUE SE VAYAN DEL PARTIDO...

HOY, EN EL 2004, SE DEJA VER UNA DISFRAZADA **REELECCIÓN** QUE SERÍA, LA LOCA PRETENSIÓN DE DOÑA MARTHA DE LLEGAR A LA PRESIDENCIA, LLEVANDO A SU MARIDO...¿DE PRIMER DAMO? ¿DE ENCARGADO DEL DIF O VAMOS MÉXICO...? MIENTRAS, LOS PANUCHOS LE PIDEN A S. JUAN DIEGO NONATO UN MILAGRO: QUE SE ENFERME DOÑA MARTHA O Q. SE VUELVA INTELIGENTE EL SR. CREEL...

¡..VIVA ITURBIDE!

¡..VIVA HIDALGO, VIVA MORELOS, VIVA MINA..!

¡..VIVA MIRAMÓN VIVA DON PORFIRIO..!

¡..VIVA GUERRERO, ALLENDE, MATAMOROS, ALDAMA Y ABASOLO..!

¡..CÓMO ES USTED MONTONERO..!

¡..VAYA, YO QUE CULPA TENGO QUE NUESTROS HÉROES NO ESTÉN EN LA LETANÍA..!

LEER ES LA MEJOR FORMA DE VIAJAR

¡SILENCIO! LOCOS TRABAJANDO*

OBRA ORIGINAL DE HÉCTOR ORTEGA

ARAU

VIRMA

HÉCTOR SUAREZ

Susana Alexander

* ESCENOGRAFÍA (!)

*** DIRECCIÓN *** ALEXANDRO

Ejemplos varios de trabajos de otro tipo (carteles, folletos, logotipos, etc.) hechos por su servilleta. El que no se utilizó nunca fue el del Concurso Internacional de Caricatura, que no lo acabé a tiempo.

1er. LUGAR DEL CONCURSO PARA PROMOVER LA LECTURA.

PARA UNA OBRA DE TEATRO →

Guadalajara 1982

Concurso Internacional de Caricatura

SÓLO PARA DESEARLES QUE SOBREVIVAN A LAS LLAMADAS NAVIDADES Y TENGAN UN AÑO 1982 MENOS PIOR QUE ÉSTE...

JAPI NEW YEAR!

※スターにみる民衆の～ ～映画の夕べ

Una amiga japonesa, Midori, me envió una vez un catálogo de una exposición de carteles que se hizo en Tokio y donde aparecía uno mío, hecho para una exposición en la UNAM. Fue, lo confieso, una agradable sorpresa.

feria nacional del libro universitario...

¡perdón: el mejor amigo del hombre es un libro!

UABC · MEXICALI 2001

EL LENGUAJE DEL VESTIDO

Éste es el cartel, junto con otros trabajos que he hecho para distintos eventos culturales. Casi nunca los cobro.

(O CASI NUNCA ME LOS PAGAN...)

SALÓN DEL HUMORISMO CUERNAVACA 1988

1er CONCURSO NACIONAL de FOTOGRAFÍA ECOLÓGICA

271

CONCIERTO DE
OSCAR CHÁVEZ
EN TEPOZTLÁN
acompañado por LOS MORALES

{ AUDITORIO DE TEPOZTLÁN }

21 de noviembre / 19horas
Cooperación: 200 varo$

BOLETOS EN TAQUILLA /El Ciruelo

Con Óscar Chávez, que es un año menor que yo, creo, he llevado buenísima amistad desde hace 40 años, cuando los dos empezábamos. Me ha encargado muchas de las portadas de sus discos y dibujos para promover sus conciertos o aventuras empresariales. Y como se las cobro en mercancía, la amistad ha seguido. Por su parte, Óscar me ha favorecido con ella, dando conciertos gratis cuando se lo he pedido. ¡Un abrazote, maestro cantautor!

● ● ● ● ●

El dibujo de Rosa Luxemburgo NO fue hecho para Óscar, sino para un cartel de no sé qué celebración de la gran mujer.

ROSA LUXEMBURGO

Helio Flores

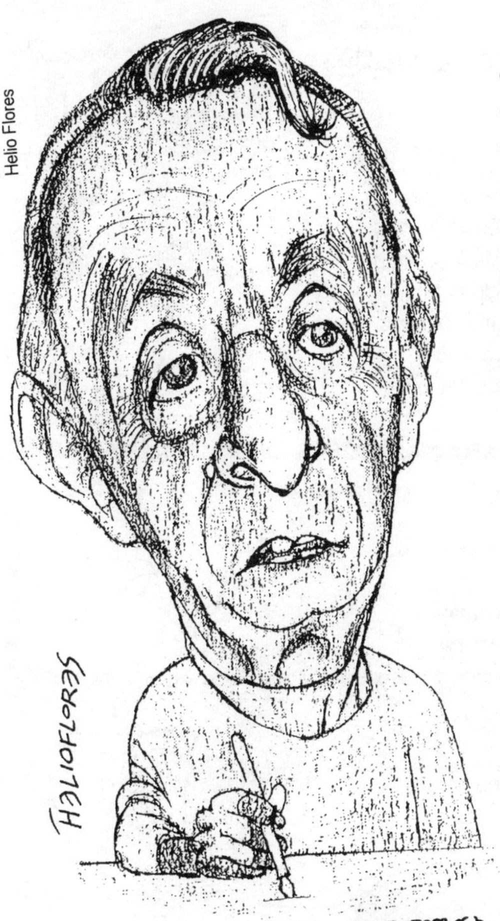
HELIOFLORES

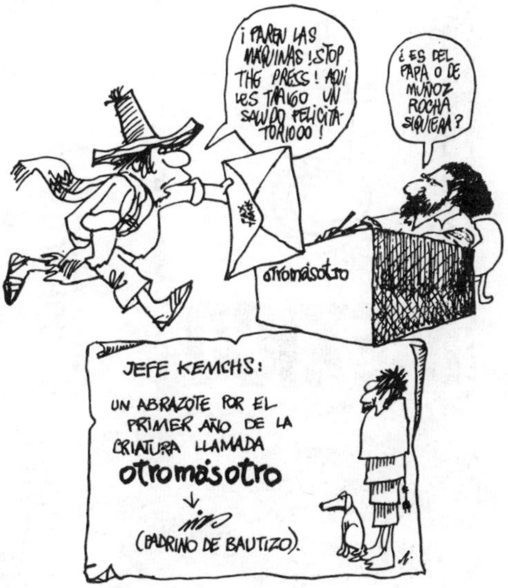
¡PAREN LAS MAQUINAS! ¡STOP THE PRESS! AQUI LES TRAIGO UN SALUDO FELICITATORIOOOO!
¿ES DEL PAPA O DE MUÑOZ ROCHA SIQUIERA?
otromásotro
JEFE KEMCHS:
UN ABRAZOTE POR EL PRIMER AÑO DE LA CRIATURA LLAMADA
otromásotro
(PADRINO DE BAUTIZO).

Kemchs

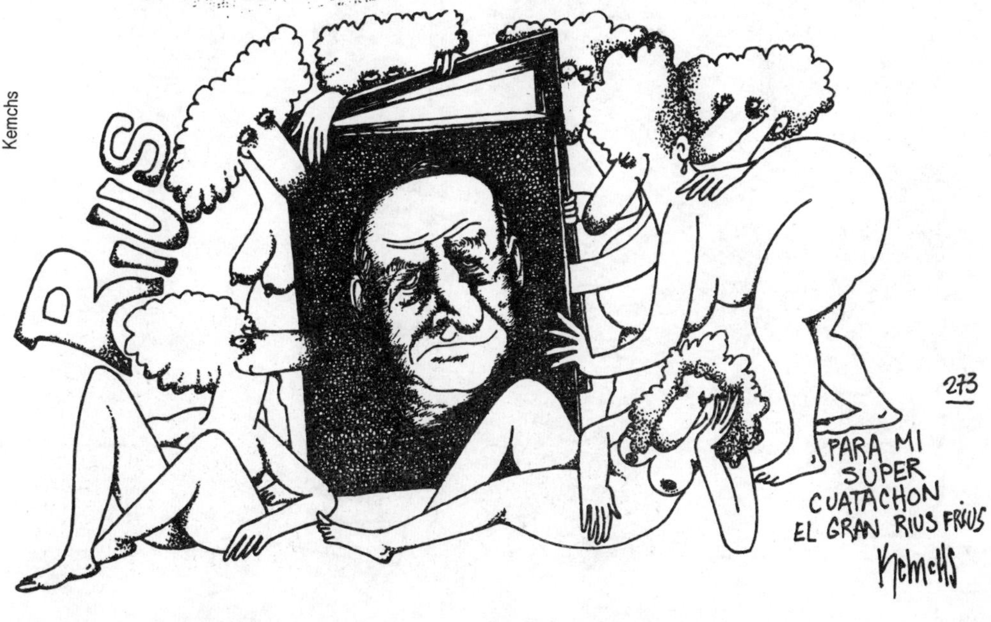
RIUS
PARA MI SUPER CUATACHON EL GRAN RIUS FRIUS
KEMCHS

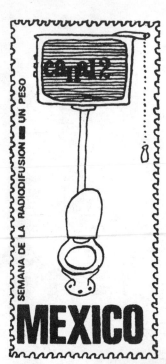

Filatelia para cuerdos
86

Creo que en los últimos 40 años no se había hecho ningún libro sobre Filatelia en México. Me da gusto que el mío, **Filatelia para cuerdos,** se haya publicado y haya tenido aceptación.

2 caricaturas hechas por niños del club de filatelia del Museo de la Filatelia de Oaxaca, cuando se presentó el libro en el precioso museo.

274

Estos falsos timbres fueron publicados en *El chamuco* y *La Garrapata*, como armas políticas...

La filatelia, ignorada por la SEP y las autoridades postales, que no la consideran como una manifestación cultural, puede decirse que está en vías de extinción. Al menos en México. La popularidad del correo electrónico, también está haciendo lo suyo... Este libro pretende hacerle ver a la gente que la filatelia no es sólo una manía de viejitos ricachones, sino que puede ser utilizada como un medio didáctico y cultural. Los timbres postales, además, viajan por todo el mundo en las cartas, llevando un mensaje del país donde se emiten.

PROPUESTAS PARA CONMEMORAR LOS 30 AÑOS DEL MOVIMIENTO ESTUDIANTIL DEL 68

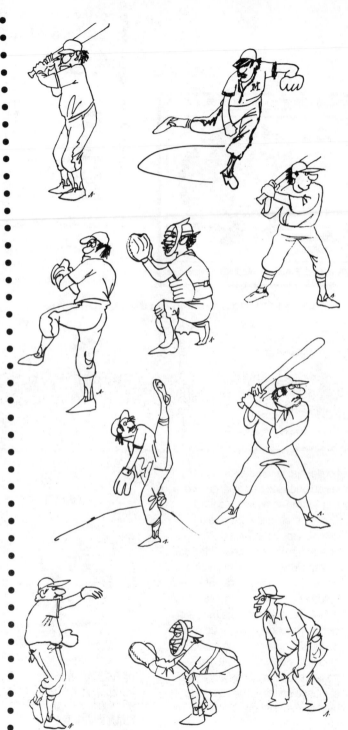

a lo largo de mi nada
tormentosa vida he practicado, muy irregularmente,
casi todos los deportes de
equipo: futbol, basquetbol,
voleibol, jaibol y en menor
tiempo y gusto, el béisbol.
Por eso me llamó la aten-
ción que un buen día, en
Oaxaca, Alfredo Harp
Helú, dueño de varios
equipos beisboleros y
gran aficionado a la filatelia, promotor del Museo
Filatélico de Oaxaca, me
pidiera le hiciera un dibujo
para ser incluido en un
timbre de correos, algo
con lo que siempre había
soñado: diseñar los tim-
bres postales...
Asistí a varios partidos de
béisbol –por primera vez
en mi vida– y estuve to-
mando apuntitos de los
jugadores. Se los mandé y
el resultado final apareció
en una serie de sellos con
dibujos de Francisco Toledo, Aceves Navarro y el sí
beisbolero Abel Quezada.
¡Un orgullo para mí, coño!

No es nada común que en México se dediquen sellos a caricaturistas, o se les encargue su elaboración. Hay países que han dedicado series a caricaturistas e historietistas, como exponentes de la cultura popular. En México únicamente se ha hecho una estampilla para conmemorar a Posada.

Es de esperarse. Interrogado el Director de Correos de por qué nunca se había hecho un sello dedicado al Chamaco Covarrubias, el ilustrado director respondió no saber de quién estaban hablando. Seguramente pensó que era algún futbolista del América...

EXPOSICION
noviembre • diciembre • 1999

¡3 y 2 con casa llena!
Estampillas de Béisbol

277

el · Angel · disoluto

En Oaxaca tuve la inmensa dicha de conocer y tratar a Francisco Toledo, enorme pintor y gran defensor de su terruño. Toledo ha dedicado gran parte de lo que gana pintando, a la creación de museos, escuelas, bibliotecas, becas para niños y diversas instituciones culturales. Una de ellas es una fábrica de papel, donde se utilizan sólo plantas de la región para elaborar papeles para dibujar.

Me pidió que le dibujara algo para ser utilizado en las carpetas de papel que comercializa ya en las tiendas de materiales para artistas. Éstas son algunas de las que le hice, una de las cuales (*El diablo que juró no beber ya mezcal*) fue utilizada para la portada de una de esas carpetas. Debo decir que Toledo me había hecho, sin cobrarme nada, la portada del libro sobre la Virgen de Guadalupe. Ojalá que hubiera muchos Toledos en México...

· la · Sirena · pedorra ·

→ · la · presidenta · del · Nauyaca · Club ·

EL 28 DE NOVIEMBRE ES NOMBRADO PARA UN INCREIBLE PUESTO: PRESIDENTE DEL BANCO NACIONAL DE CUBA!

O SEA, LA IGLESIA EN MANOS DE LUTERO

grijalbo

EL CHE ES EL PRIMER PRESIDENTE DE UN BANCO, QUE SE PRESENTA A SU TRABAJO EN MANGAS DE CAMISA, TODO DESALIÑADO EN UNIFORME SEMI-MILITAR, SIN CASI PEINARSE Y EL PRIMERO QUE SE REBAJA EL SUELDO DE CINCO MIL PESOS A MIL DOSCIENTOS...

¿YO... BANQUERO? ESTE FIDEL YA NI LA JODE..!

QUE NO SE ACUERDA NUNCA DE COBRAR...

𝐄L LIBRO DEL CHE APARECIÓ EN 1978 Y LLEVA YA UNAS VEINTE REEDICIONES. SIN SER MODIFICADO, NI CORREGIDO... (Y DEBERÍA DE, PUES CON EL EXCELENTE LIBRO DE PACO IGNACIO TAIBO II, HAN SALIDO A LA LUZ MUCHÍSIMOS DETALLES Y "PECADOS" DEL CHE QUE SE DESCONOCÍAN..)

ESTE OTRO LIBRITO, YA FUERA DE CIRCULACIÓN, SON IMPRESIONES <u>ESCRITAS</u> DE LA CUBA DE LOS AÑOS SETENTAS, CUANDO CUBA ERA EL EJEMPLO A SEGUIR...

rius

CUBA LIBRE

88 Cuba Libre

EDITORIAL 🌸 POSADA

Pienso que el libro que ha causado más polémica entre los lectores, ha sido el que apareció en 1994 con el título de **Lástima de Cuba**, *el grandioso fracaso de los Hermanos Castro*.

Desde antes que triunfaran los barbudos, yo estuve haciendo monos a favor de Fidel; hice tres libros apoyando la Revolución Cubana, viajé 17 veces a la isla, fundé con Nuez la Bienal de San Antonio, trabajé para Prensa Latina y perdí muchos trabajos por ello.

¡Por apoyar a Cuba! Y de repente salgo con este libro. La izquierda que todavía apoyaba el proceso cubano, se rasgó las vestiduras y me señaló (en privado) como renegado, agente de la CIA, enemigo de Cuba, etc.

Nadie tomó en cuenta un antecedente de mi libro. En 1993 los moneros de *La Jornada* viajamos a Cuba para preparar un *Tataranieto del Ahuizote* a aparecer el 26 de julio, dedicado a lo que quedaba de la Revolución Cubana. Participé en él, y ya desde ese suplemento, que movió a toda la izquierda pro castrista, me manifesté en desacuerdo con don Fidel Castro.

89 grija: **Lástima de Cuba**

LOS MONEROS DE LA JORNADA VS. FIDEL CASTRO

El libro lleva varias reediciones, y no hay cubano que pase por México que no se lo lleve... para leerlo a escondidas. Los cubanos que lo han leído, me lo han chuleado bastante y lamentan (sic) que no se conozca en Cuba...

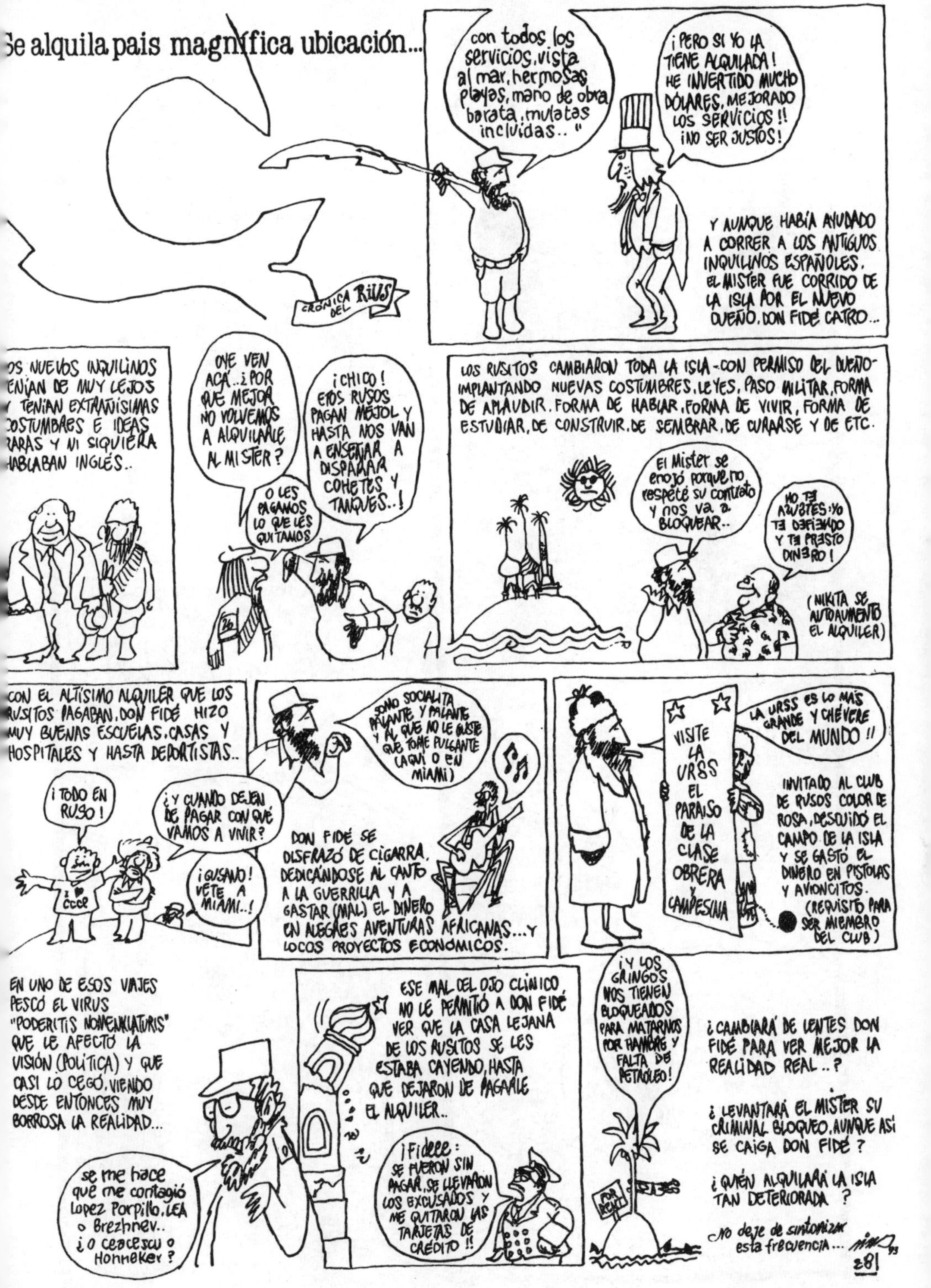
Se alquila pais magnífica ubicación...
CRÓNICA DEL RIUS
con todos los servicios, vista al mar, hermosas playas, mano de obra barata, mulatas incluidas.. "
¡PERO SI YO LA TIENE ALQUILADA! HE INVERTIDO MUCHO DÓLARES, MEJORADO LOS SERVICIOS!! ¡NO SER JUSTOS!
Y AUNQUE HABÍA AYUDADO A CORRER A LOS ANTIGUOS INQUILINOS ESPAÑOLES, EL MISTER FUE CORRIDO DE LA ISLA POR EL NUEVO DUEÑO, DON FIDÉ CATRO...
OS NUEVOS INQUILINOS ENIAN DE MUY LEJOS TENIAN EXTRAÑISIMAS OSTUMBRES E IDEAS RARAS Y NI SIQUIERA HABLABAN INGLÉS..
OYE VEN ACÁ..¿POR QUÉ MEJOR NO VOLVEMOS A ALQUILARLE AL MISTER?
O LES PAGAMOS LO QUE LES QUITAMOS
¡CHICO! ETOS RUSOS PAGAN MEJOL Y HASTA NOS VAN A ENSEÑAR A DISPARAR COHETES Y TANQUES..!
LOS RUSITOS CAMBIARON TODA LA ISLA -CON PERMISO DEL DUEÑO- IMPLANTANDO NUEVAS COSTUMBRES, LEYES, PASO MILITAR, FORMA DE APLAUDIR, FORMA DE HABLAR, FORMA DE VIVIR, FORMA DE ESTUDIAR, DE CONSTRUIR, DE SEMBRAR, DE CURARSE Y DE ETC.
El Mister se enojó porque no respeté su contrato y nos va a BLOQUEAR..
NO TE ASUSTES: YO TE DEFIENDO Y TE PRESTO DINERO!
(NIKITA SE AUTOAUMENTÓ EL ALQUILER)
CON EL ALTÍSIMO ALQUILER QUE LOS RUSITOS PAGABAN, DON FIDÉ HIZO MUY BUENAS ESCUELAS, CASAS Y HOSPITALES Y HASTA DEPORTISTAS..
¡TODO EN RUSO!
CCCP
¿Y CUANDO DEJEN DE PAGAR CON QUÉ VAMOS A VIVIR?
¡GUSANO! VETE A MIAMI..!
SOMO SOCIALITA PALANTE Y PALANTE Y AL QUE NO LE GUSTE QUE TOME PULGANTE (AQUÍ O EN MIAMI)
DON FIDÉ SE DISFRAZÓ DE CIGARRA, DEDICÁNDOSE AL CANTO A LA GUERRILLA Y A GASTAR (MAL) EL DINERO EN ALEGRES AVENTURAS AFRICANAS...Y LOCOS PROYECTOS ECONÓMICOS.
VISITE LA URSS EL PARAISO DE LA CLASE OBRERA Y CAMPESINA
LA URSS ES LO MÁS GRANDE Y CHÉVERE DEL MUNDO!!
INVITADO AL CLUB DE RUSOS COLOR DE ROSA, DESCUIDÓ EL CAMPO DE LA ISLA Y SE GASTÓ EL DINERO EN PISTOLAS Y AVIONCITOS.
(REQUISITO PARA SER MIEMBRO DEL CLUB)
EN UNO DE ESOS VIAJES PESCÓ EL VIRUS "PODERITIS NOMENKLATURIS" QUE LE AFECTÓ LA VISIÓN (POLÍTICA) Y QUE CASI LO CEGÓ, VIENDO DESDE ENTONCES MUY BORROSA LA REALIDAD...
se me hace que me contagió Lopez Porpillo, LEA o Brezhnev.. ¿o ceacescu o Honneker?
ESE MAL DEL OJO CLÍNICO NO LE PERMITIÓ A DON FIDÉ VER QUE LA CASA LEJANA DE LOS RUSITOS SE LES ESTABA CAYENDO, HASTA QUE DEJARON DE PAGARLE EL ALQUILER..
¡Fideee: SE FUERON SIN PAGAR, SE LLEVARON LOS EXCUSADOS Y ME QUITARON LAS TARJETAS DE CRÉDITO!!
¡Y LOS GRINGOS NOS TIENEN BLOQUEADOS PARA MATARNOS POR HAMBRE Y FALTA DE PETRÓLEO!
FOR RENT
¿CAMBIARÁ DE LENTES DON FIDÉ PARA VER MEJOR LA REALIDAD REAL..?
¿LEVANTARÁ EL MISTER SU CRIMINAL BLOQUEO, AUNQUE ASÍ SE CAIGA DON FIDÉ?
¿QUIÉN ALQUILARÁ LA ISLA TAN DETERIORADA?
no deje de sintonizar esta frecuencia...

Salinas de Gortari asociado con Fidel Castro crean la empresa de turismo EL BALZON..!

BLOODY MARY

¨BRINDO POR NUESTRA EMPRESA DE SOLIDARIDAD MÚTUA, MANO..

¡ SALÚ. MI SOCIO..!

¿QUÉ HACE EN CUBA EL GRAN ESTADISTA MEXICANO JUNTO AL GRAN ESTADISTA CUBANO. SI SE PUEDE SABER, CHICO ?

NADA MALO: INTERCAMBIAMOS RECETAS DE COCINA Y EXPERIENCIAS CON MULATAS..

Y YA. OFF THE RECORD, CÓMO ACABAR CON UN PAÍS EN MENO QUE CANTA UN GALLO. CABALLERO..

¡ PERO. VEN ACÁ! ES QUE TÚ LO HICISTE EN SOLO 6 AÑOS..!

NO. NO. TAMPOCO..

..LO QUE PASA ES QUE EN CUBA LOS SEXENIOS SON MÁS LARGOS. Y EN MÉXICO NOS REPARTIMOS DEMOCRÁTICAMENTE LA DESTRUCCIÓN..

¿LO DICE PORQUE LOS 2 TENEMOS UN HERMANO RAUL..?

NO. MIRA. ALLÁ EMPEZÓ EL DESASTRE CON ECHEVERRÍA. Y LO FUERON PERFECCIONANDO LUEGO EL JOLOPO Y EL COLIMENSE. EL QUE ACABÓ EN EL FONDO..

PERO EL ÉXITO FINAL TE CORRESPONDE A TI. NO SEAS TAN MODESTO..

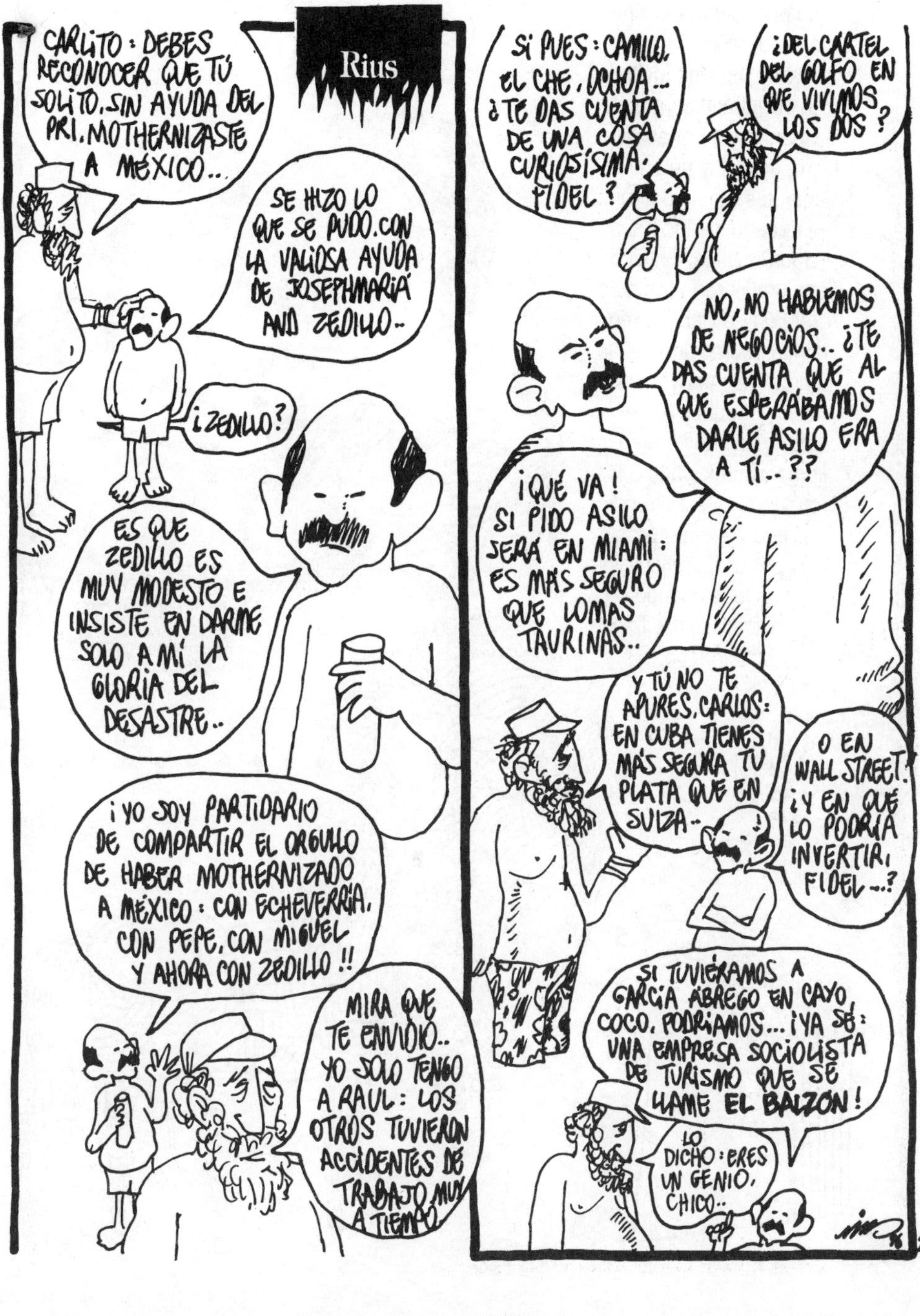

Rius
CARLITO: DEBES RECONOCER QUE TÚ SOLITO, SIN AYUDA DEL PRI, MOTHERNIZASTE A MÉXICO...
SE HIZO LO QUE SE PUDO, CON LA VALIOSA AYUDA DE JOSEPHMARÍA AND ZEDILLO..
¿ZEDILLO?
ES QUE ZEDILLO ES MUY MODESTO E INSISTE EN DARME SOLO A MÍ LA GLORIA DEL DESASTRE..
¡YO SOY PARTIDARIO DE COMPARTIR EL ORGULLO DE HABER MOTHERNIZADO A MÉXICO: CON ECHEVERRÍA, CON PEPE, CON MIGUEL Y AHORA CON ZEDILLO!!
MIRA QUE TE ENVIDIO.. YO SOLO TENGO A RAUL: LOS OTROS TUVIERON ACCIDENTES DE TRABAJO MUY A TIEMPO
SI PUES: CAMILO, EL CHE, OCHOA... ¿TE DAS CUENTA DE UNA COSA CURIOSÍSIMA, FIDEL?
¿DEL CARTEL DEL GOLFO EN QUE VIVIMOS LOS DOS?
NO, NO HABLEMOS DE NEGOCIOS.. ¿TE DAS CUENTA QUE AL QUE ESPERÁBAMOS DARLE ASILO ERA A TÍ..??
¡QUÉ VA! SI PIDO ASILO SERÁ EN MIAMI: ES MÁS SEGURO QUE LOMAS TAURINAS..
Y TÚ NO TE APURES, CARLOS: EN CUBA TIENES MÁS SEGURA TU PLATA QUE EN SUIZA..
O EN WALL STREET. ¿Y EN QUÉ LO PODRÍA INVERTIR, FIDEL..?
SI TUVIÉRAMOS A GARCÍA ÁBREGO EN CAYO COCO, PODRÍAMOS... ¡YA SÉ: UNA EMPRESA SOCIOLISTA DE TURISMO QUE SE LLAME EL BALZÓN!
LO DICHO: ERES UN GENIO, CHICO..

Obviamente, ya no me he parado por Cuba, aunque mis amigos y colegas cubanos me han dicho que puedo viajar cuando me dé la gana. Inclusive, he sido invitado –no oficialmente– a participar en las Ferias del Libro, pero hay un antecedente que me ha detenido a hacerlo: desde hace algunos años, Grijalbo tiene una librería (en dólares) en La Habana, en donde –como una de las condiciones para instalarla– los cubanos pidieron que <u>no se vendieran mis libros</u>. Conociendo a los cubanos, sospechando que pudiera tener problemas por allá, prefiero volver a Cuba cuando se hayan liberado del Tirano Filantrópico...

FELIZ CUMPLEAÑOS, QUERIDO COMPAÑERO RIUS – Y MIRA MI REGALO: TE DOY LA ABSOLUCIÓN...

Rainer Hachfeld / RFA

Que lo sepa Washington y sus bloqueos: para acabar con Cuba me basto yo solo!

284

ESTA TROPICALES -INEDITA- NO TIENE NADA QUE VER CON CASTRO, PERO SÍ EL CARTÓN (HECHO EN 1911 POR DE LA TORRIENTE) PUBLICADO EN LA JORNADA EN 1994..

Aguila preparándose para la modernidad.

CASTRO CONDICIONA ▪ Rius

¡chico: yo haría elecciones en cuba si las organizara el PRI..!

DE LA TORRIENTE (1911) X Rius 94.

CHILE
Concha
Zorra
Cajeta

MÉXICO
Almeja
Mamey
Panocha
Nido
Remame
Chochito
Pepa
Mono

VENEZUELA
Bollo
Cachufleta
Chocho
Cuca
Chucha
Cuchara

La
tierna
trampa

Esto está
Arrechísimo, de
Pelos, Chévere,
Macanudo, de Poca
Madre, Orgásmico,
Chipocludo, Cajeta
de merengue,
Padrísimo, Oqui-
doqui, Brutal, de
Pinga, Bien verga,
De la patada,
Buenérrimo y
Súper.

El libro de las
**MALAS
PALABRAS**

Insultos, Maldiciones y Palabrotas del
Uso Diario en América Latina

RiuS

grijalbo

90

El libro de las malas palabras

286

CONSTANTEMENTE ME PIDEN PRÓLOGOS PARA LIBROS; SOSPECHO QUE LO HACEN CUANDO MONSIVÁIS NO TIENE TIEMPO PARA HACERLOS, CUAL ES LA TRADICIÓN... ∫ESTE ES UNO DE ELLOS:

• •

PROLOGUETE

SI SE MOLESTA UN POQUITO Y LE BUSCA LA RIMA, DESCUBRIRÁ QUÉ CLASE DE PRÓLOGO ES ESTE..

YO HUYO ANTES QUE ESTO SIGA ADELANTE..

LETRA ELEGANTE PARA PRÓLOGO →

ESTE LIBRO NO CONTIENE HIDROXIETILCELULOSA, NI DODECIL BENCIL SULFONATO DE PERMANGANATO DE SOSA, NI ETER NONIL POLIEXITILENO DE FENOL, NI ÁCIDO ALDEHIDO FÓRMICO, NI MUCHO MENOS AMARILLO CONGO, NI PIPERITA DE TAJIMAROA (DE LA DE ANTES), NI COLORANTES ARTIFICIALES, SABORIZANTES, ECZEMAS DE ORIGEN MÚLTIPLE, NI POLVOS ALGUNOS (AUNQUE ES POSIBLE QUE HAYA ALGO DE POLVOS -A LA ESPAÑOLA- DE AQUELLOS LODOS...)

¿Y CÓMO PUEDE SERVIR UN LIBRO ASÍ?

¿VERDAD? Y SIN EMBARGO, CREO QUE SE DEJA LEER..

→ EN EFECTO: PORQUE A FALTA DE TODOS ESOS INGREDIENTES, EL LIBRO CONTIENE (A PRIMERA VISTA) CERVEZA HELADA, BESOS DE VARIA INVENCIÓN, BOLLOS CON MANTEQUILLA, HUEVOS AL GUSTO (EXCEPTO MOTULEÑOS, NO SÉ POR QUE), SALSA ROJA Y DE LA OTRA, CAFÉ DE LA PARROQUIA (DICEN), MERMELADAS A GRANEL Y HASTA CAFÉ IRLANDÉS. → AH, Y LAS CONSABIDAS PIRUETAS LITERARIAS QUE EL INGE. JOSÉ ÁLVAREZ EFECTÚA EN SUS LIBROS. → ESTE ES OTRO. NI MODO...

NIHIL OBSTAT/ 85

287

Este libro es uno de los que más me han gustado (y el que más ha disgustado a los jerarcas de la Iglesia). Y sin embargo, no he leído ni una línea de crítica, pero sí he recibido felicitaciones de muchos curas y ex curas Sospecho que en la iglesia se ha leído más de lo esperado…

¿Y DE QUÉ NOS SALVÓ EL SALVADOR DEL MUNDO?

rius

El Católico Preguntón

222 preguntas que quisiéramos hacerle al Papa, pero que nos da pena hacerlo

grijalbo

El católico preguntón

91

ten fe!

LAS RESPUESTAS A ESTAS PREGUNTAS NO LAS TIENE NADIE, NI EL PAPA. SI EL LECTOR LAS TIENE, PUEDE INCLUIRLAS EN EL ESPACIO CORRESPONDIENTE. GRACIAS.

¿Por qué los países católicos son los más atrasados?

Si Cristo vivió y murió pobre, ¿por qué "su Iglesia" vive en el lujo y la opulencia?

Si Jesús fue hijo de Dios, ¿quién fue la esposa de Dios?

¿Por qué dijo Jesús que hay que odiar a los padres?

¿Jesús sería cristiano?

¿CRISTIANO? ¡MEJOR ME IRÍA DE HARE KRISHNA!

Un valedor llamado RIUS

Marvin Galeas

Eduardo del Río, Rius, tiene ojos azules y sonrisa a flor de labio. Sencillo como los grandes de verdad. Amó a Cuba y rompió con Cuba. Convirtió una funeraria en su universidad particular. Se declara ateo cristiano y marxista guadalupano. Fuma marihuana y sigue teniendo fe en el socialismo. Es la conversación entre el periodista Marvin Galeas y el más grande caricaturista de México y de los mejores del mundo, invitado a nuetro país por Aldisa.

¿ De dónde nace el nombre artístico Rius?

Por la necesidad de que mi familia no se enterara. Mi familia se oponía a que yo me dedicara al periodismo y a la caricatura. En ese tiempo estaban muy desacreditadas las profesiones de periodista y de caricaturista, y sobre todo porque mi familia no veía un porvenir económico claro y fecundo en eso. Entonces, inventé lo de Rius para que ellos no se enteraran de que yo estaba haciendo caricaturas. En ese tiempo yo trabajaba en la funeraria Galloso. En mi familia jamás se enteraron que yo era Rius hasta que un día que estábamos viendo las noticias en la televisión y salió el entonces presidente López Mateos, en 1954, entregándole el premio nacional de periodismo a Rius. Toda la familia se enteró entonces que yo era Rius.

En su currículum dice que usted estudió hasta quinto grado y que lo corrieron de muchas revistas y empleos...

Bueno estudié un poquito más, pero en el seminario sale lo mismo, porque lo que aprendíamos en el seminario a mí me ha servido únicamente para llenar crucigramas. Además, este estudio no lo reconocían oficialmente; entonces, el único papel que tengo es de quinto grado. Después de eso ya no pude estudiar más por falta de dinero. *(sigue →)*

P**or** lo general, la prensa y los medios no se ocupan de los libros, ni de los autores. Me han hecho más entrevistas en el extranjero que en mi patria, quizás por aquello de que "nadie es profeta en su tierra".

Sería muy tedioso para el lector tener que *chutarse* una docena de entrevistas de las que se han publicado en Centro y Sudamérica. Y yo me sentiría como Cuevas, lo cual no es nada sano, ¿verdad...? Sólo quiero hacerlo constar, como satisfacción personal: me ha sorprendido agradablemente ver que en todos los países de nuestra América conocen mi trabajo y lo reconocen además como un buen trabajo. Y no únicamente los colegas, lo cual sería normal. Cuando he tenido oportunidad de viajar a Ferias del Libro o Convenciones de Cómics, Congresos de Periodismo o cosas así, me he quedado lelo de encontrarme con tanta gente que me ha leído –muchas veces a escondidas– en países donde no llegaban las historietas o donde estaban prohibidos mis libros. satisfacciones como ésas no tienen precio, en serio...

(Satisfacción especial fue convertirme otra vez en papá *a los 64 años de edad. Aunque a veces pienso que más que papá me convertí en abuelo...)*

Rius ¿Papa o Papá?

Los Chocarreros enviamos un gran saludo al nuevo padre mexicano, *Rius*.

1997. Chocarreros.

Rius

* UNOMÁSUNO.

tase de
de cla-
e a los
, divi-
antig-
ptación
: de los
y su re-
Los te-

"¿Cuánto le debemos a los moneros por no consentir que se enmoheciera del todo nuestro instinto crítico? ¿De qué tamañoes nuestra deuda con Rius por Los Supermachos y Los Agachados, con Naranjo por demostrarnos la absoluta naturalidad de la crítica al poder presidencial...?"

cos",
misn
laces
en el   MONSIVÁIS
nacié
tricto
dinar
histor

* EL CHAMUCO

BELLÍSIMA EXPERIENCIA : VISITAR BOLIVIA Y COMPARTIR UNA EXPOSICIÓN CON QUINO Y FONTANARROSA ... (2001) (Y ENCONTRAR UN PAÍS MÁS JOOIDO QUE EL NUESTRO ..)

pinion · Cochabamba · Año 2001, jueves 12 de julio

2A · TEMA CENTRAL

Cochabamba · Año 2001, jueves 12 de julio · Op

TEMA CENTRA

res genios del humor juntos en una exposición en Cochaban

Un dibujo de Eduardo del Río

La irreverencia de Rius llega a Cochabamba

Sin duda, uno de sus mayores éxitos fue la historieta Los Supermachos, con la cual empezó a acercarse al pueblo combi-

No sólo sus trabajos, sino el mismísimo humorista mexicano en persona Eduardo del Río, más conocido como Rius, está en Cochabamba y hoy inaugurará la exposición "Figuras de la historieta Latinoamericana" que organiza el Centro Simón I. Patiño a las 19:30,

revista Ja-Já, colaborando, desde entonces, en casi todas las revistas importantes de México, como Proceso, ¡Siempre!, Sucesos o Política, así como en periódicos derechistas y de izquierda —El Universal, Ovaciones, La Prensa o La Jornada, por

Pero sin duda, uno de sus mayores éxitos fue la historieta Los Supermachos, con la cual empezó a acercarse al pueblo, combinando el humor y la política. Pero como el éxito no siempre es beneficioso, el editor de Rius fue presionado por el gobierno

291

DE ESTE LIBRITO DE BOLSILLO (DE CAMISA), QUE SE ROBABA TODO MUNDO, SALIÓ EL DE "HEREJES, ATEOS Y MALPENSADOS"... *

UN LIBRO QUE EL AUTOR BUSCÓ POR TODAS PARTES.. Y QUE NO EXISTÍA..

(hasta que lo hice)

¡CREE EN EL DIOS DEL AMOR!!

92

Librepensamientos...

Ninguna filosofía, ninguna religión ha traído al mundo un mensaje de tanta alegría como el ateísmo.

+

Durante siglos los líderes del Cristianismo han hablado de la mujer como *el mal necesario*, y los llamados santos de la Iglesia han sido los más grandes enemigos de las mujeres.

ANNIE BESANT
Teósofa Inglesa

....

RIUS
(Eduardo del Río) humorista gráfico Mexicano.

*

Parece que la Iglesia Católica y Apostólica, tambien se apoya en el Apóstol Judas Iscariote...

*

Todos nacemos ateos, pero muchos no pueden evitar volverse creyentes.

*

La ignorancia es la madre de todas las religiones.

*

El creyente vive una pesadilla que cree ser un sueño delicioso.

*

La Iglesia está clara: si alguien le simpatiza, lo declara santo. Si no, lo declara hijo del demonio.

*

Católico es el que los domingos se arrepiente de lo que hizo el sábado.

*

Durante años le pedí a Dios que me volviera ateo. Y me escuchó.

93   Herejes, ateos y malpensados

Este libro fue originalmente hecho como folleto para CONACULTA, al que le añadí más de 100 páginas para volverlo libro. Es una defensa de nuestros bosques y un alegato a favor de los vegetarianos. Alegato y defensa que, viviendo en México, no han tenido mucho éxito que digamos...

Es triste decirlo, pero a la gente NO le importa lo que pasa en el país, ni le preocupa su salud o el desastre ecológico del planeta. Al gobernante, tampoco.

Ninguna ley se ha propuesto para mejorar la alimentación de nuestro pueblo, ni para defender a los niños de la comida chatarra.

Nunca se promulgará ninguna ley para limitar o controlar el increíble consumo de refrescos embotellados (y con Fox, menos) o de poner un hasta aquí (¿hasta dónde?) a los fabricantes de frituras y golosinas destinadas a los niños, y destinadas a fabricar niños obesos e hiperactivos.

Y desde luego, menos que menos vamos a ver en la televisión, algún programa dedicado a hacerle ver a la gente los males de comer carne o·beber refrescos embotellados....

Soy optimista, pero no tanto...

En el último número de **El Chamuco** (17 de junio del 2000, 15 días antes de las elecciones), nos recibimos como PROFETAS al anunciar el triunfo de Foxillo y la "derrota" del PRI, haciéndole ver de paso a la despistada ciudadanía lo que nos esperaba con Mr. Fox en Los Pinos. Aquí, fragmentos de la historieta de 7 páginas donde anunciaba el triunfo arrollador del elegido de la Casa Blanca para suplir al PRI.

SIN EMBARGO, PARECE QUE TODO EL PAÍS ESTÁ HASTA LA MADRE DE PRI Y SUS PRECLAROS EXPONENTES: SALINAS, DE LA MADRID, JOLOPO, ECHEVERRÍA Y DÍAZ ORDAZ (SIN OLVIDAR AL DOCTOR ZEDILLO), POR LO QUE YA PIENSAN EN...

¡UN NUEVO PRI!

HISTORIETA COMO DE DESPEDIDA A PRI (Y AL CHAMUCO).

RIUS

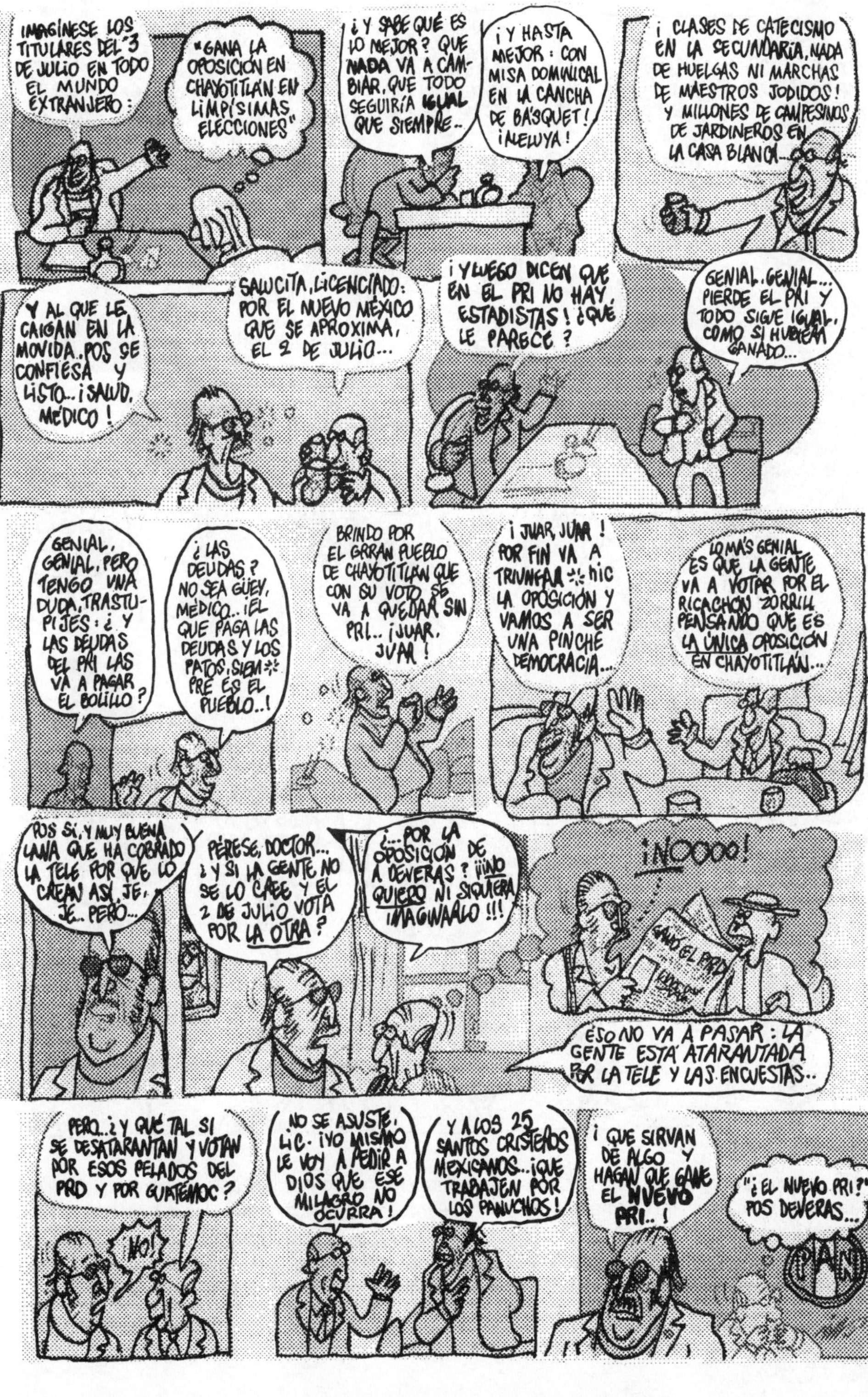

IMAGÍNESE LOS TITULARES DEL 3 DE JULIO EN TODO EL MUNDO EXTRANJERO:
"GANA LA OPOSICIÓN EN CHAYOTITLÁN EN LIMPÍSIMAS ELECCIONES"
¿Y SABE QUÉ ES LO MEJOR? QUE NADA VA A CAMBIAR, QUE TODO SEGUIRÍA IGUAL QUE SIEMPRE...
¡Y HASTA MEJOR: CON MISA DOMINICAL EN LA CANCHA DE BÁSQUET! ¡ALELUYA!
¡CLASES DE CATECISMO EN LA SECUNDARIA, NADA DE HUELGAS NI MARCHAS DE MAESTROS JODIDOS! Y MILLONES DE CAMPESINOS DE JARDINEROS EN LA CASA BLANCA...
Y AL QUE LE CAIGAN EN LA MOVIDA, POS SE CONFIESA Y LISTO... ¡SALUD, MÉDICO!
SALUCITA, LICENCIADO: POR EL NUEVO MÉXICO QUE SE APROXIMA, EL 2 DE JULIO...
¡Y LUEGO DICEN QUE EN EL PRI NO HAY ESTADISTAS! ¿QUÉ LE PARECE?
GENIAL, GENIAL... PIERDE EL PRI Y TODO SIGUE IGUAL, COMO SI HUBIERA GANADO...
GENIAL, GENIAL, PERO TENGO UNA DUDA, TRASTUPIJES: ¿Y LAS DEUDAS DEL PRI LAS VA A PAGAR EL BOLILLO?
¿LAS DEUDAS? NO SEA GÜEY, MÉDICO... ¡EL QUE PAGA LAS DEUDAS Y LOS PATOS, SIEMPRE ES EL PUEBLO...!
BRINDO POR EL GRRAN PUEBLO DE CHAYOTITLÁN QUE CON SU VOTO SE VA A QUEDAR SIN PRI... ¡JUAR, JUAR!
¡JUAR, JUAR! POR FIN VA A TRIUNFAR hic LA OPOSICIÓN Y VAMOS A SER UNA PINCHE DEMOCRACIA...
LO MÁS GENIAL ES QUE LA GENTE VA A VOTAR POR EL RICACHÓN ZORRILL PENSANDO QUE ES LA ÚNICA OPOSICIÓN EN CHAYOTITLÁN...
POS SÍ, Y MUY BUENA LANA QUE HA COBRADO LA TELE POR QUE LO CREAN ASÍ, JE, JE... PERO...
PÉRESE, DOCTOR... ¿Y SI LA GENTE NO SE LO CREE Y EL 2 DE JULIO VOTA POR LA OTRA?
¿...POR LA OPOSICIÓN DE A DEVERAS? ¡¡¡NO QUIERO NI SIQUIERA IMAGINARLO!!!
¡NOOOO!
GANÓ EL PRD
ESO NO VA A PASAR: LA GENTE ESTÁ ATARANTADA POR LA TELE Y LAS ENCUESTAS...
PERO... ¿Y QUÉ TAL SI SE DESATARANTAN Y VOTAN POR ESOS PELADOS DEL PRD Y POR CUATÉMOC?
¡NO!
NO SE ASUSTE, LIC. ¡YO MISMO LE VOY A PEDIR A DIOS QUE ESE MILAGRO NO OCURRA!
Y A LOS 25 SANTOS CRISTEROS MEXICANOS... ¡QUE TRABAJEN POR LOS PANUCHOS!
¡QUE SIRVAN DE ALGO Y HAGAN QUE GANE EL NUEVO PRI...!
"¿EL NUEVO PRI?" POS DEVERAS...

En 1998, siendo Director del Instituto Morelense de Cultura el fotógrafo y cuate Adalberto Ríos, logramos que se creara en el Jardín Borda de Cuernavaca, un Salón (permanente) del Humorismo, donde se presentaron seis exposiciones de moneros mexicanos y extranjeros (Colombia, Ares de Cuba, Feggo de N.Y., el Fisgón, César y Tafolla y Rius). La emoción duró hasta que entró de gobernador el panista represor Estrada (dizque) Cajigal y el Salón del Humorismo fue cancelado por la nueva administración del Instituto. Gacho el asunto...

ÚNICO CARTÓN APARECIDO
EN EL "PLAYBOY" (2002)

R I U S

Presenta a su
Apreciable
Clientela SEIS
MÉTODOS
baratos y
funcionales para...

¡Una erección
De calidad y
excelencia...!

MÉTODO MASIOSARE

Funciona desde la primera estrofa. Incluye CD con la música del Himno Nacional, <u>sin</u> la letra, que todo mexicano bien nacido debe saberse de memoria o hablaría muy mal de nuestro sistema educativo.

...AL SONORO RUGIR DEL CAÑÓN...

MÉTODO MONTGOLFIER
(o globalizador)

Los globos se surten en colores rosa mexicano, violeta frenesí, verdequetequieroverde o azul celeste. NO incluye cilindro de gas. Se aplican restricciones.

MÉTODO
Tercer Mundo

También llamado TABLITA DE SALVACIÓN, que puede ser reforzado embadurnando al miembro con una solución de cemento de secado rápido, enriquecido con vitaminas y minerales.

MÉTODO DE SAN JUAN DIEGO NONATO

El método consiste en rezarle fervorosamente y pidiéndole el milagro al nuevo santo. Únicamente da resultados en creyentes de la Virgencita de Guadalupe y en Vicente Fox.

MÉTODO
PINOCHO

¡SÍ SE PUEDE, SÍ SE PUEDE, SÍ SE PU...!

Este económico método consiste en decir mentiras como si fuera político mexicano. Hay que obrar con suma rapidez, pues el efecto desaparece rápidamente si las mentiras son creíbles.

MÉTODO
VEGETARIANO

Este novedoso método puede sustituir a los 5 anteriores, y la zanahoria a su vez, puede ser sustituida por nabo, salsifí o un tubérculo apropiado. Puede aplicarse una mano de aderezo al gusto.(No se incluye).

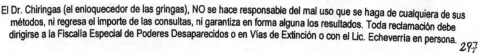

El Dr. Chiringas (el enloquecedor de las gringas), NO se hace responsable del mal uso que se haga de cualquiera de sus métodos, ni regresa el importe de las consultas, ni garantiza en forma alguna los resultados. Toda reclamación debe dirigirse a la Fiscalía Especial de Poderes Desaparecidos o en Vías de Extinción o con el Lic. Echeverría en persona.

Para quienes creían que después de *Lástima de Cuba* me había pasado a la derecha, elaboré –con motivo del 11 de septiembre– un libro para refrescar la memoria de la gente. En especial de los que le creyeron a Bush lo de los terroristas, siendo los USA los mayores terroristas del mundo...

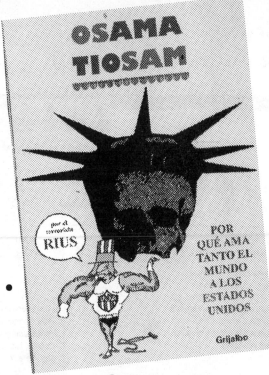

Osama TíoSam

95

Ándale: ayuda a tu vecino a librarse del comunismo.

No es que los gobernantes gringos fueran partidarios de más libertades en su patio trasero, sino que se vieron obligados a "aflojar" un poquito su control, distraídos como estaban por la guerra en Europa y el Pacífico japonés.

¡qué lata! Ahora los rojillos son de los buenos...

pos sí, pero ya matamos a todos, mi general.

EL SALDO DE LA AGRESIÓN CONTRA NICARAGUA FUE TERRIBLE:
SÓLO EN LOS ÚLTIMOS 14 MESES DE "OPERACIONES" DE LA CONTRA ASESINARON A 1,200 CAMPESINOS, A 424 PROFESORES, DESTRUYERON 17 ESCUELAS, OBLIGARON A CERRAR 900 CENTROS DE EDUCACIÓN PARA ADULTOS, SE DESTRUYERON 152 COOPERATIVAS AGRÍCOLAS Y SE CERRARON 12 GUARDERÍAS. EL PAÍS PERDIÓ MÁS DE MIL MILLONES DE DÓLARES.

****

pequeña exposición de los monos

rius

ExConvento de Tepoztlán
A partir del sábado 6 de abril del 2002,durante un mes.
Entrada libre (salida también).

Por un TEPOZTLÁN sin basura!

cuadernos de vida y ecología

¡ **todos contra la** contaminación!

Rius

$2000 Ejemplar

97 ¡Todos contra la contaminación!

Este libro, publicado en forma de folleto pese a contar con 80 páginas, me valió la obtención del Premio **Global 500**, que otorga la ONU a defensores de la ecología.
Fue editado por CONACULTA en tiempos de Víctor Flores Olea, e interrumpida la publicación de otros folletos similares por las autoridades de la Sedue, con Chirinos al frente. Uno de esos folletos no publicados, fue convertido después en *Cómo acabar con el país sin ayuda extranjera.*

299

Siempre, desde que hago monos, me comprometí a no trabajar en campañas publicitarias de productos comerciales. Únicamente recuerdo haber trabajado, al principio de mi carrera, en una campaña de publicidad de unas máquinas de coser hechas en México, que a la mera hora no pude cobrar por los trámites burocráticos.

Después, sólo he aceptado trabajos de temas de salud o de alimentación, aunque sean de organismos oficiales. Aquí, dos ejemplos de folletos de ese tipo.

300

¿Qué representa la Construcción del Club de Golf "El Tepozteco"?

Representa la Destrucción de Tepoztlán en todos los Aspectos: Económicos, Políticos, Social y Cultural.

Gran parte de mi tiempo "libre" lo he dedicado a trabajos "por la causa", haciéndoles chambitas a sindicatos, ONG's o partidos políticos, o con colaboraciones a revistas de sindicatos u organismos civiles. Aquí tres de esas chambitas, todas sin cobrar, claro...

Si usted tiene el número ganador del Gran Premio y nos lo devuelve a tiempo, anunciaremos oficialmente que

LOS RESULTADOS DEL SORTEO YA SON DEFINITIVOS:
¡MR EDUARDO DEL RIO GARCIA
HA GANADO UN PREMIO DE
U$833,337.00 DOLARES EN EFECTIVO!

ATENCION, MR EDUARDO DEL RIO GARCIA:
YA TENEMOS LA APROBACION PARA ENTREGARLE SU PREMIO DE U$833,337 DLS.
Mediante la presente le notificamos que se han reservado los fondos para la emisión de un cheque de U$833,337.00 dólares para pagar el Gran Premio y que estamos listos para enviárselo por correo certificado. Por lo tanto, es de extrema urgencia que usted valide y devuelva su participación en un plazo de 15 días.

Aprobado para su entrega a:
TLAHWX2   TRAY 00132
MR EDUARDO DEL RIO GARCIA
APARTADO 139 5
ADMON NUM 5
62051 CUERNAVACA MOR

Habiéndome suscrito a la revista TIME (cuando hacíamos *El Chamuco*), un buen día recibí esta noticia por correo, noticia que me hizo pensar que el diablo había por fin comprado mi alma. Pero me quedé esperando el cheque...

ESTE FOLLETITO SE DISTRIBUYÓ EN TODOS LOS CENTROS DE SALUD DE LA REPÚBLICA (IGUAL QUE LOS DEL CÓLERA Y EL SIDA). TODOS CON TIRAJES FANTÁSTICOS.

Diversos cartones hechos para una campaña de unos laboratorios médicos (ya ni recuerdo cuáles), que pueden también "admirarse" en la siguiente página.

304

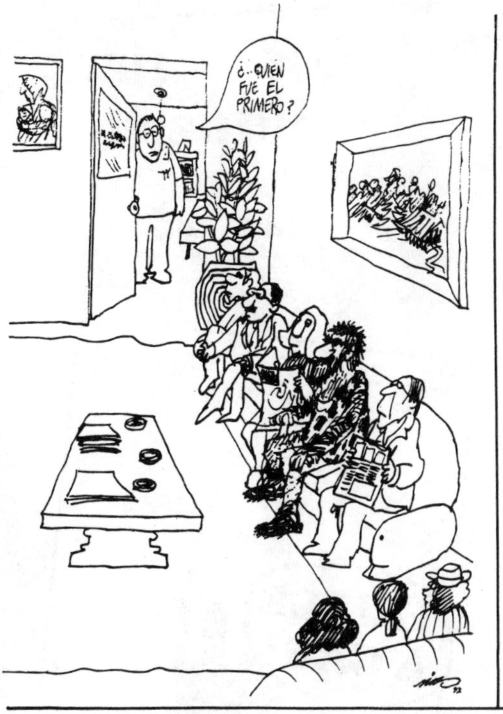
¿..QUIEN FUE EL PRIMERO?

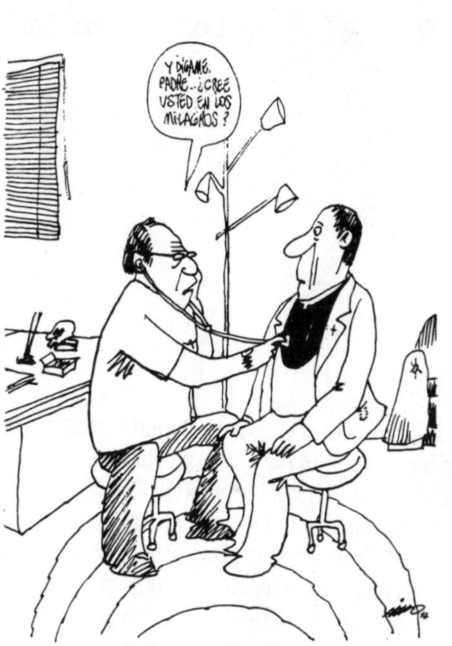
Y DIGAME, PADRE..¿CREE USTED EN LOS MILAGROS?

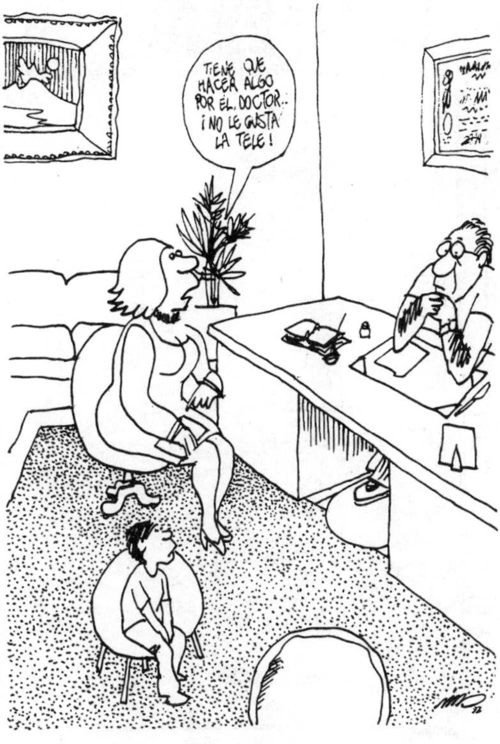
TIENE QUE HACER ALGO POR ÉL, DOCTOR.. ¡NO LE GUSTA LA TELE!

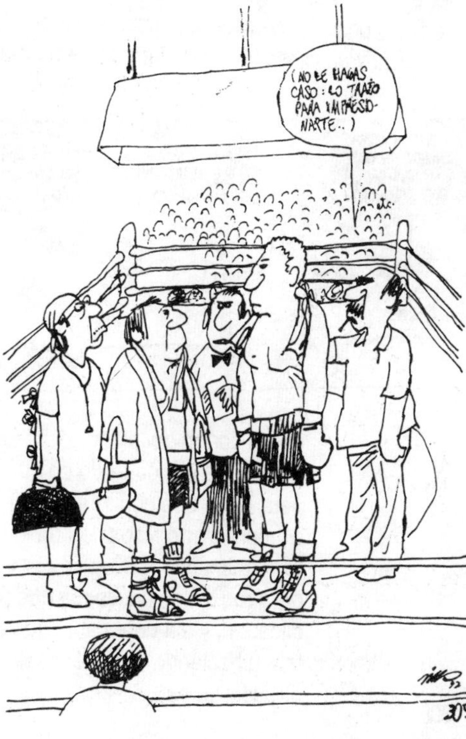
(NO LE HAGAS CASO: LO TRAJO PARA IMPRESIONARTE..)
etc.

98   Los críticos del imperio

99   Huele a gas!

Con el recordado Ingeniero Heberto Castillo hicimos en mancuerna *Huele a gas*, un libro en defensa de PEMEX y la soberanía nacional. Trabajar con otra persona para hacer algo en común, siempre me ha resultado muy difícil. O hago el libro como yo quisiera, o lo hago como quiere el otro. Y acabo por ser ilustrador de ideas que no comparto, o de información que no entiendo. Por eso en mi ya larga bibliografía, sólo tengo dos libros compartidos: éste con Heberto, y *Los críticos del imperio*, compartiendo créditos con Estela Arredondo, estupenda diseñadora gráfica y acuciosa investigadora de hemerotecas.

Por el cartón del piano recibí un premio, ya no recuerdo en qué país, ni en qué concurso. Casi siempre mi participación en los concursos internacionales era para recibir los catálogos que publicaban, y así conocer lo que estaban haciendo los colegas de otras latitudes...

PIANO MODELO SUDAFRIKA

306

PREMIO
SATIRA
POLITICA

XXIII EDIZIONE 1995

HISTORIA RESUMIDA de AMERICA LATINA 1492 1992

↑ uno de
los cartones
de mi
exposición.

Sin duda, el premio más importante en mi carrera lo fue el **Premio Sátira Política**, premio que año con año entregan los periodistas italiano en Forte dei Marmi, a quienes consideran los mejores en caricatura e historieta. En 1995 nos tocó a Milo Manara, Pancho y un servidor.
Pero vea nada más algunos de los premiados en años anteriores:
David Levine / Serré / Fremura / Kal / Altan / Garry Trudeau / Adolf Born Jules Feiffer / Oliphant / Copi / el Perich / Pino Zac / Steadman y las revistas de humor **Punch, Le Canard Enchainé y Eulenspiegel.**
El premio es un reconocimiento por la carrera de los premiados, lo que lo hace más gustoso de recibirlo. De hecho, es el premio más prestigiado de Europa.

IL CARTELLONE DELL'ESTATE SATIRA '95

15 LUGLIO - 23 SETTEMBRE '95
TENSOSTRUTTURA - FORTE DEI MARMI

PANCHO

RIUS: SATIRA E NUVOLE

SERGIO STAINO: I TORMENTI DI BOBO

L'ITALIA DEI POLI
Mostra collettiva dei disegnatori italiani

IL MONDO IN UNA RETE (INTERNET)
Mostra collettiva dei disegnatori italiani

El premio consiste en una bellísima estatuita en bronce (que pesa como si fuera de hierro), una semana en la Toscana y una exposición en Forte dei Marmi, un pueblito en las playas toscanas.

307

Manifiesto lleno de falso orgullo ser el único monero mexicano que ha recibido TRES PREMIOS NACIONALES DE PERIODISMO.

....

EL PRIMERO
López Mateos me entregó el Premio en 1959, cuando lo daba la Asociación Mexicana de Periodistas.

EL SEGUNDO ✳
Durante el desgobierno de Luis Echeverría (que por fortuna andaba de viaje, y me lo entregó Fausto Zapata), cuando lo daba el Club de Periodistas. Después de eso lo dio Gobernación, y ése fue

EL TERCERO
que me dio en 1987 Mike de la Madrid en Palacio Nacional. Este premio desapareció en el 2001, siendo José Hernández el último que lo recibió de manos de Fox.

....

Ésta es la lista completa de los premios a partir de 1976, cuando el gobierno se hizo cargo de ellos:

1976	Alberto Beltrán
1977	Rogelio Naranjo
1978	Jorge Carreño
1979	Rafael Freyre
1980	Abel Quezada
1981	Alberto Isaac
1982	Bulmaro Castellanos (Magú)
1983	Gabriel Vargas
1984	Oswaldo Sagástegui
1985	Efrén Maldonado
1986	Helio Flores
1987	Eduardo del Río (Rius)
1988	Luis de la Torre
1989	Rubén González
1990	Raúl Moysen
1991	Luis Carreño
1992	Francisco Calderón
1993	José Luis Perujo
1994	Octavio Medina
1995	Antonio Garci
1996	Antonio Helguera
1997	Antonio Neri (Nerilicón)
1998	Alfredo Guasp
1999	Rafael Barajas (El Fisgón)
2000	José Trinidad Camacho (Trino)
2001	José Hernández

✳

Palomo / Chile

Roberto / Nicaragua

Cintia Bolio

~ Rius - o el niño más travieso de la clase

Cintia Bolio
~DXIII

César Añorve

15 OCTUBRE 1983

309

El ángel exterminador

Rius

para secretario de Educación Pública

POR FERNANDO FIGUEROA

Y a qué debo el honor? —preguntó Eduardo del Río cuando un militar le dijo, en la oscuridad del bosque: "Te vamos a matar, hijo de la chingada".
(Voz en off de Álvaro Mutis, al estilo *Los intocables*). El 9 de enero de 1969

risa". Y ya encarrerados en las citas del buen Andrés: "Rius se ha significado en esa lucha por abrir ventanas, airear el ambiente y saltar innumerables obstáculos". Y vaya si Eduardo del Río ha brincado charcos; el primero lo esquivó a los seis meses de edad: la muerte de su padre.
Chongo zamorano de nacencia, Eduardito

varios clásicos de la literatura y conocer el trabajo de caricaturistas de allende nuestras fronteras (y algunos del más allá). En *Rius para principiantes*, Del Río dice que su *santísima trinidad* está compuesta por Abel Quezada, Steinberg y Óscar Conti (Oski).
En 1954, Rius irrumpe en el periodismo

MÁS QUE PARA LA SEP, MIS AMIGOS DECIDIERON LANZARME PARA PRESIDENTE, Y MI PROGRAMA DE GOBIERNO APARECE EN ESTE LIBRO, DONDE, CON 100 PROPUESTAS DIGO CÓMO SALVAR AL PAÍS... CREO QUE ES LO MÁS PROVOCADOR, IRREVERENTE... Y CARCAJEANTE QUE HE HECHO...

96

EL PENÚLTIMO LIBRO de los 100 a que he llegado, fue esta especie de Programa de Gobierno que, sin proponérmelo, es un reflejo fiel de lo que pasa actualmente en México. Es un libro provocador y a ratos cínico y amargado, pero lleno de humor. Finalmente pienso que en este país todo se ha perdido, menos el humor...
Algunos lo ven como mi "testamento político", pues en él se deja ver lo que pienso y lo que siento de mi querido México. El lector se puede reír con las jaladas, siempre y cuando lo haga "de ladito", tratando de no encabronarse demasiado.
Se los recomiendo, de veras...

INTERLUDIO
POR ROMÁN REVUELTAS RETES

Un bache

Amlo López me ha hecho cambiar, me ha vuelto un mejor ser humano, más capaz y más habilidoso. Él no lo sabe, claro, porque no me conoce pero, lo que son las cosas, por omisión o por atención mandó poner, en el primer piso del Periférico y a unos 800 metros de la mismísima residencia imperial de Los Pinos, un rabioso bache, un gigantesco agujero en el carril de alta que...

LAS SORPRESAS DE LA RED...

Poniendo simplemente "*caricaturista rius*" en el buscador de Internet, me llevé la sorpresa de encontrar más de 200 páginas donde aparezco milagrosamente. Éstas son unas cuantas:

BIENVENIDOS A LA PAGINA DE NOPALZIN

Esta pagina fué creada para dar difusión a uno de los más grandes caricaturistas que ha dado <u>México.</u>

Este gran caricaturista mejor conocido como RIUS Espero y la disfruten . Solamente

Tiras Cómicas

Eduardo del Río "Rius"
Piedra angular de la caricatura mexicana del siglo veinte. Eduardo del Río con sus Agachados, y sus Supermachos retrató la vida nacional. Después impulsó a los "nuevos" con El Chahuistle. Aquí su decripción de él mismo.

¡HAZ D
PÁGINA
UN NEGI
$$$$$

Gobierno e Iglesia
Rius fue uno de los primeros mexicanos en alzar la voz contra el mal gobierno, y la iglesia. Valiente y audaz, pero sobre todo gracioso.

El gobierno y un niñote
Un niñote mexicano, Eduardo del Ría, alias Rius, que toda su vida escribió y dibujo en contra de un gobierno priista, corrupto y descarado. ¿Qué mejor pretexto que el gobierno para tratar de arrancarnos una risa?

Visita otro

en in

3/1

Los perros y la prensa escrita

Salvador Avila

En septiembre de 1997, el reconocido caricaturista mexicano Eduardo del Río, *Rius*, escribió, a propósito de un viaje realizado a la capital chilena, lo siguiente:

esteban perez

oye amigo:

> Lo que me ha impresionado de Santiago es su tristeza, no sólo por sus edificios grises o porque sea invierno, sino por la expresión de la gente. Veo en sus caras una gran tristeza y un gran desencanto, como si aún no hubiera lugar para el optimismo. Y me ha impresionado terriblemente que no hay perros, y un mexicano no puede concebir una ciudad sin perros.

2003 16:48

no sé de que país seas...
pero quiero darte una felicitación por el trabajo y dedicación que tienes al realizar la página "atea"

te recomiendo a un cabrón que se llama eduardo del río alias "rius" es un caricaturista mexicano que con mas de 100 libros le da en le madre a todo: a dios, a todas las religiones(y más a la catolica), al partido que gobernó mexico 70 años y hace poco perdió).... a los capitalistas(es socialista)...a todos!!!! para todos tiene ese cabrón

sus libros an sido editados por editorial "grijalbo"..."posada" y otras

alli te va un listado de libros de rius:

***anti-catolicos:

"pure de papas"... hace mierda a todos los papas
"la iglesia y otros cuentos"... hace mierda al catolicismo
"el catolico pregunton 222 preguntas que quisieramos hacerle al papa pero nos da pena hacerlo"

***de cristo:

"jesus alias el cristo"(etapa de la vida que no se conoce de jesús)
"cristo de carne y hueso"(quién fue realmente cristo?)
"500 años fregados pero cristianos"(critica a la imposición del cristianismo en americalatina y en especial en méxico)

***ateísmo:
"manual del perfecto ateo"   LIBRO DE VISITAS DE ESTUDIO ATEO

cartoons, I don't see it as corruption, I see it as a social service."

He noted that out-and-out corruption can be self-defeating, because "readers can see right through it" if cartoons are too pro-government.

[He added, though, that that many aspiring cartoonists in Mexico enter the field solely to sell out, and he scorned their ignorance of art, politics and history. One cartoonist, he noted acidly, drew ~~an obituary cartoon~~ for Yitzhak Rabin that showed

Eduardo del Rio (Rius) ... and some of his 70 books?

Ruis added jokingly, "We can do all the cartoons we want against the president" - he paused - "of the United States."

Actually, Ruis has done strong anti-Mexican government cartoons. He provocative work got him kidnapped in the late 1960s, at which time he was led to what he believed would be his execution.

LA FONDAZIONE – Associazione Franco Fossati – **Museo del fumetto e della comunicazione**
sede operativa: via Montegrappa 35, Muggiò (Milano), **foxyfond@tin.it**

FONDAZIONE | FUMETTO | Autori | Personaggi | Editori | Testate

Eduardo del Rio (Ríus) 1934

Nasce a Zamora (Michoacán, Messico) il 20 giugno 1934. Dopo essere stato per alcuni anni in un seminario salesiano e aver fatto vari mestieri, debutta nel 1957 come caricaturista sulla rivista *Ja-Ja*. Collabora con ogni tipo di periodici, quotidiani, settimanali, mensili: *Ovaciones*, *Diario de la tarde*, *Novedades*, *La Prensa*, *El Universal*, *Diario de México*, *La Mañana*, *La Nación*, *Revistas de revistas*, *Ojo*, *Política siempre* eccetera. Dirige anche qualche rivista.
Nel 1961 è il primo autore straniero a pubblicare vignette sul quotidiano moscovita *Izvestia*. Le sue prime due serie a fumetti sono **Los supermachos** (che, nella versione teatrale, ha oltre 2.000 repliche in Messico; sarà continuata da altri autori, con minor mordente e successo, in seguito a una controversia con l'editore) e **Los agachados**, incentrata sugli abitanti di uno sperduto villaggio messicano che passano il tempo litigando o facendo la siesta senza far nulla per mutare le loro condizioni sociali. Seguono alcuni volumi "divulgativi" umoristici e satirici, tra i quali **"Cuba para principiantes"**, **"La joven Alemania"**, **"Caricaturas rechazadas"**, **"El pequeño Ríus ilustrado"**, **"Obras incompletas"** (nei volumi "Primeras porquerias", "El segundo aires" eccetera), **"Cristo de carne y hueso"**, **"Marx para principiantes"** (che gli porta fama internazionale). In Italia è pubblicato dalle Edizioni Ottaviano negli anni Settanta. Nel 1984 pubblica **"La vida de cuadritos"**, una curiosa storia del fumetto. È insignito di numerosi premi e riconoscimenti, dal premio nazionale di giornalismo del 1959 al Tlacuilo d'oro del 1971. Negli anni Ottanta pubblica una **"Guia incompleta de la Historieta"** per la cubana Editorial Pablo de la Torriente.

Rius in Italia

Nella collana "Fumetti e politica" delle Edizioni Ottaviano, Milano:

- **Conoscete Carlo Marx**
- **Conoscete Cuba libre?**
- **Il genocidio pacifico**
- **Cristo in carne ed ossa** ← NI SUPE CUÁNDO
- **Lenin e la rivoluzione** ← ME PIRATEARON ESTOS..

313

vedi anche **"Historietas"**, nel capitolo sul fumetto messicano.

HORIZONTALES.–1: Infierno, averno. Juego de azar. Escudo de los antiguos soldados griegos, plural. E... ...cial. **2:** Pez teleósteo fluvial. Antig...

VERTICALES.–1: Vado de un río. Carcoma, insecto coleóptero. **2:** Dibujante humorista mexicano. Pequeñas aves insectívoras argentinas. **3:** ...stimero, triste. Prefijo que significa "madera". ...tar a los niños.

Un honor inesperado

Pero muy apreciado lo ha sido, aparecer milagrosamente en los crucigramas. Algo que ni en mis mejores sueños hubiera contemplado. En dos ocasiones, la revista española QUIZ, la más prestigiada en el medio, me colocó entre las definiciones de un crucigrama. Pasatiempo del que soy fanático desde mis tiempos de muertero en Gayosso.

...ne edad de casarse. ...Peces parecidos al ...mporal. **2:** Río de ...bacteriólogo ale... Mes del ...a esta... ...tario ...del

VERTICALES.—1: (San), patrón de Girona. Entre los mayas, dios de la lluvia. **2:** Perezoso que tiene dos dedos. Monaguillo. **3:** (Edgar), poeta argentino. Antiguamente, canoa. **4:** Frijol mexicano. Relativos al istmo. **5:** Pequeño poema provenzal. ... Balido. **14:** En América, escoria... ...significa "sal". **...:** (Valentín Ferdinandovitch), filósofo ruso. **15:** Cabidas de las embarcaciones. Pífano de los indios panameños. **16:** Dibujante humorista mexicano. Tendidos sobre el dorso. **17:** Roca de estructura pizarrosa. Mofa, acción burlesca. **18:** Afirmación en pro...

conocimiento

El actor y escritor mexicano Roberto Gómez Bolaños "Chespirito", creador del "Chavo del ocho" y del "Chapulín", recibirá este viernes la Gran Orden de Honor Nacional al Mérito Autoral, distinción que por primera vez entregará el Instituto Nacional de Derecho de Autor (INDA).

Junto con Gómez Bolaños también recibirán el mismo reconocimiento por su actividad el director cinematográfico Ismael Rodríguez, el caricaturista Eduardo del Rio García "Rius", el autor teatral Emilio Carballido y la bailarina Guillermina Bravo, entre otros.

Roberto Gómez Bolaños, "Chespirito".

En esa ocasión Chespirito quedó enterado de que a cada rato nos confunden y me piden autógrafos.
(El premiezote fue de menos de 5 mil pesos.)

CATEGORÍAS CULTURALES

Literaria: Rafael Ramírez Heredia

Musical, con o sin letra: Manuel Esperón González

Dramática: Emilio Carballido

Danza: Guillermina Bravo

Pictórica o de dibujo: Rolando Arjona Amabilis

Caricatura: Eduardo del Rio García "RIUS"

Historieta: Sixto Valencia Burgos

Cinematográfica y audiovisual: Ismael Rodríguez Ruelas

Programa de radio: Maria Luisa Garrido Arozamena

Programa de T.V: Roberto Gómez Bolaños "CHESPIRITO"

Fotográfica: Arturo Diego de la Rosa Martinez

Compilación: Alejandra Estela Durán Peña

La ceremonia de premiación se llevará a cabo el día 8 de diciembre del presente año. Las personas interesadas en asistir podrán obtener mayor información en el teléfono 52307643 ó 01800 9063 400.

Los resultados de las categorías culturales previstas en el citado artículo 13 que no se mencionan en la presente publicación, se darán a conocer por este medio el próximo domingo 30 de noviembre.

Atentamente,
El Director General del Instituto Nacional del Derecho de Autor
Lic. Adolfo E. Montoya Jarkin
México, D.F; a 23 de noviembre de 2003.

UTA: NI PARA LOS CIGARROS..

"Reconocimiento de la Gran Orden e Honor Nacional al Mérito Autoral"

sabuetus locas

Rius Frius
Director y Gerente

DICTAMINAN CERRADO EL CASO POSADAS: SÍ HUBO CONFUSIÓN. Al que le traían ganas era al nuncio Prigione.

ARGENTINA PAGARÍA SUS DEUDAS SÓLO EXPORTANDO ARGENTINOS. "El problema es que últimamente nos hemos devaluado un poco, y no todos son futbolistas", declaró una madre de la Plaza de Mayo.

SE RESBALÓ EN LA CALLE EL PANISTA LUEGE CON UNA CÁSCARA DE PLÁTANO. Culpa al gobierno del DF de negligencia criminal y odio al PAN.

BAJA UN POCO EL CALOR EN LA REPÚBLICA. El vocero de la Presidencia lo atribuye al desempeño del Presidente en la Cumbre del G-8.

"NO NOS QUEDAREMOS ETERNAMENTE EN IRAQ", DECLARA W. C. BUSH ANTE SCOUTS DE UTAH. "Unas décadas no son la eternidad", aclara Condoliera Reese

DECLARA VICENTE FOX DE SAHAGÚN QUE ÉL ES EL VERDADERO PRESIDENTE DE MÉXICO, aunque su partido se carcajee.

PROPONE CANCILLER A DIPUTADOS INSTALAR AIRE ACONDICIONADO Y TELEVISIÓN EN TRAILERS-POLLEROS. "Estamos en pláticas con Washington para lograrlo antes que termine el sexenio", dijo.

"CUANDO DECIMOS QUE NO HAY DEMOCRACIA, NO NOS REFERIMOS –¡líbrenos Dios! – al Vaticano o a la madre Iglesia", declararon los obispos a la prensa.

POR OTRO LADO, GOBERNACIÓN RECONOCE que si bien los obispos han violado la Constitución, eso no significa que sea pecado y menos mortal.

DECIDE LA SEP AUMENTO A MAESTROS. En cada salón habrá diez niños más a partir de 2004.

INSÓLITO: esta semana Israel sólo mató a dos palestinos.

SE HABLÓ EN SUECIA DE LA POSIBILIDAD DE QUE INSTALEN EN MÉXICO UNA FÁBRICA DE ZUECOS. A cambio, México podría exportar botas estilo fox, declaró a su regreso el vocero presidencial.

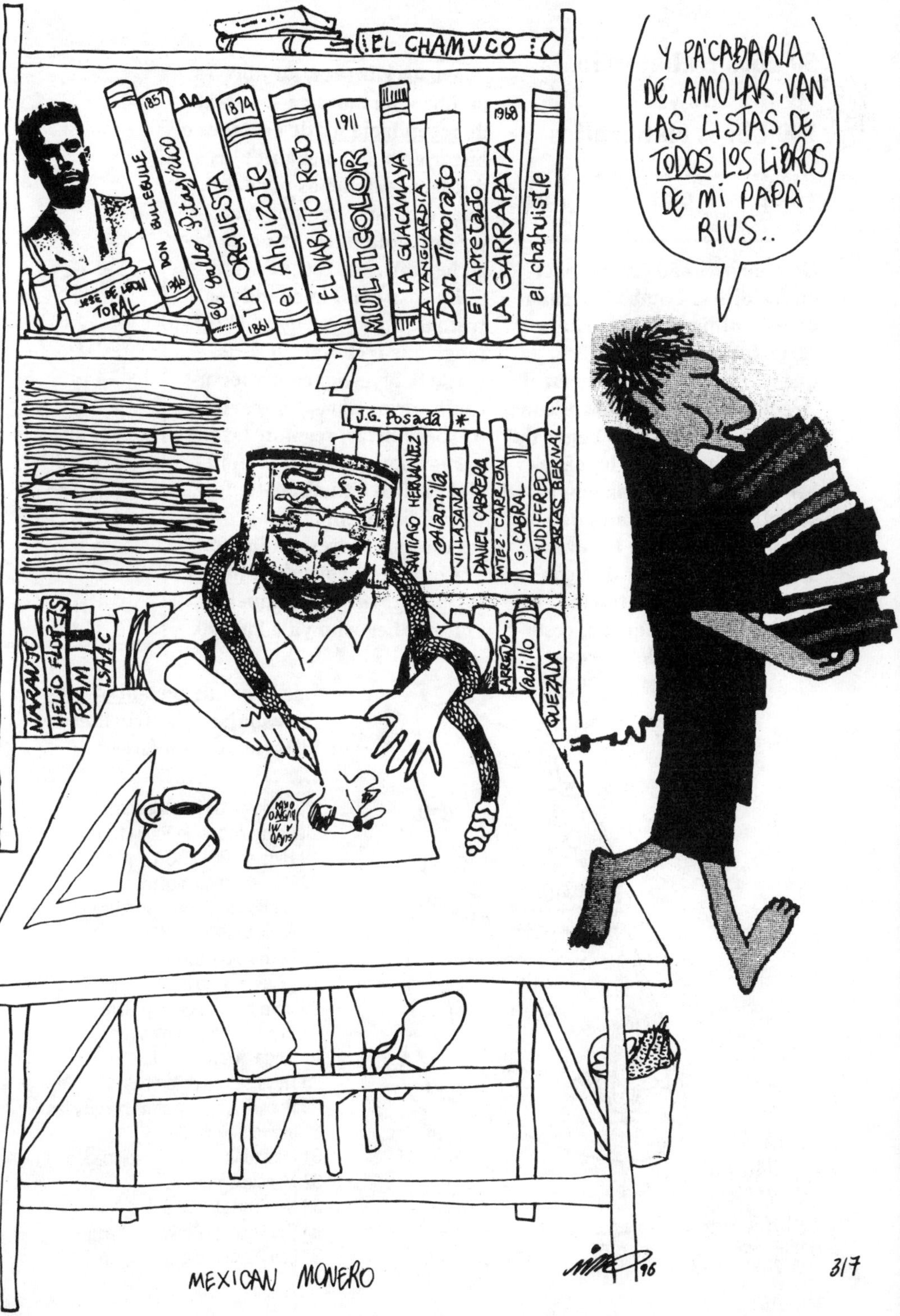
Y PA'CABARLA DE AMOLAR, VAN LAS LISTAS DE TODOS LOS LIBROS DE MI PAPÁ RIUS..
EL CHAMUCO
JOSE DE LEON TORAL
1857 DON BULLEBULLE 1846
El Gallo Pitagórico
1874 LA ORQUESTA 1861
el Ahuizote
EL DIABLITO ROJO
1911 MULTICOLOR
LA GUACAMAYA
LA VANGUARDIA
Don Timorato
El Apretado
1968 LA GARRAPATA
el chahuistle
J.G. Posada
SANTIAGO HERNÁNDEZ
Alamilla
VILLASANA
DANIEL CABRERA
MTEZ. CARRION
G. CABRAL
AUDIFFRED
ARIAS BERNAL
NARANJO
HELIO FLORES
RAM
ISAAC
QUEZADA

MEXICAN MONERO

50 años trabajando
70 años de vida
100 libros elaborados

. . . .

1934   1954   2004

Descubrir el año en que nací no fue difícil. Establecer cuándo me publicaron las primeras caricaturas, lo fue un poco, ya que mis recortes estaban en el círculo de las Bermudas escondidos en cajas y cajas llenas de papeles. Finalmente logré saber que mis primeros monos se publicaron en el mes de noviembre de 1954 en la revista Ja-já. Pero concluir que con éste libro se completan los 100 libros que he elaborado, resultó más complicado, porque...

Para los editores, un libro es un libro, no importa si se trata de recopilaciones de cartones o historietas. Para el autor, es diferente (al menos para mí), pues casi no tengo que trabajar –excepto hacer la portada– en los libros de recopilación.

La cosa cambia cuando se trata de *hacer un libro.* Ahí sí tengo que trabajar en serio, desde la investigación y lectura de varios libros, entrevistar a especialistas, resumir las investigaciones, reunir el material gráfico y finalmente, formar el libro con la tipografía y los dibujos correspondientes.

Los que yo considero libros de mi autoría, curiosamente con éste llegaron ya a los 100.

¿ CÓMO LES QUEDÓ EL OJO ?

Los libros de recopilaciones de trabajos míos (cartones o historietas), son éstos :

. . . .

1 La Iglesia de los Agachados
2 Los agotados de Rius (18)
19 Rius en POLITICA
20 La cultura no muerde
21 De dónde vienen los niños
22 Rius en PROCESO
23 De músico, poeta y loco
24 ¿Quién ganó la Rev. Mex. ?
25 Vera historia del Tío Sam
26 El pan y otros males
27 Cada quién su dios
28 Hay libertad de prensa..?
29 Publicidad,TV y otras porquerías.
30 Juicio a Walt Disney
31 Marihuana y otras debilidades
32 Mis supermachos
33 Mexican Dedocracia
34 Del Detritus Federal a Laguna .....
35 Los Agachados (2004)

VISTA MUY PARCIAL DE UN MODERNO EDITOR → (PUEDE SER DE PRENSA..)

ÍNDICE **COMPLETO** DE
<u>MIS</u> LIBROS

Con lo que resulta que me han editado en total... 135 libros. Lo que no está mal, digo, para alguien que NO pensaba ser caricaturista, ni autor...

Las Glorias del tal Rius, de Eduardo del Río (Rius)
se terminó de imprimir en abril de 2005
en los talleres de Programas Educativos, S. A. de C. V.
Calz. Chabacano No. 65, local A, Col. Asturias
C.P. 06850, México, D. F.

Empresa Certificada por el Instituto Mexicano de Normalización y
Certificación A. C. bajo las Normas ISO-9002: 1994 NMX-CC-004:1995
IMNC con el Núm. de Registro RSC-048 e ISO-14001:1996
NMX-SAA-001:1998 IMNC con el Núm. de Registro RSAA-003.